Jakob Wiedmer-Stern (1876–1928)

Felix Müller

Rastlos

Das erstaunliche Leben des Archäologen und Erfinders
Jakob Wiedmer-Stern (1876–1928)

CHRONOS

Für finanzielle Unterstützung ist den folgenden Institutionen zu danken:
– Verein zur Förderung des Bernischen Historischen Museums
– Stiftung Pro Scientia et Arte
– Ernst Göhner Stiftung
– Burgergemeinde Bern
– Einwohnergemeinde Herzogenbuchsee
– Bernisches Historisches Museum

Weitere Informationen zum Verlagsprogramm:
www.chronos-verlag.ch

Umschlagbild: Der junge Wiedmer-Stern als Direktor des Bernischen Historischen Museums, um 1907. Ausschnitt aus Abbildung 26 im Text.

© 2020 Chronos Verlag, Zürich
ISBN 978-3-0340-1599-8

En mémoire d'Auguste

Inhalt

Handelsmann und Schliemann-Jünger, 1876–1901 9

Zwei unglaublich kluge Augen 9
Der Reiz des Doktorhauses 15
Kaufmann von Beruf, Archäologe aus Berufung 24
Burg Aeschi am See 28
Zwischenstation Zürich 34
Athen, endlich 38
Antiquitäten und Korinthen 45
Das Vreneli aus Mysien 48
Seelische Verdauungsstörungen 54

Schriftsteller und Museumsdirektor, 1901–1910 57

Die Suche nach einem neuen Anfang 57
Um neue Zeiten 64
Im Subinger «Erdbeereinschlag» 66
... und plötzlich Hotelier in Wengen 70
Archäologie im Oberaargau 76
Flut und Flucht 80
Bildungsreise – Hochzeitsreise 88
Gesucht: ein Museumsdirektor 92
Neue Wirkungsfelder von Orpund bis Bagdad 94
Wohnen im Kirchenfeld 97
Grabenkämpfe und ein Geistesblitz 104
Im Zenit 109
Ein wissenschaftlicher Schatz ersten Ranges 115
Gründungspräsident 122
Eine Reise mit Folgen 125
Konstantinopel – oder gar Lahore? 128
Die Sache mit dem Rheumatismus 132

Bankrotteur und Erfinder, 1910–1928 137

Investor in Konstantinopel 137
Die letzten Kapitel in Archäologie............................ 143
Goldgräberstimmung.. 149
Er wird nervös 155
Bildungsbürgertum in höheren Hanglagen 157
Schattenwürfe.. 164
Jakob erfindet sich neu 167
Leidensgeschichten 173
Der Philhellene... 176
Herr Heinrich Meyer und Wendelin Gnietig 182
Kyra Fano.. 189
Vom heitern Igel zum gelähmten Seehund 196
Marie und Regina... 199

Epilog 203

Zu guter Letzt.. 205

Anhang 207
1 Biografische Daten und Ereignisse........................... 207
2 Erfindungen und Patente.................................... 209
3 Ausgewählte Dokumente 212
4 Veröffentlichungen von Jakob Wiedmer-Stern 219

Abbildungsnachweis 222

Bibliografie... 223
Quellen 223
Ungedruckte Quellen 223
Siglen der Periodika und Nachschlagewerke.................... 225
Literatur 226

Personenregister.. 237
Ortsregister... 239

Handelsmann und Schliemann-Jünger, 1876–1901

Zwei unglaublich kluge Augen

Jakob Friedrich Wiedmer wurde am 10. August 1876 in Bern geboren. So ist es im Familienregister seiner Heimatgemeinde Sumiswald verzeichnet, wobei dort «Widmer» steht. Aus Sumiswald im Emmental stammen viele Familien dieses Namens mit der einen oder der andern Orthografie. Vater Jakob war zum Zeitpunkt der Geburt seines Sohnes 32 Jahre alt, Mutter Elisabeth, geborene Brügger, ein Jahr älter.[1] Jakob blieb das einzige Kind der beiden.

Später wohnte die Familie in Herzogenbuchsee im Oberaargau an der Kirchgasse zur Miete (Abb. 1). Dort übernahm der Zuckerbäcker Jakob Wiedmer senior mitten im Dorf eine Bäckerei, in deren Schaufenster das neuartige Zuckerwerk die Herzen der Dorfjugend sogleich höher schlagen liess. Der düstere Emmentaler führte den Betrieb zusammen mit seiner «freundlichen kleinen Frau». Herzogenbuchsee war damals ein beschaulicher Ort von knapp über 2000 Einwohnern, wo besonders im alten Dorfkern noch jeder jede kannte.[2]

Die ausführlichste Quelle zur Jugendzeit Jakob Wiedmers sind die Erinnerungen von Maria Krebs, einer zwei Jahre jüngeren Spielkameradin. Jahrzehnte später und als gefeierte Schriftstellerin widmete die unterdessen verheiratete Maria Waser in einem ihrer Romane ein langes Kapitel dem «Genie» des Dorfes, dem «Bäcker-Köbi».[3] Es sind detailreiche und persönliche Schilderungen des sichtlich bewunderten Köbi. Aber die Bewunderung des Mädchens Maria wurde damals von vielen Leuten im Dorf geteilt.

---

1 BHM, Archiv Archäologie, Unterlagen Zimmermann, Kopien der Familienregister der Gemeinde Sumiswald.
2 Waser 1930, 164 f.; HLS 6, 2007, 327.
3 Waser 1930, 156–172.

Der eher untersetzte Knabe strahlte etwas Besonderes aus: «Ein magerer Körper, ein grosser Kopf, mit merkwürdig gebuchteter Stirn, schwarzes, struppiges Haar, meist bepudert vom Mehlstaub der väterlichen Backstube, auch das Gesicht weiss wie mehlbestäubt und darin zwei grosse, schwarze, unglaublich kluge Augen: das war der Bäcker-Köbi.»[4] Im Schaufenster des väterlichen Geschäfts offenbarte sich der Dorfbevölkerung schon bald einmal sein künstlerisches Talent: Die Lebkuchen waren nicht mehr mit den ewiggleichen Bären und langweiligen Berner Wappen verziert, sondern mit allerhand lustigen, frei erfundenen Figurengruppen, von denen jedermann wusste, dass sie von der Hand des jungen Wiedmer stammten.

In der Dorfschule galt der Musterschüler nicht nur als ungewöhnlich fleissig und begabt, sondern war auch ein Vorbild, was Pünktlichkeit und Zuverlässigkeit betraf, wovon die Lehrer in den höchsten Tönen zu rühmen wussten. Das Lernen fiel ihm leicht. Mit der französischen Sprache kam er schon früh in Kontakt, da er Verwandte «weit hinten im Welschen, nahe der Landesgrenze» hatte, bei denen er mehrere Male die Sommerferien verbrachte.[5] Nebenbei lernte er selbständig Italienisch und selbst am Russischen soll er sich versucht haben. Besondere Bewunderung unter den Nachbarskindern entfachte seine grossartige Briefmarkensammlung, die angeblich aus einer umfangreichen Korrespondenz dieses Tausendsassas mit der halben Welt hervorging. Tatsächlich muss man sich fragen, wie diese Sammlung des Primarschülers in Herzogenbuchsee zustande kam; in den folgenden Jahrzehnten sollte sie noch wachsen und zu einer respektablen Kapitalanlage werden.

Nicht minder bemerkenswert ist die Erwähnung von frühen archäologischen Ausgrabungen am Burgäschisee. Dort entdeckte der Dorfpfarrer einen vermeintlichen Einbaum, der sich später zum allgemeinen Gespött der Dörfler als banaler Baumstamm entpuppte. Köbi hingegen stiess bei seinen Nachforschungen tatsächlich auf Pfahlbauüberreste, auf Topfscherben und steinzeitliches Gerät. Grenzenlose Bewunderung unter seinen Mitschülern riefen allerdings die von ihm verfassten Berichte über seine Entdeckungen hervor, die laut Waser sogar in der «Berner Volkszeitung» erschienen seien.[6] Die im Volksmund so genannte Buchsizeitung war damals ein weit

---

4 Ebd., 164.
5 Wiedmer, Juchhei 1927e.
6 Die ich dort allerdings nicht ausfindig machen konnte. Indizien für eigene Grabungen finden sich bei Wiedmer, Herzogenbuchsee 1897, 93 (ein Hirschgeweih, das «vor einigen Jahren aus

Abb. 1: Im Vordergrund der Bäckerladen an der Kirchgasse, mitten in Herzogenbuchsee, wo Jakob seine frühen Jugendjahre verbrachte. Der Hinterhof ist Schauplatz von prägenden Erlebnissen, die sich in seinen Lebenserinnerungen niederschlagen.

herum gelesenes Blatt mit sehr persönlicher politischer Ausrichtung. Als Herausgeber zeichnete der streitbare Politiker, Poet und Redaktor Ulrich Dürrenmatt (1849–1908)[7] – der Grossvater des Dramatikers Friedrich Dürrenmatt. Redaktor Uli Dürrenmatt wohnte und arbeitete in Herzo-

---

dem See gezogen wurde»), und Wiedmer, Oberaargau 1904a, 304 («ein hübscher Nephritkeil, der in die Hände des Verfassers [...] gelangte»).
7 HLS 4, 2005, 35; Henzi et al. 1985, 80, 106f.

genbuchsee, weshalb ihm das Schreibtalent des Schülers aus der dörflichen Gerüchteküche zu Gehör gekommen sein muss. Und es war auch nicht das letzte Mal, dass er dem jungen Mann in der «Buchsizeitung» eine Plattform zur Verfügung stellte. Neben den kindlichen Ritter- und Indianerspielen mit den Buben im Oberdorf versuchte sich der stille Streber in aller Heimlichkeit bereits als Autor von stürmischen Abenteuergeschichten.

Geradezu als heroisch schildert Maria Waser später den Einsatz, den Jakob bei einer Feuersbrunst im Haus des Fürsprechers Carl Moser (1813–1896) mit dem merkwürdigen Spitznamen «Suppenkari» leistete. Der Brand brach in der Nachbarschaft des Bäckerladens an der Kirchgasse aus. Aus rauchenden und brennenden Trümmern soll Jakob ein druckfertiges Manuskript zur Geschichte von Herzogenbuchsee gerettet haben, das Moser in jahrelanger Arbeit verfasst hatte. Anschliessend soll er den Grossteil der verkohlten Papiere sogar wieder instand gestellt und lesbar gemacht haben. Der etwas schrullig gewordene Suppenkari setzte sich aber über diese Rettungsaktion hinweg und mass dem Geschichtswerk nun plötzlich keine besondere Bedeutung mehr bei, was den eifrigen Jakob tief gekränkt haben soll.[8] Suppenkaris deprimierte Einschätzung, die das Lebenswerk als zerstört erachtete, entsprang dann wohl die Nachricht in der «Berner Volkszeitung» vom 9. September 1891, dass dieses kostbare Manuskript und die ganze Büchersammlung des Notars ein Raub der Flammen geworden seien, während zuerst verloren geglaubte 4000 Franken Bargeld geborgen werden konnten.[9]

Soweit die eine, die eher offizielle Version. Maria Waser sah rückblickend in ihrer romanhaften Beschreibung den Jakob wohl eher als einen kleinen grollenden Achill, der sich um seine heldenhaft erworbenen Verdienste betrogen fühlte. Nicht zu vergessen, Maria Waser kannte ihren Homer in der Originalsprache und war eine Autorin, die gerne in Metaphern schrieb. Und ebenso gut durchschaute sie aus lebenslanger Erfahrung bei der Niederschrift ihrer Zeilen vierzig Jahre später den Charakter Jakobs: Das Bild des Gekränkten, der aus verletztem Stolz unberechenbare Richtungswechsel einschlägt, scheint hier zum ersten, aber nicht zum letzten Mal auf.

Trotz den vermuteten Übertreibungen oder gar Verklärungen durch Maria Waser: Heute würde man den Bäcker-Köbi mit seinen vielseitigen

---

8 Henzi et al. 1985, 91; Waser 1930, 40–46, 167f.
9 Berner Volkszeitung, 5. und 9. September 1891.

Talenten wohl als hochbegabt oder jedenfalls als vielbegabt bezeichnen. Aber dazu kommt eine Eigenheit, die dem Mädchen Maria Krebs besonders merkwürdig scheinen musste. Im Umgang und im Gespräch mit ihren Eltern und auch mit andern Erwachsenen wirkte der Knabe ungewöhnlich einnehmend, «denn er sprach bei aller Bescheidenheit so bestimmt, wusste seine höfliche Rede durch altkluge Wendungen, durch Fremdwörter und richtig angebrachte Scherze auf eine Weise zu würzen, wie man es nie an andern Knaben erlebte. Wahrlich, er sprach wie ein Gemeinderat und Pfarrer [...], sodass man sich in seiner eigenen zappligen Kindischheit vor ihm schämen musste.»[10] Hier leuchtet ein charismatischer Charakterzug Jakobs auf, dem in Zukunft viele seiner Mitmenschen erliegen würden.

Nach vier Jahren obligatorischer Primarschulzeit wechselte Jakob problemlos in die Sekundarschule, die in Herzogenbuchsee auch Klassenzüge auf Progymnasialstufe führte.[11] Nun stand dem Begabten auch Latein offen.

In den Fächern alte Sprachen, Deutsch und Geschichte unterrichtete «neben den robusten Bernerlehrern auch ein feiner Basler». Ihm war es ein besonderes Anliegen, der Dorfjugend die Geschichte und Archäologie der alten Griechen nahezubringen. Das Feuer der Begeisterung sprang «trotz dem Baseldeutsch des Lehrers» auf den wissensdurstigen Köbi über – und später dann auch auf die zwei Jahre jüngere Maria Krebs.[12]

Bei dem mitreissenden Lehrer handelt es sich um Ludwig Freivogel (1859–1936), der neben seinem Pensum in Herzogenbuchsee an der Universität Bern über ein Thema der Basler Geschichte promovierte.[13] Als er im April 1891 an die Bezirksschule Waldenburg im Baselbiet gewählt wurde, liess man ihn in Herzogenbuchsee nur ungern ziehen: Die Schulkommission organisierte sogar eine abendliche Abschiedsfeier im Gasthof zur Sonne, zu der die «Mitglieder der Schulbehörde, des Schulvereins, die Eltern der Schüler und Schulfreunde höflich eingeladen» waren.[14]

Von 1893 bis 1897 war Freivogel kantonaler Schulinspektor, anschliessend Lehrer in Basel. Freivogel hatte wohl auch wissenschaftliche Ambitionen; er gehörte zu den Initiatoren und Mitverfassern eines Grundlagenwerks

---

10 Waser 1930, 169.
11 Dazu die seit 1873 gültige Sammlung der Gesetze, Reglemente und Verordnungen über das öffentliche Schulwesen des Kantons Bern, Biel 1896.
12 Waser 1930, 173.
13 100 Jahre Sekundarschule; Freivogel 1893; HBLS 3, 1926, 317.
14 Berner Volkszeitung, 26. September 1891.

zur Geschichte der Landschaft Basel.[15] Der Einfluss des allseits beliebten Lehrers auf den heranwachsenden fünfzehnjährigen Jüngling ist nicht zu unterschätzen: Jakob setzte dem Verehrten in der Person des Geschichtslehrers «Frei» in einer späteren Kurzgeschichte ein Denkmal.[16] Nicht nur fand das Feuer für Geschichte und Archäologie reichlich Nahrung, sondern es könnten – nach einer Einschätzung der Persönlichkeit Freivogels – auch die ersten Erfahrungen einer wissenschaftlichen Argumentationsweise geprobt worden sein.

Ein anderes Ereignis mag im Jahre 1890 die späteren Forschungen und die Schriftstellerei ebenfalls beeinflusst haben. Damals, am Sonntag, 22. Juni, fand nämlich die Jahresversammlung des Historischen Vereins des Kantons Bern in Herzogenbuchsee statt. Die Geschichtsfreunde trafen sich im Hotel Bahnhof, und auch Nichtmitglieder waren ausdrücklich zu diesem Anlass eingeladen. Der junge Dr. und Privatdozent Wolfgang Friedrich von Mülinen (1863–1917)[17] hielt den Festvortrag, der später in der «Berner Volkszeitung» in seiner ganzen Länge abgedruckt worden ist; das Thema lautete, wohl dem Festort zu Ehren, «Wie der Oberaargau bernisch wurde».[18] Im darauf folgenden Geschäftsteil der Tagung wurde Redaktor Ulrich Dürrenmatt mit launigen Worten in den Verein aufgenommen, und die ganze Korona der Berner Geschichtsforscher war versammelt: Neben von Mülinen auch Emil Bloesch, Eduard von Rodt, Albert Zeerleder.[19] Sass an jenem Sonntagvormittag um halb elf der aufgeweckte Jakob mit gespitzten Ohren in den Reihen der Zuhörer? Ziemlich sicher, sollte man meinen. Dazu gibt es einen deutlichen Hinweis: Am Schluss der Veranstaltung begab man sich nämlich zur «Kirche und ihrem so oft zum Kampfplatz gewordenen Hof».[20] Dieser Ort sowie der Inhalt des Festvortrags streiften genau den Themenkreis, in dem Jakob Wiedmer fünf Jahre später seinen literarischen Erstling ansiedelte.[21]

15 Gauss et al. 1932.
16 Wiedmer, Adelsbriefe 1926h.
17 HLS 8, 2009, 800; Niederhäuser 2010, 58 f. Ferner Blätter für bernische Geschichte, Kunst und Altertumskunde 13, 1917, 1–55.
18 Berner Volkszeitung, 7. Juni, 28. Juni und 5. Juli 1890. Zum Ablauf der Hauptversammlung von 1890 AHVB 13, 1893, 1 f.
19 Bloesch (1838–1900), HLS 2, 2003, 500; von Rodt (1849–1926), HLS 10, 2011, 380; Zeerleder (1838–1900) Dozenten 1984, 61.
20 AHVB 13, 1893, 2.
21 Wiedmer, Burg Aeschi 1895.

Angenommen, die Vermutung stimmt, so sollten sich der Festredner und der mutmassliche junge Zuhörer kaum mehr begegnen, bis sich ihre Wege zwanzig Jahre später wieder kreuzen würden – dann allerdings in neu verteilten Rollen als Professor von Mülinen-von Hallwyl und als Direktor Wiedmer-Stern.

Der Reiz des Doktorhauses

Das Doktorhaus in Herzogenbuchsee, das Wohnhaus des Landarztes Krebs, war eine Art Kulturzentrum, wo Gelehrsamkeit, Naturliebe und Familiensinn unter einem Dach vereinigt waren.[22] Dr. med. Walter Krebs entstammte einer angesehenen Familie von ländlichen Notaren, Richtern und Ärzten und hatte in seinen jüngeren Jahren auch die Welt gesehen, während er als Lazarettarzt im Deutsch-Französischen Krieg von 1870/71 seine Sporen abverdiente. Als leidenschaftlicher Naturforscher pflegte er neben seiner Tätigkeit als Landarzt private Studien in den Fächern Botanik, Zoologie und Astronomie. Seine Frau Maria, geborene Schüpbach, galt als geistreiche Persönlichkeit mit künstlerischen Neigungen. Sie unterwies ihre drei Töchter während der ersten Schuljahre selber, wobei die jüngste, Maria, ihren Eltern durch ihre unbändige Freiheitsliebe und ihre übersensible Dünnhäutigkeit am meisten Rätsel aufgab. Im Familienkreis wurde sie bei ihrem Kosenamen Marunggeli oder Runggeli gerufen. Durch abendliche Vorlesestunden erhielt die Mädchenschar früh eine Einführung in die germanischen und griechischen Sagen, in Grimms Märchenwelt und die biblische Geschichte; auch Werke von Jeremias Gotthelf, Friedrich Schiller, Friedrich Hebbel und von weniger bekannten Dichtern und Lyrikern, die damals einen Namen hatten, wurden vorgetragen.[23]

Die Doktorfamilie gewährte immer wieder berühmten und bedeutenden Persönlichkeiten Gastrecht. Der Chirurg und spätere Nobelpreisträger Theodor Kocher (1841–1917) war ein Studienkollege und enger Freund

---

22 Küffer 1971, 31. Laut den Nachforschungen von Hansjörg Fankhauser, Herzogenbuchsee, verlebte Maria Waser ihre Kindheit im sogenannten Doktorhaus an der Bernstrasse 7 (Burkhalter et al. 1991, 46 oben, das Haus ganz rechts; es wurde 1969 abgebrochen). Das Doktorhaus Bernstrasse 28 (heute «Ärztehuus Buchsi») baute Walter Krebs erst 1898/99 (Burkhalter et al. 1991, 41 unten).
23 Küffer 1971, 5–8; Gamper 1945, 23 f., 28–31; Gamper 1963, 450–455.

von Walter Krebs.[24] Ferdinand Hodler (1853–1918) war mit der Hausherrin verwandt; während eines Sommeraufenthalts verewigte der vierundzwanzigjährige Maler seine Stiefschwester Maria Krebs-Schüpbach in einem fast lebensgrossen, ganzfigurigen Bildnis. Zuerst wenig geschätzt, wanderte das Gemälde mit steigendem Bekanntheitsgrad des Künstlers vom Estrich ins Mädchenzimmer und schliesslich in die Wohnstube der Familie Krebs.[25] Zu diesem Besucherkreis gehörte etwas später auch der Kunstmaler Cuno Amiet (1868–1961), der nach seiner Heirat 1898 auf die Oschwand zog, eine Häusergruppe unweit von Herzogenbuchsee.[26] Etliche Jahre danach wird Hermann Hesse seinen Sohn Bruno dort bei seinem «Freund» Amiet unterbringen.[27] Einen sehr vertrauten Umgang mit den Familienmitgliedern im Doktorhaus pflegte schon früh Josef Viktor Widmann (1842–1911), Literat und einflussreicher Redaktor des Feuilletons in der Berner Tageszeitung «Der Bund».[28] Vielleicht begegnete er dem aufgeweckten Jüngling bereits im Hause Krebs, ehe er später zu seinem Mentor wurde.

Die kleine Maria Krebs und Jakob, der Bäcker-Köbi, waren fast gleich alt, weshalb sie durch die kindlichen Spiele im Dorf ganz natürlich zu einer gewissen Vertrautheit fanden. Und auf ebenso ungezwungene Weise erhielt Jakob Zutritt ins Doktorhaus, den er sicher auch geflissentlich suchte. Öfters liess er sich von Marias Vater beim Bestimmen seltener Pflanzen beraten, die er in der näheren Umgebung gesammelt hatte und in einem Herbar aufbewahrte, das er mit seiner ihm eigenen Akribie und Sorgfalt anlegte. In seinen Welschlandferien zog er mit seiner Botanisierbüchse über die Juraweiden und schwelgte im Pflanzensammeln; dort versuchte er auch seine zwei kleinen Basen mit den lateinischen Namen der Blumen zu imponieren – allerdings mit wenig Erfolg.[29] Im Doktorhaus und seinem grossen Garten in Herzogenbuchsee gab es eine ganze Menagerie von zeitweise bis gegen hundert Tieren in Volieren, Aquarien, Terrarien und frei sich bewegend: Erwähnt sind Eichhörnchen, Siebenschläfer, Haselmäuschen und eine verunfallte Kröte mit Schenkel im Gipsverband.[30] Wiedmer selber war

24 Gamper 1963, 451; Küffer 1971, 5.
25 Gamper 1963, 45; Bätschmann et al. 2012, 96 f. Zwei Porträts entstanden auch vom Gatten Walter Krebs. Gamper 1945, 21; Waser 1927a, besonders 7–27.
26 Küffer 1971, 34; HLS 1, 2001, 296 f.; Kaufmann 2018.
27 Widmer 2000; Decker 2012, 649 f.; Rothfuss 2007, 29, 40.
28 HLS 13, 2014, 442; Küffer 1971, 8; SLA, Nachlass Maria Waser, B-2-Kü-WID.
29 Waser 1930, 168; Wiedmer, Juchhei 1927e, 143 f.
30 Waser 1930, 54 f.; Küffer 1971, 5 f.

zeitlebens ein grosser Freund von Tieren. Tierquälereien, wie er sie später in Griechenland und Süditalien oft erleben sollte, konnten ihn masslos ärgern.[31] Hunde begleiteten ihn auf seinen griechischen Wanderungen, aber eine ganz besondere Liebe hegte er für Katzen (siehe Abb. 46).

Die gelehrten, kunstsinnigen und feinfühligen Bewohner des Doktorhauses beeindruckten den wissbegierigen Bäckerssohn zweifellos, denn in seinem väterlichen Zuhause hielt man wenig auf Bildung, Kunst und Kultur, und auch der tägliche Umgang untereinander war wohl rauer. Die im Doktorhaus empfangenen Anregungen förderten die Entwicklung Köbis ohne Zweifel nachdrücklich. Am stärksten beeindruckte den Heranwachsenden allerdings die kleine Maria, das hübsche Mädchen mit dem Kosenamen Runggeli.

Als eine Schlüsselstelle der damaligen und künftigen Beziehung der beiden muss man die Textpassage lesen, die vordergründig einer belanglosen Sandkastenanekdote gleicht, aber wesentlich mehr darstellt. In der Erinnerung blieb Maria Waser das Ereignis jedenfalls haften, sodass es Jahrzehnte später Eingang in die Erzählungen aus ihrer Jugend fand. Ausgangspunkt ist das Bäckerhaus an der Kirchgasse, das sich neben seinen behäbigen Nachbarn eher bescheiden ausnahm.

«Dennoch kam es mir immer vor, als ob zwischen diesem Haus und dem Köbi irgendeine geheimnisvolle Beziehung bestünde; denn nach der Strasse hin zeigte es mit dem freundlichen Bernerbogen, mit hellen Scheiben, Trepplein und Ruhebank ein heiteres, bernisch gesatzliches Wesen; hinten hinaus aber barg sich ein abenteuerliches Höflein mit merkwürdigen Lauben, Türen und vertrackten Winkeln […]. Haben biedere Treuherzigkeit und das unberechenbare Abenteuer wohl je näher beisammen gewohnt? […]

Allein davon, dass in dem altklugen Knaben und Musterschüler doch noch ein Anderes, ein Wildes und Ungestümes lebte, bekam ich eines Tages eine Ahnung: in einer grossen, flachen Kiste hatte er mit Erde, Sand und allerlei seltsamem, kristallisch flimmerndem Gestein eine kleine phantastische Berglandschaft angelegt, hatte sie mit winzigen Teichlein und eigenhändig geschnitztem Häuschen geschmückt und das ganze Gelände mit feinen, kleinen Alpenpflänzlein besetzt, so dass nun Hügel und Tal von grünen Pölsterchen und unzähligen Blümlein, gelben, blauen, roten, bedeckt waren. Ich fand es über die Massen schön; aber als er mir dann

---

31 Wiedmer, Erinnerungen 1925b, 45.

dieses Wunderwerk zum Geschenk anbot, war ich so bestürzt, dass ich in meiner kindlichen Blödigkeit keinen andern Ausweg fand als eine rasche, erschrockene Zurückweisung. Da war es, dass ich zum erstenmal in seinen Augen jenen schwarzen Blitz gewahrte, [...] und dann geschah jenes, dem Mädchen gänzlich Unverständliche, dass er mit zornigen Axthieben sein mühevoll geschaffenes Werk kurzerhand zusammenschlug.»[32]

Freundliche Schauseite und undurchschaubarer Hinterhof des Hauses an der Kirchgasse diente Maria Waser als ein Paradigma für den Charakter Jakobs, und in einem zweiten Sinn gilt dies auch für die Bestürzung des Mädchens und die Reaktion des Knaben. Im Moment verstand die kleine Maria Köbis aufbrausende Erschütterung nicht, aber in der Erinnerung blieb ihr das drastische Ereignis sehr wohl haften. Erst als erwachsene Frau verstand sie, Köbis Geste als eine von ihr unverstandene Liebeserklärung zu deuten und seinen Charakter in einer eigenen Bildsprache wiederzugeben. Unterdessen empfand sie ihre erschrockene Abweisung von damals als «kindliche Blödigkeit». Zur Zeit der Niederschrift ihrer Jugenderinnerungen im Jahre 1930 war Maria Waser 52 Jahre alt, Jakob Wiedmer-Stern war zwei Jahre vorher verstorben. Das schicksalhafte Missverständnis muss sich spätestens während der letzten Schuljahre in Herzogenbuchsee etwa um 1890 zugetragen haben.

Die kindliche Romanze hat lebenslange Spuren hinterlassen, wenn man sie einer Erzählung Jakob Wiedmers aus dem Jahre 1925 gegenüberstellt. Es geht dort um einen Herrn Heinrich Meyer (oder eben Wiedmer selber), der vor einem Wohnungswechsel steht und dabei über der Fotografie eines Mädchens ins Sinnieren gerät, das ihn als Jüngling 35 Jahre früher (also tatsächlich um 1890) in tiefe Unruhe versetzt hatte, und der sich nun im Nachhinein fragt, was wohl geschehen wäre, wenn ...

Es lohnt sich, den Grübeleien des Herrn Meyer im Wortlaut zu folgen, wobei sich diese gar nicht exakt auf die oben beschriebene Episode im Hinterhof an der Kirchgasse beziehen müssen. Dazu waren beide, Jakob Wiedmer und Maria Waser erst recht, in den späteren Jahren ganz Dichter geworden, die es verstanden, Situationen und Gemütsregungen aus ihrer Vergangenheit zu verklären und zu verdichten. Aber ein wahrer Kern bleibt; die im Text mehrfach genannte Jahreszahl, die anzugeben im ge-

---

32 Waser 1930, 165, 170f.

wählten Genre ja nicht verpflichtend war, steht in zeitlicher Koinzidenz mit der von Waser geschilderten Gegebenheit.

In der Erzählung Wiedmers geraten Herrn Heinrich Meyer vor dem Umzug beim Zusammenpacken allerhand Erinnerungsstücke in die Hände, die seine Aufmerksamkeit und seine Wehmut wecken:

«Und zu unterst die Trümmer seines allerkühnsten Luftschlosses, eingesargt in ein kunstvolles, altertümliches Reliquienkästlein. Zögernd und mit leisem Zittern der Hand öffnete er das Behälterchen, zum erstenmal wieder seit Jahren. Brüchig und vertrocknet lag obenauf ein Feldblumensträusslein, gelbbraun verfärbt vom Alter und nach alltäglichem Heu duftend. Darunter folgten einige kleine Briefbogen, auf denen regelmässig mit freundlichem Dank der Empfang geschenkter Bildchen angezeigt wurde, wohlerzogen und gemessen, ohne eine Silbe des Entgegenkommens über den Strich strengster Sitte und herber Zurückhaltung hinaus. Und zuletzt die etwas angegilbte Fotografie einer noch nicht Zwanzigjährigen, ein offensichtlich frohmütiges und gutherziges Wesen, aus dessen Augen nichtsdestoweniger die Klugheit blitzte. Herr Meyer lächelte unmerklich, als er wieder einmal darüber nachsann, mit welchen Listen und auf welchen gefahrvollen Umwegen er sich dieses Bild damals verschafft hatte.

Denn nicht aus ihrer Hand war es in die seine gelangt; nie hätte er gewagt, ein so ungeheuerliches Ansinnen an sie zu stellen, und unvereinbar mit den Schicklichkeitsbegriffen ihres Herkommens wäre es wohl auch gewesen, dass sie von sich aus ihm ein derartiges Geschenk gemacht hätte.

Lange und innig betrachtete Herr Meyer das Bildchen, und dabei begann seine Hand wiederum leicht zu zittern; zum erstenmal seit fünfunddreissig Jahren suchte ihn der Zweifel heim, ob diese ganze selige Angelegenheit, an der er seitdem in Wonne und Schmerz gezehrt, nicht nur eine Einbildung von seiner Seite gewesen sei. Denn, sagte er sich auf einmal bitter, welche Beweise wärmerer Gefühle hatte sie ihm gegeben? Er hatte alles getan, was ihm in seiner Jungbärenhaftigkeit einfiel, um ihre wohlwollende Aufmerksamkeit auf sich zu ziehen; ihr zu Gefallen strengte er sich an, einen ausbündig musterhaften Lebenswandel zu führen und den Fleiss auf die Spitze zu treiben. […] Und sie? Worin hatte eigentlich das bestanden, auf was er seine kühnen Luftschlösser abgestellt? Dass sie ihm, sicherlich aufrichtig, gedankt für die Helgelein, deren mühevolle Erknorztheit rührend anmutete; dass sie ihn je und je ermunterte, so fortzufahren, wenn er es mit

Schlichen und Ränken wieder einmal fertiggebracht hatte, in ihre Nähe zu kommen? Und leibhaftig fühlte er jetzt wiederum die schreckliche Befangenheit, die ihre Gegenwart ihm eingeflösst, und die geistreichen Vorsätze, die er nach jeder derartig verhunzten Gelegenheit für die nächste gefasst.

‹Heiri, was warst und bist du für ein ausbündiger Esel!› stöhnte er das lächelnde Bild an. Aber keine Spur von Groll gegen sie stieg in ihm auf; er wusste, dass ihr unbefangenes Wohlwollen aufrichtig gewesen war, aus ihrer gütigen Natur heraus geboren und weiterhin geübt in ihrem späteren sonnigen Leben gegenüber allen, die in ihren Bereich kamen. Aber gerade darum entdeckte Herr Meyer nun, dass er sich zu unrecht etwas Besonderes darauf eingebildet und aparte Schlüsse daraus gezogen hatte; es wurde ihm auf einmal klar, dass eine so kluge und zugleich gütige Frau es eben nicht über sich gebracht hätte, einen Tolpatsch wie ihn zu kränken dadurch, dass sie die aufgedrängten Geschenke ablehnte und eine spätere Belohnung seiner Strebsamkeit in Zweifel zog, so wenig als man ein Kind irre macht durch Zurechtweisungen, die es noch nicht zu erfassen vermag.

Durch diese neue Brille las nun Herr Meyer die wenigen Briefblättchen wieder einmal nach und lächelte resigniert über die Wahrnehmung, wie unverfänglich sie nun aussahen und wie wenig Grund er gehabt, schimmerndes Zukunftsgarn für sich daraus zu spinnen. ‹Ein Gottesgeschöpf um und an war sie deswegen nicht weniger, aber du, Heiri, ein fürchterlicher Esel!› seufzte Herr Meyer schliesslich, den Schatz sorglich zwischen andere Besonderheiten in eine Kiste bettend. Der Spott über sich selbst tat ihm wohl, mehr noch aber freute ihn der Gedanke, wie glücklich und sonnenreich sich das Leben dieser Auserwählten in der Folge gestaltet hatte. Er war ihr jetzt dankbar, dass sie sich nie einen Augenblick hatte verwirren lassen durch seine aus Unerfahrenheit und verspäteter Kindlichkeit geborenen Torheiten.

Denn was hätte er, Heinrich Meyer, Musterzeichner und Möchtegernkünstler in einer Kattundruckerei, ihrem hohen, durch Ueberlieferung und eigene Veranlagung kultivierten Geist zu bieten vermocht? Dabei fiel unwillkürlich ein Blick auf die Bücherbeigen, die neben gähnenden Kisten standen. Nun ja, man besass seinen Keller, Gotthelf und Meyer, wie es schliesslich Pflicht und Schuldigkeit eines geniesserischen und zugleich irgendwie nachdenklichen Eidgenossen ist. Auch Nebensterne umgaben die Sonnen, dazu Fachbücher aus dem Reiche der bildenden Kunst in wohlgeordneten Heersäulen, und schliesslich Eindringlinge aus dem lehrreichen

Abb. 2: Maria Krebs (vordere Reihe, Dritte von links) mit ihren Schulkameradinnen in Herzogenbuchsee 1893, vor ihrem Übertritt ins Knabengymnasium in Bern. Sie war das einzige Mädchen in der Klasse und erhielt dort den Spitznamen «Zopf». Zu Hause nannte man sie «Runggeli»; sie war der Schwarm des jungen Köbi.

Bezirk der Geschichte. Sogar Philosophisches trieb sich, von Herrn Meyer allerdings wenig behelligt, im Halbdunkel des Hintergrundes herum.

Und nun geschah das Seltsame, dass Herr Meyer sich aus all der ihn umgebenden Verwirrung straff aufrichtete, einen langen Blick durchs Fenster warf, und ohne Worte zu bilden und sie an irgendwen zu richten, doch eigentlich Gott dafür dankte, dass er gerade durch seine Schwerfälligkeit davor behütet worden war, ein verkannter grosser Künstler zu werden und das Schicksal eines zu Sonne und Glück bestimmten Mitmenschen verwirren zu wollen, wobei ja doch nichts herausgekommen wäre als blamables, grösseloses Elend für ihn und Peinlichkeiten für alle andern. [...] ‹Fünfunddreissig Jahre lang habe ich Esel mit dem Schicksal gehadert, weil es es gut mit mir meinte!›»[33]

---

33 Wiedmer, Peterli 1925a, 21f. Dieser Text war auch in den Augen von Maria Waser eine authentische autobiografische Aussage. Waser 1930, 206f.

Aus dieser uneingestandenen beziehungsweise missverstandenen Liebe zweier Jugendlicher wird 35 Jahre später, als beide sich in einer existenziellen Lebenskrise wiederfanden, eine tiefe Freundschaft. Maria Waser sollte Jakob Wiedmer in seinen letzten Lebensjahren zur engsten Vertrauten und Freundin werden. Vorerst jedoch verliefen die Lebenswege der beiden nach dem Schulabschluss in ganz verschiedene Richtungen.

Nach acht Jahren Primar- und Sekundarschule in Herzogenbuchsee musste sich Maria Krebs von ihren Dorffreundinnen trennen (Abb. 2). Auf das Frühjahr 1894 trat sie ins Lehrerinnenseminar in Bern ein, wechselte jedoch noch im selben Jahr ins städtische Knabengymnasium, und zwar nicht aus eigenem Antrieb, sondern auf Anraten Widmanns.[34] Maria, deren grösster Wunsch es als Kind nach eigener Aussage war, «dass mich alle liebhaben»,[35] war nun das einzige und heimlich umschwärmte Mädchen unter den neunzehn Buben in der Klasse. Um Unbotmässigkeiten zuvorzukommen, waren die Mitschüler gehalten, Fräulein Krebs, die Kleine mit den «dunkeln, strahlenden Augen», zu siezen.[36] Zum törichten Schwerenöter machte sich alleine der Griechischlehrer und ledige Rektor der Schule Georg Finsler (1852–1916), ein seinerzeit in Fachkreisen hochgeschätzter Homer-Kenner. Seiner Lieblingsschülerin gab er nicht nur Privatstunden in Griechisch, sondern er begleitete sie anschliessend durch die «Lauben», die Berner Arkaden, bis vor ihre Haustür. Auf dem Rektorat unterhielt er sich mit der hübschen Gymnasiastin über die laufenden Geschäfte (nämlich über die Querelen mit seinem Vorgesetzten, Erziehungsdirektor Albert Gobat), und an einem Gartenfest führte er sie sogar zum Tanz.[37] An den Wochenenden dehnte der Rektor seine stets intensivere Betreuungsmission ins Doktorhaus nach Herzogenbuchsee aus. Schon sah sich der Dreiundvierzigjährige in seiner Verblendung als möglicher Hochzeiter, als «Frau Dr. Krebs, dem lieben Freunde an einem seiner Buchsersonntage sachte die Augen» öffnete und ihm ernsthaft Zurückhaltung gebot, um das «Jungmädchendasein» ihrer Jüngsten nicht unnötig zu beschatten.[38] Wie viel Koketterie in dem Unschuldslamm steckte, wenn es sich von seinem Lehrer den Hof machen liess, lässt sich erahnen. Man redete bereits in der

---

34 Gamper 1963, 458 f.
35 Waser 1930, 74.
36 Gamper 1945, 52; Küffer 1971, 9.
37 Gamper 1963, 460 f.; Gamper 1945, 74–77, 111.
38 Gamper 1945, 59–69 und besonders 74.

Öffentlichkeit, und der nicht ganz abseitsstehende Hausfreund und Redaktor Widmann schien das Spiel zu durchschauen, als er den Zweizeiler setzte:
«Runggelchen, frowe min,
Du bist eine teufelin.»[39]

Unterdessen knüpften Maria und der Primus der Klasse, Otto Müller, zarte Liebesbande, die sich zwar bald auf tragische Weise wieder lösten, davon zeugen rührende Tagebucheinträge der Primanerin im Sommer 1897,[40] jedoch sollte diese Affäre Leben und Werk der erwachsenen Autorin Maria Waser prägen.
   Im gleichen Jahr nahm Maria Waser als Zweitbeste der Klasse I A ihr Maturitätszeugnis in Empfang, mit ihr auch Otto Müller, der Primus,[41] und weitere Klassenkameraden wie Volkmar Andreae (1879–1962), der spätere Komponist und Direktor des Zürcher Konservatoriums,[42] Hermann Rennefahrt (1878–1968), später hochgeschätzter Staatsrechtler,[43] und nicht zuletzt Otto Tschumi (1878–1960), der in einigen Jahren als Archäologe die Wege von Jakob Wiedmer-Stern kreuzen würde.
   Anschliessend – einmal mehr auf Anraten eines Mentors, nämlich Rektor Finslers – studierte und doktorierte Maria Krebs in Geschichte bei Gustav Tobler in Bern.[44] Aus dem Wunsch heraus, «von allen geliebt zu werden», folgte sie hier wie auch später stets ihrem stillen Leitgedanken, es allen recht machen zu wollen: ein Anspruch, dem Maria Waser dereinst in der Mehrfachrolle als Mutter, Hausfrau, Redaktorin, Schriftstellerin und Professorengattin nur schwer gerecht werden konnte.[45] Obwohl sie in den Zwanzigerjahren als eine tonangebende intellektuelle Frau galt, ist ihre Biografie heute noch nicht geschrieben.[46]

39 Ebd., 72 f.
40 Publiziert bei Gamper 1945, 104–118. Die Autorin Gamper hiess eigentlich Esther Waser Gamper und war die Schwiegertochter von Maria Waser.
41 StABE, Höhere Mittelschulen, lokales, Gymnasium Bern, BB IIIb 1551, 1552 und 1554 (mit sämtlichen Maturanoten in den einzelnen Fächern).
42 HLS 1, 2002, 337 f.
43 HLS 10, 2011, 241.
44 Küffer 1971, 10. Ihre Dissertation widmete Krebs 1902 «Meinem hochverehrten Lehrer Herrn Rektor Dr. Georg Finsler in Dankbarkeit».
45 Davon zeugen der Roman «Wende» (von der Autorin selber als «rückhaltlos ehrlich» bezeichnet, Waser 1944, 317) und zahlreiche unpublizierte Briefe in ihrem Nachlass im Schweizerischen Literaturarchiv, Bern. Bezeichnend der Text «Drängende Gestalten» aus dem Nachlass 1917, erstmals publiziert bei Gerosa 2004, 31–52.
46 Kern 1928, 116–137.

Kaufmann von Beruf, Archäologe aus Berufung

Unter weniger glücklichen Umständen als Maria Krebs startete der Bäcker-Köbi ins Erwachsenenleben. Nach seiner obligatorischen Schulzeit erwartete jedermann, dass das «Genie» nun ans Gymnasium nach Bern wechseln werde. Nicht so Jakob Wiedmer senior, der ganz anderer Meinung war. Selbst die Fürsprache der Lehrer, von zwei Pfarrherren und von Doktor Krebs fruchteten nichts. Ebenso wenig nützte die Zusicherung von Hilfe bei aufkommenden Studiengebühren. Der Alte blieb stur. Er selber sei als Bäcker ein rechter Mensch geworden und von «Studiergrinden» halte er schon gar nichts. Eine bloss mürrische Einwilligung erfuhr der Entschluss des Juniors, einen kaufmännischen Beruf zu ergreifen.[47]

Wie es dann weiterging mit dem Lehrling, ist im Detail nicht bekannt. Da es zu jener Zeit für kaufmännische Berufe noch keine geregelten Ausbildungswege gab, galt es einfach, möglichst viele Erfahrungen in möglichst unterschiedlichen Betrieben zu sammeln. Wie und wo sich Jakob diese Kenntnisse angeeignet hat, wissen wir nicht. Offensichtlich führte sein Weg zunächst «durch die Pack- und Lagerräume kleinerer ländlicher Ladenbetriebe», wo er sich vom einfachen Ausläufer Stufe um Stufe hocharbeitete,[48] angefangen möglicherweise in Herzogenbuchsee selber; grössere Handelsgeschäfte gab es in Langenthal und dann natürlich in Bern.

Aber der Beruf des Kaufmanns entsprach nicht der Berufung des jungen Mannes. Das dokumentiert eine Schwarz-Weiss-Fotografie, welche das Bernische Historische Museum aufbewahrt, ein Glücksfall (Abb. 3). Entstanden ist die Aufnahme 1893, also im gleichen Jahr wie das Bild, das uns Maria Krebs im Kreis ihrer Schulfreundinnen in Herzogenbuchsee zeigt (Abb. 2). Das Glasnegativ liefert ein bis in die Details scharf gezeichnetes Bild. Dargestellt ist eine archäologische Ausgrabung in Bannwil im Oberaargau, also in geringer Entfernung von Herzogenbuchsee. Was auf den ersten Blick etwas befremdend wirkt, wenn man an eine archäologische Ausgrabung denkt, sind die kräftigen Männer im Vordergrund mit ihrem groben Werkzeug. Hier ging es jedoch darum, einen mächtigen Wurzelstock zu entfernen, der mitten auf einem eisenzeitlichen Grabhügel sitzt.

---

47 Waser 1930, 172.
48 Ebd.

Abb. 3: In der Bildmitte Jakob Wiedmer sitzend im Anzug und mit dunklem Hut auf Ausgrabung, Bannwil 1893. Neben ihm sein erster archäologischer Lehrmeister, Edmund von Fellenberg (1838–1902), mit Zollstock und Schreibblock. Der Doyen lässt sich in das von ihm geführte Tagebuch blicken; sein Schüler Jakob macht Notizen.

Aber dahinter, der junge Mann im stilvollen hellen Anzug und mit schwarzem Hut, das ist tatsächlich Jakob Wiedmer: Elegant und souverän, wenngleich von etwas fülliger Gestalt, ist er mit einem Notizbuch und Schreibzeug bewaffnet. Der beleibte Mann mit dem Schreibblock und Zollstock gleich daneben ist Edmund von Fellenberg.[49] Von Fellenberg (1838–1902) war zu dieser Zeit die absolute archäologische Autorität in Bern; von Haus aus Naturwissenschafter, leitete er viele Jahre unter anderem die ethnografischen und archäologischen Sammlungen des sogenannten Antiquariums der Stadt Bern und später des Bernischen Historischen Museums.

Hallstattzeitliche Grabhügel übten auf die Forscher des 19. Jahrhunderts eine besondere Anziehungskraft aus. Sie waren im Gelände gut sichtbar,

---

49 JbBHM 1902 (1903), 3 f.; HLS 4, 2005, 465.

und bisweilen fanden sich Objekte aus Gold oder gar griechische Importstücke, die jeder Sammlung gut anstanden. Da solche Kostbarkeiten vorwiegend die Gründergräber auszeichneten, also in der Hügelmitte lagen, bohrte man sich oft kräftesparend vom höchsten Punkt aus trichterförmig in die Tiefe, ohne die peripheren Gräber und Funde überhaupt zu berühren.

Das Gemeindegebiet von Bannwil nördlich von Herzogenbuchsee wies gleich mehrere Grabhügelgruppen aus dieser Zeit auf, wobei ein Teil von ihnen schon früher angegraben worden war.[50] Auf unscheinbare Funde oder deren Zusammenhänge wurde bei solchen Schürfungen eher wenig geachtet. Davon zeugen auch von Fellenbergs originale Ausgrabungstagebücher, die sich erhalten haben, aber für moderne Fragestellungen unbrauchbar sind.[51] So ist im Falle von Bannwil die Lage der untersuchten Hügel im Gelände nicht zweifelsfrei zu identifizieren, und erst recht ist die Zuordnung der einzelnen Fundobjekte innerhalb eines Hügels nicht mehr nachvollziehbar. Zugegebenermassen kam in diesem Fall erschwerend hinzu, dass neben eisenzeitlichen auch frühmittelalterliche Gräber in die Hügel eingebracht worden waren, was die Befundsituation noch zusätzlich verunklärte. Wiedmer hat später selber versucht, Ordnung in das unendliche «Durcheinander in der Anordnungs- und Gruppenbezeichnung» zu bringen, ohne dass es ihm zufriedenstellend gelungen wäre.[52] Aber was das Dokumentieren von archäologischen Ausgrabungsbefunden betrifft, hat er daraus vielleicht schon früh seine Lehren gezogen.

Von Fellenberg war sicher ein wichtiger Mentor, aber kaum ein sehr guter Lehrmeister für den Archäologielehrling. Es bleibt jedoch eine Frage: Wie hatte es der Siebzehnjährige an die Seite von Fellenbergs geschafft, sodass er zum Fototermin anreisen und sogar einen Blick auf die Aufzeichnungen des Meisters werfen durfte? Der wohlbekannte Wissensdurst und das vertraute, einnehmende Auftreten werden wohl Wirkung gezeigt haben.

Im Tagebuch von Fellenbergs ist am Montag, 23. April 1893, der Besuch von Jakob Heierli auf dem Grabungsplatz vermerkt. Jakob Heierli (1853–1912) war zu diesem Zeitpunkt Privatdozent für Urgeschichte an der Universität Zürich und verfügte sicher über den weitesten Horizont,

---

50 Müller 1999, 18f., 24–27; Tschumi 1953, 179–182; Drack 1960, 6–15; Hodel et al. 2011, 79, 84.
51 BBB, Privatarchive, Mss.h.h. XXIII.48, Edmund von Fellenberg: Tagebuch. Ausgrabungen Bannwil.
52 Wiedmer, Oberaargau 1904a, 344–363, besonders 348.

was die prähistorische Archäologie der Schweiz betraf.[53] Ob auch Jakob Wiedmer an diesem Tag auf der Grabung weilte, wissen wir nicht.

Eine Woche später schreibt der «grübelnde Kamerad» von Fellenberg dem «treuen Maulwurfsgesellen» Heierli in einem Brief, dass dieser seinen Rückweg nach Zürich am vergangenen Montag gerade eine Stunde zu früh angetreten habe.[54] Es seien nämlich unmittelbar nach seinem Weggang mehrere «Armschlaufen», «Armspangen» und «spiralige Noppen-Ringe» zum Vorschein gekommen. Den Ausgräbern sei eben einmal mehr der Segen Schliemanns zuteilgeworden; und am Schluss des Briefes beschwört der begeisterte von Fellenberg nochmals «Schliemanns Manen», auf dass diese ihm fernerhin beistehen möchten. Tatsächlich ist der berühmte Troja-Entdecker gerade drei Jahre zuvor, im Dezember 1890, in Neapel verstorben. Ganz offensichtlich befeuerte Schliemanns Geist den alten von Fellenberg bei seinen Grabungsunternehmungen nicht wenig – und den jungen Wiedmer sicherlich nicht minder. Tatsächlich ist die von einem herbeigerufenen Fotografen gemachte Aufnahme (Abb. 3) ja eine Inszenierung: Das Bild dokumentiert keinen archäologischen Befund, sondern hält das heroische Wirken von wackeren Archäologen fest. Die Monografien der berühmten Ausgrabungsplätze ihres Vorbildes Schliemann standen alle in der Bibliothek des Berner Antiquariums oder bei von Fellenberg zu Hause: Mykene 1878 (mit Widmung an von Fellenberg «von seiner lieben Frau Maria»), Illios 1881, Orchomenos 1881, Troja 1884 und Tiryns 1886.[55]

Die Ausgrabungen in Bannwil mögen die eisenzeitliche Forschung in der Schweiz nicht sehr viel weitergebracht haben, aber sie waren doch ein wichtiger Schritt in der Forschungsgeschichte, die in der damaligen Zeit ihre Aufmerksamkeit vor allem auf die Grabhügel richtete. Heute würden die in einer Kiesgrube unmittelbar neben den Hügeln im Sommer 1893 entdeckten «Tonkugeln» (Webgewichte?), «eisernen Waffenbruchstücke» und «Topfscherben» fast mehr interessieren.[56] Es handelt sich wohl um Spuren einer eisenzeitlichen Siedlung, wie sie sehr selten sind, deren Bedeutung Wiedmer aber erkannte, als er drei in einer Nachgrabung 1895 entdeckte «Mardellen» (der damals übliche Begriff für in den Boden eingetiefte Gru-

---

53 JbSGU 5, 1912 (1913), 24–41; HLS 6, 2007, 200.
54 Leuenberger 1954, 186 f.
55 Heute Bibliothek Institut Ur- und Frühgeschichte und Archäologie der Römischen Provinzen, Signaturen FG 43–47.
56 Leuenberger 1954, 185 f.; Drack 1960, 14 f.

benhäuser) beschrieb.[57] Da die zum Vorschein gekommenen Funde teils nicht erhalten, teils zu wenig aussagekräftig sind, fehlt eine zuverlässige Datierung und Bestätigung der Sachlage.

Erlauben wir uns noch einen raschen Blick in die Zukunft: Zwanzig Jahre nach dem Bannwiler Intermezzo sollte Wiedmer-Stern als Präsident der von ihm inspirierten Schweizerischen Gesellschaft für Urgeschichte der Vorgesetzte werden von Heierli, dem Zürcher Privatdozenten und Besucher der Ausgrabung von Bannwil.

Burg Aeschi am See

Am 22. Juni 1895 kündigt Ulrich Dürrenmatt höchstpersönlich in einem auffällig markierten Kasten auf der Frontseite der «Berner Volkszeitung» eine Fortsetzungsgeschichte an, welche die Abonnenten in der Gratisbeilage erhalten würden (Abb. 4). Es sei die «Erstlingserzählung eines talentvollen und geschichtskundigen, aber noch keine zwanzig Sommer zählenden jungen Oberaargauers». Die angezeigte Geschichte trägt den Titel «Burg Aeschi am See. Eine oberaargauische Erzählung aus der Zeit vor dem Laupenkrieg». Und mit den Initialen J. W. unter der Überschrift ist dann vollends klar, dass es sich bei dem gepriesenen Jungtalent nur um Jakob Wiedmer handeln kann. Die Erzählung erschien in acht Folgen während der Sommermonate 1895.[58]

Ihre Handlung beginnt «im Jahre des Heils 1332», als eine Schar Bauern mit ihren Frauen und Kindern versucht, der Leibeigenschaft ihres Feudalherrn zu entfliehen. Ihr Ziel ist die Stadt Bern, wo ihnen die Freiheit winkt. Die Flüchtenden versammeln sich in einem Wald zwischen Seeberg und dem Äschisee; ihr Anführer, der «lange Jörg», trägt ein «langes Schwert und ein Damaszenerhemd», kennt den Weg und weiss den Trupp klug zu leiten. Unterwegs nehmen sie den Junker Heinrich vom Stein von der Burg Aeschi gefangen, bevor sie auf den Ritter Bubenberg stossen, der sie nach Bern geleiten soll.

Doch unversehens geraten die Fliehenden an einen Söldnertrupp, der von Graf Eberhard von Kyburg auf Schloss Burgdorf ausgeschickt ist, um

---

57 Wiedmer, Oberaargau 1904a, 355.
58 Wiedmer, Burg Aeschi 1895.

Abb. 4: Anzeige auf der Frontseite der «Berner Volkszeitung», herausgegeben von Ulrich Dürrenmatt, 22. Juni 1895. Hinter dem talentierten Autor verbirgt sich der achtzehnjährige Jakob Wiedmer aus Herzogenbuchsee mit seinem ersten literarischen Versuch.

die entflohenen Bauern einzufangen und den Bubenberg zur Rechenschaft zu ziehen. Nach einem blutigen Zusammenstoss behalten die Fliehenden die Oberhand und ziehen schleunigst weiter.

Die nächste Szene schildert detailgenau Architektur und Inneneinrichtung der am See gelegenen Burg Aeschi.[59] Im Rittersaal haben sich die gräflichen Dienstmannen versammelt, um die drohende Auseinandersetzung mit der Stadt Bern zu besprechen. Des Nachts sinnt der Burgherr Heinrich vom Stein über seinen Bruder Georg nach, der, einem Aufruf des Papstes folgend, vor langer Zeit zu einem Kreuzzug ins Heilige Land aufgebrochen war. Drei Jahre später überbrachte ein welscher Ritter die Nachricht vom Tod des Kreuzfahrers Georg, und die Umstände wollten es,

---

59 Das Wasserschloss Burgäschi wurde in der Mitte des 19. Jahrhunderts abgetragen, sodass heute nicht einmal mehr Ruinen im Gelände sichtbar sind (Frühling 2018).

dass Heinrich die Verlobte seines Bruders, Ita, heiratete. Sie gebar ihm zwei Söhne, die wiederum Heinrich und Georg heissen. Aber Ita erkrankte, und kaum war sie zu Grabe getragen, erschien ein fremd wirkender Ritter, der vorgab, der in Palästina umgekommene Bruder und der einstige Verlobte von Ita zu sein. Heinrich misstraute dem Fremdling und wies ihm die Tür. Unterdessen, Jahre später, ahnt er jedoch, dass der «lange Jörg» sein verschollener Bruder Georg sein müsse. Immer banger wird es ihm nun um seinen gefangengenommenen Sohn Heinrich, um seinen Bruder, den «langen Jörg», und um seine entlaufenen Bauern.

Der gefangene Sohn Heinrich hingegen wurde unterdessen bei den Bubenberg in Bern als ihresgleichen aufgenommen, ja er verliebte sich dort sogar in die älteste Tochter Bertha. Der Lehensherr Graf Eberhard von Kyburg in Burgdorf ist empört über das Vorgefallene, entbindet den Steiner aber seiner Dienstpflichten, falls dieser ihm die Burg zu Aeschi überlässt und sich in Bern einburgert. Nach einer Aussprache trennen sich die beiden im Streit, und die Spannungen zwischen der Stadt Bern und dem Kyburger in Burgdorf wachsen. Im offenen Krieg geht die Burg Aeschi in Flammen auf, ebenso die befestigte Kirche von Herzogenbuchsee, wo der «lange Jörg» aufseiten der Berner den Heldentod findet. Von Schuldgefühlen zernagt stirbt sein Bruder Heinrich in Bern und die Jungfer Bertha wird von einer schweren Krankheit dahingerafft. Schliesslich gewinnt das Brüderpaar Heinrich und Georg vom Stein die Freundschaft der Bubenberger, heiratet in deren Familie ein und «Jahrhunderte lang zählte das Geschlecht derer vom Stein zu den angesehensten von Bern».

Der «talentvolle Oberaargauer» muss den erfahrenen Redaktor und Zeitungsmacher Dürrenmatt mächtig beeindruckt haben, dass er ihm solch breiten Raum in seinem Blatt gewährte. Zwar ist die Erzählung etwas naiv konstruiert, und der Kreuzzug, an dem der «lange Jörg» beteiligt war, chronologisch arg zurechtgebogen, damit er sich noch in den Zeitrahmen der Handlung einfügt. Aber die bernische Geschichte scheint dem jungen Autor vertraut; ein im Wortlaut zitiertes Spottlied mit 47 Verszeilen, das die siegreichen Berner bei ihrer Heimkehr nach dem Strauss bei Herzogenbuchsee sangen, bezog er aus einschlägiger Quelle. In gedruckter Form lagen damals mehrere Versionen des Liedes mit unterschiedlichem Wortlaut vor.[60] Kleine

---

60 Liliencron 1865, 32–34; Studer 1871, 66f. «Das Lied zum Güminenkrieg» (1331/32) besitzt eine verschlungene Überlieferungsgeschichte. Welcher Ausgabe Wiedmer sich bediente, ist nicht ersichtlich.

Änderungen wurden wohl zur leichteren Verständlichkeit und um des Reimes willen vorgenommen.

Mag sein, dass Jakob schon früh mit ähnlichen im Oberaargau angesiedelten Rittergeschichten in Berührung gekommen war, zum Beispiel mit der Erzählung «Kurt von Koppigen» von Jeremias Gotthelf, erschienen 1850 in zweiter, überarbeiteter Fassung.[61] Da der junge Bitzius von 1824 bis 1829 Pfarrhelfer in Herzogenbuchsee war, wo er sich unermüdlich für den Ausbau der Schulen einsetzte, blieb er eine wohlbekannte Persönlichkeit im Dorf. Der örtlichen Lehrerschaft hat sich ein solcher Stoff für den Schulunterricht geradezu aufgedrängt.

Das Schreibtalent des Achtzehnjährigen ist offenkundig, erkennbar an seiner Fantasie, der erzählerischen Begabung und vor allem an der Gewandtheit in der Formulierung. Die Erzählung ist gekonnt eingebettet in die Lokalgeschichte und die Landschaft des Oberaargaus, sodass sie zweifellos nach dem Geschmack der örtlichen Leserschaft war. Der Tathergang läuft rasant ab und wirkt manchmal auch verwirrend – nicht zuletzt weil der Autor ab Folge 5 das Brüderpaar Heinrich und Georg zu verwechseln beginnt. Die Produktion des Stücks muss heftig und schnell vor sich gegangen sein.

Besonders die Kampfszenen scheinen direkt den Historienmalereien des 19. Jahrhunderts oder den bekannten Schulwandbildern entlehnt und könnten geradezu das Drehbuch für einen patriotischen Film abgeben. Dabei hält der junge Autor mit seiner Bildung nicht hinterm Berg, etwa wenn sich seine Akteure über römische Schriftsteller auslassen oder wenn er den persischen König Darius zitiert (was der Setzer prompt zu «Daraus» verschreibt). Auf jeden Fall war das Resultat beachtlich und blieb bei den Bewohnern von Herzogenbuchsee kaum ohne Nachhall.

Was in den vorausgegangenen Jahren in Sachen Historisches Museum in Bern geschah, dürfte kaum unbemerkt an Jakob Wiedmer vorbeigegangen sein, wo auch immer er seine Lehrjahre absolviert hat. Bern hatte sich stark um das geplante schweizerische Landesmuseum bemüht und war dermassen überzeugt, als Bundesstadt den Zuschlag zu erhalten, dass schon mal mit dem Bau des Museumsgebäudes am Helvetiaplatz im Kirchenfeld begonnen wurde. Nachdem die eidgenössischen Räte sich für Zürich entschieden hatten, hielt man in Bern unbeirrt an den Bauplänen fest. Am

---

61 Derron/Wernicke 2016, 201.

27. Oktober 1894 eröffnete nun das «Bernische Historische Museum» mit umfangreichen archäologischen, ethnografischen und historischen Sammlungen seine Tore. Der bereits bestellte Direktor Hermann Kasser, sechsundvierzigjährig und zuvor Pfarrer in Köniz, nahm mit seiner Familie sogleich Wohnsitz im Westflügel des Museums.[62]

Während dieser Zeit kam die Archäologenseele des jungen Kaufmanns Wiedmer wohl nicht zur Ruhe. Unterdessen waren die Eltern von Herzogenbuchsee weggezogen ins Nachbardorf Niederönz,[63] wo auch Jakob eine neue Bleibe fand. Von dort aus hat er seine archäologischen Unternehmungen wieder aufgenommen; konkrete Hinweise gibt es ab Januar 1897, als er sich, nun in eigener Regie, an Grabhügeln in der Gemeinde Oberönz versuchte, allerdings blieben Funde aus.[64]

Recht kenntnisreich zeigt er sich in einer archäologischen Darstellung der Vorgeschichte des Oberaargaus im März desselben Jahres in der Beilage der «Berner Volkszeitung», wo ihm Ulrich Dürrenmatt wiederum Platz für zwei Folgen eingeräumt hatte.[65] Die Ausführungen enthalten Schlüsse aus eigenen Beobachtungen und Ausgrabungen sowie aus alten Fundberichten. Breiteren Raum nehmen darin der Burgäschisee und der Inkwilersee mit ihren jungsteinzeitlichen Pfahlbauten ein; aber auch römische und mittelalterliche Funde finden Beachtung.

Am 7. April 1897 dann die Meldung in der «Berner Volkszeitung» von Ausgrabungen auf dem Önzberg, veranstaltet von Edmund von Fellenberg «auf Veranlassung des jungen auch den Lesern der Volkszeitung bekannten, geschichtskundigen Handelsbeflissenen Jb. Wiedmer in Niederönz».[66] Die Notiz ist zwar, was die Leitung des Unternehmens betrifft, etwas schwammig formuliert, aber diesmal ging's um einen grösseren Wurf, nämlich um den Nachweis eines römischen Militärlagers in Herzogenbuchsee. Die Idee stammte ursprünglich von Albert Jahn, einem früheren Pionier der bernischen Archäologie, und fand im Nachhinein auch die Unterstützung von Fellenbergs.[67] Ausgangspunkt waren die gut erhaltenen Mosaiken, die bereits zu Beginn des 18. Jahrhunderts auf dem Kirchhügel von Herzogenbuchsee zum Vorschein gekommen waren, deren Bedeutung jedoch bis

---

62 Zimmermann 1994, 376–382.
63 Waser 1930, 165.
64 Wiedmer, Oberaargau 1904a, 454f.
65 Wiedmer, Herzogenbuchsee 1897.
66 Berner Volkszeitung, 7. April 1897.
67 Jahn 1850, 462–472; Tschumi 1953, 237.

heute schwer abzuschätzen ist, da es an flächendeckenden Nachgrabungen und aussagekräftigen Neuentdeckungen mangelt.[68] Unbestritten gehören die Mosaikböden zum Herrschaftshaus eines römischen Gutshofes, von dem vereinzelte Spuren auch im übrigen Dorfgebiet zum Vorschein gekommen sind. Jahn deutete bereits 1850 den Platz als Kastell, das im Zentrum einer ausgedehnten römischen Landesbefestigung stand. In dieses strategische Konzept eingebunden seien auch mehrere mittelalterliche Burgstellen gewesen, die doch oft römerzeitliche Vorgängerbauten und Funde aufweisen würden und die als vorgeschobene Wachtürme und *specula* dienten.

Nun setzte Wiedmer zu eigenen Ausgrabungen auf dem Önzberg zwischen Niederönz und Inkwil an, wo seiner Ansicht nach auffällige Geländeterrassierungen und Eisenfunde nur römerzeitlichen Ursprungs sein konnten.[69] Aus denkbar dürftigen Indizien schloss er – offensichtlich im Einvernehmen mit von Fellenberg – auf einen römischen Wachturm,[70] wodurch er die alte Idee von Jahn bestätigt fand: Nach eigenen zusammenfassenden Erörterungen steht für ihn fest, dass der Kirchhügel von Herzogenbuchsee «jedenfalls der Sitz des Lagerzentrums sowie Wohnung des Platzkommandanten war. Das übrige Lager, sowie die bürgerliche Ansiedlung erstreckten sich hauptsächlich südlich davon». Und weiter: Ebenfalls «zu der hiesigen Befestigung gehörte der römische Wachtthurm auf dem sogenannten Zwingherrenhubel, der nicht, wie meistens irrthümlich angenommen wird, eine mittelalterliche Burg trug».[71] Mit dem Zwingherrenhubel ist eine markante Erhebung in der Gemeinde Bettenhausen unmittelbar südlich von Herzogenbuchsee gemeint, die bis heute noch keine römischen Spuren geliefert hat.[72]

Mit diesem Glaubensbekenntnis hatte sich der Jungforscher in ein Fantasiegebäude verstiegen, das noch im gleichen Jahr zu Fall gebracht werden sollte.

68 Gonzenbach 1961, 115–119; Suter et al. 1992; Bolliger 2006, 54 f. Zu den heute nachgewiesenen römischen Fundstellen in und um Herzogenbuchsee siehe Hodel et al. 2011, 138–141.
69 Wiedmer, Oberaargau 1904a, 454.
70 Berner Volkszeitung, 7. April 1897. Mit der Erwähnung einer «unbestimmbaren römischen Münze in Grosserz».
71 Wiedmer, Herzogenbuchsee 1897, 86.
72 Burgenkarte der Schweiz, Blatt 1, 1976: Bettenhausen-Löli mit angeblichen Spuren eines Turms unbekannter Zeitstellung. Landeskarte der Schweiz 1:25 000 (2018): Der nämliche Hügel heisst unterdessen Gibeleich und ist noch immer als «Römische Warte» ausgezeichnet. Eine Besichtigung vor Ort brachte keine neuen Erkenntnisse (5. Februar 2018).

Vorerst bleibt hier aber noch ein interessantes Detail nachzutragen, das nicht ohne Ironie erscheint. Hat Wiedmer seinen Artikel in der «Buchsizeitung» – vermutlich mit einer gewissen Genugtuung – zuerst einmal bis zum Ende durchgelesen, so hat er sich ziemlich sicher gleich den unmittelbar folgenden Bericht mit dem Titel «Die Wirren im Orient» vorgenommen. Es handelt sich um einen für die «Berner Volkszeitung» in dieser Form ganz ungewöhnlichen Artikel, in dem drei Männer in Wort und Bild porträtiert werden, «mit denen sich gegenwärtig die europäische Politik viel zu beschäftigen hat», nämlich Georg I., König der Hellenen, Theodor Delijannis, Ministerpräsident Griechenlands, und Sultan Abdülhamid II. König Georg hat sich gerade erst mit der russischen Grossfürstin Olga vermählt; Delijannis klammert sich mit wechselndem Geschick an seinen Posten als Ministerpräsident, während Abdülhamid mit allen Mitteln versucht, den drohenden Untergang des osmanischen Reiches aufzuhalten.[73]

Selbst im Oberaargau muss man sich über die politischen Verhältnisse Griechenlands einigermassen im Klaren gewesen sein. Und der aufmerksame Leser Jakob genoss schon einmal eine erste Lektion für das Kommende.

Zwischenstation Zürich

Nur wenige Wochen nach der voreiligen Pressemeldung über die römischen Entdeckungen auf dem Önzberg zog Jakob Wiedmer aus dem Oberaargau weg und nahm in Zürich Wohnsitz. Davon zeugt ein in Zürich geschriebener Brief, datiert vom 15. Juni 1897 an Jakob Heierli.[74]

«Widmer Jak. Friedr. Kaufm.», so lautet der Eintrag im Zürcher Adressbuch, wohnte an der Glärnischstrasse 35.[75] Die Glärnischstrasse verläuft parallel zum oberen, seeseitigen Ende der Bahnhofstrasse. Dieses Gebiet gehörte ursprünglich zur Gemeinde Enge. Nachdem diese sich 1892 mit der Stadt vereinigt hatte, dehnte sich das Geschäftszentrum an der Bahnhofstrasse ins benachbarte Quartier Enge aus, wo sich in rascher Folge neue Unternehmen ansiedelten und wo Wiedmer wohl nicht nur wohnte,

---

73 Sebastian der Schärrmauser. Gratisbeilage zur Berner Volkszeitung, 15, 1897, 94 f.
74 SGU, Nachlass Heierli. Siehe Anhang 3.1.
75 Adressbuch der Stadt Zürich für 1898, Zürich 1898, 591. Wiedergegeben ist der Stand des Jahres 1897.

Abb. 5: 1897 wohnt der junge Kaufmann Jakob Wiedmer an der Glärnischstrasse in Zürich, im niedrigen Haus in der Mitte, hinter der Brücke über den Schanzengraben. Damals gehörte es der Schweizerischen Nordostbahn, heute steht dort ein gesichtsloser Neubau.

sondern auch einer – uns unbekannten – Arbeit nachging. Seine Unterkunft lag an einer der Ausfallachsen gleich neben der Bleicherwegbrücke, die den Schanzengraben überspannte (Abb. 5).[76] Das dreistöckige Wohn- und Magazingebäude gehörte von 1879 bis mindestens 1910 der Schweizerischen Nordostbahn.[77] Den Namen der Eigentümerin gilt es für die weitere Geschichte in Erinnerung zu behalten, wenngleich er keinen Anhaltspunkt für Wiedmers damalige Tätigkeit liefert.

Biografisch sehr viel aufschlussreicher ist das erwähnte Zürcher Schreiben an Heierli.[78] Der Adressat war mit der Sammlung des Bernischen Historischen Museums wohlvertraut und darüber hinaus eng verbunden mit den dort zuständigen Fachgrössen; davon zeugt die aufgeräumte Um-

76 Guyer 1980, 160, 123 oben, 197 oben (das Haus am rechten Bildrand).
77 Freundliche Mitteilung von Esther Fuchs, Baugeschichtliches Archiv der Stadt Zürich, 10. Juli 2017. 1949 ist das Gebäude einem trostlosen Neubau gewichen.
78 Siehe Anhang 3.1.

gangssprache im erwähnten Brief von 1893 mit den Kommentaren von Fellenbergs zu den Ausgrabungen in Bannwil, wo man sich mit «Grübelkamerad» und «Maulwurfsgeselle» titulierte.[79] Seit 1889 ist Heierli Privatdozent für Urgeschichte an der Universität Zürich. Seine Vorlesungen behandeln vornehmlich die urgeschichtliche Archäologie der Schweiz, aber auch Ägypten, Troja und Mykene sind Themen.

Ihn lädt nun Wiedmer ein zu einem Gespräch bei sich zu Hause an der Glärnischstrasse, weil er ihm die Funde aus seinen Untersuchungen von Niederönz vorstellen und seine These über die römische Befestigung Herzogenbuchsee darlegen möchte. Und ziemlich unverfroren gibt er auch gleich die möglichen Besuchszeiten über Mittag und abends, allenfalls auch sonntags bekannt. Ein Interesse seitens Heierlis wird vorausgesetzt, da ihm die Entdeckungen «in eint' oder anderem Blatt» (gemeint ist die «Buchsizeitung») wohl zu Gesicht gekommen seien.

In Ton und Inhalt gibt sich der junge Mann ziemlich kühn, und von Selbstsicherheit zeugt auch die Unterschrift am Ende des Briefes: Ein eng gesetzter Namenszug JFWiedmer, umrahmt von weitschweifigen Zierbögen und Schnörkeln, wie sie mittelalterliche Urkunden kennzeichnen – und wie es übrigens von Fellenberg auch zu tun pflegte.[80] Als Referenzen sind Wolfgang von Mülinen und Edmund von Fellenberg, zwei Berner Kapazitäten, am Schluss des Briefes aufgeführt mit ihren sämtlichen akademischen Titeln, die aufzeigen sollen, wie gut Wiedmer in die lokalen Verhältnisse eingebettet ist.

Die Reaktion kennen wir nicht, aber sie muss ernüchternd ausgefallen sein. Heierli war ein zu versierter Prähistoriker, als dass er bei den dürftigen Argumenten auf Wiedmers Thesen eingegangen wäre. Er verfügte über die nötige Kompetenz für eine Richtigstellung, die sowohl von Mülinen, unterdessen ausserordentlicher Professor für Schweizer Geschichte an der Universität Bern,[81] wie auch von Fellenberg fehlte. Tatsächlich zog Wiedmer Jahns Idee eines römischen Kastells und «Waffenplatzes» in Herzogenbuchsee später selber in Zweifel und glitt stillschweigend über sein eigenes früheres Konstrukt hinweg.[82]

79 JbBHM 1898 (1899), 8, 25; JbBHM 1899 (1900), 25; Leuenberger 1954, 186f.
80 Siehe JbBHM 1902 (1903), Frontispiz.
81 Dozenten 1984, 150; HLS 8, 2009, 800.
82 Wiedmer, Oberaargau 1904a, 452–454, wo er auf dieselben Fundstellen und eigenen Ausgrabungen zu sprechen kommt.

Fragt man sich, woher Jakob Wiedmer sein Wissen der vorgeschichtlichen Systematik geholt habe, über das er später so sicher verfügte, so hätten ihm die Möglichkeiten genau in dieser Zürcher Zeit offengestanden. Heierli hielt regelmässig Vorlesungen an der philosophischen Fakultät der Universität. Während der Zeit, in der wir Wiedmer mit Sicherheit in Zürich wissen, sind es zwei Lehrveranstaltungen, die er hätte besuchen können: Im Sommersemester 1897 (21. April bis 7. August) «Die Schweiz im letzten Jahrtausend vor Christi Geburt (Bronze- und Eisenzeit)», im Wintersemester 1897/98 (18. Oktober bis 12. März) «Die ältesten Spuren des Menschengeschlechts».[83] Beide Vorlesungen waren gratis und somit offen für jedermann.

Jakob Heierli wurde an der Universität Zürich nie recht heimisch, wartete jedenfalls sein Leben lang vergeblich auf eine Beförderung zum Extraordinarius. Mit Albert Heim (1849–1937) hatte er einen zu renommierten Gegenspieler mit einem ähnlichen, wenn auch deutlich stärker naturwissenschaftlich ausgerichteten Lehrplan an der Eidgenössischen Technischen Hochschule.[84] Heims berühmtester Student war kein Geringerer als Albert Einstein, was uns Anlass gibt zu einem kleinen Exkurs.

In seinem ersten Semester an der ETH, dem Wintersemester 1896/97, belegte Albert Einstein unter den «nichtobligatorischen» Fächern bei Albert Heim die Vorlesung «Urgeschichte des Menschen» – ob er tatsächlich anwesend war, wissen wir nicht.[85] Ziemlich sicher im Sommer 1897, als Wiedmer seit kurzem in Zürich wohnte, lernten sich Einstein und Mileva Marić, seine spätere Ehefrau, kennen,[86] die übrigens die gleiche Vorlesung zur Urgeschichte des Menschen bei Heim besuchte wie Albert zuvor. Dies als kurze Vorschau, denn ab Juni 1902 wohnte Einstein – wie Wiedmer – an verschiedenen Adressen im Kirchenfeld in Bern, nach der Verheiratung mit Marić zuerst an der Tillierstrasse 18.[87]

Doch zurück zu Jakob Wiedmer in Zürich 1897. Aufgrund seiner im Brief an Heierli dargelegten Zeitfenster, die er für einen Besuch vorschlug, muss man annehmen, dass Wiedmer in einem festen Anstellungsverhältnis

---

83 Moser 2011, 720, 727, 730, 737.
84 HLS 6, 2007, 222; Moser 2011, 958–960.
85 www.library.ethz.ch/Ressourcen/Digitale-Bibliothek/Einstein-Online/Studium-am-Polytechnikum-in-Zuerich-1896-1900. Einstein galt als notorischer Schwänzer, der die Vorlesungen lieber von Kommilitonen mitschreiben liess.
86 Fölsing 1993, 71, 944.
87 Flückiger 1974, 134.

stand, das ihm nicht ohne Weiteres erlaubte, sich frei zu machen. Diese Stelle werde ihn nun, so schreibt er im Brief, für längere Zeit in Zürich festhalten – eine Einschätzung, die sich recht bald als falsch erweisen sollte.

Athen, endlich

Offensichtlich bot sich ganz unerwartet die Gelegenheit, als Kaufmann nach Athen zu gehen. Und man kann sich nicht vorstellen, dass Wiedmer auch nur einen einzigen Moment zögerte. Plötzlich schien es, als ob sich ein Lebensentwurf ganz nach dem Vorbild Schliemanns erfüllen könnte: zuerst Kaufmann, dann Archäologe.

Über die Athener Jahre berichtet eine Art Reportage aus erster Hand, nämlich seine «Griechischen Erinnerungen eines Veteranen» mit stark autobiografischen Zügen.[88] Die gut achtzig Seiten bilden einen der wenigen längeren Texte, die Wiedmer in der Ich-Form geschrieben hat. Allerdings stammen diese Aufzeichnungen aus dem Jahre 1925, wurden also ein Vierteljahrhundert nach den Ereignissen zu Papier gebracht. Und Erinnerungen an weit entfernte Zeiten haben bekanntlich die Eigenheit, dass sie so manches ausblenden und vieles verklären. Stets spürbar bleibt in Wiedmers Aufzeichnungen – und nicht nur hier – eine grosse Sympathie für die Griechen und ihre Lebensweise, an die er sich selber rasch gewöhnte.

Den Frühling 1898 erlebt Wiedmer bereits in Athen. Denn schon kurz nach seiner Ankunft «Ende Mai», wie aus einer ganz beiläufigen Zeitangabe in seinen Erinnerungen hervorgeht, geniesst er nach Landessitte sein Mittagsschläfchen, «Jawohl, ja!», und lässt sich schon bald nicht mehr vom Eselgebrüll und dem lauten Ruf «Pagota» des Glaceverkäufers vor seinem Fenster stören.[89]

Wie hat man sich aber eine Reise von Bern oder Zürich nach Griechenland um die Jahrhundertwende vorzustellen? Zuerst einmal gilt es, sich einen Reisepass zu beschaffen und beim griechischen Konsulat ein Visum einzuholen.[90] Reisepässe stellten die kantonalen Behörden aus – und tatsächlich hat sich das Formular für den Passantrag von Jakob Wiedmer

---

88 Wiedmer, Erinnerungen 1925b.
89 Ebd., 21 («Ende Mai»).
90 Leider waren die entsprechenden Anträge in der griechischen Botschaft in Bern nicht greifbar. Für freundliche Unterstützung bei der Suche sei Frau Botschafterin Hara Skolarikou gedankt.

erhalten; es datiert vom 11. Mai 1898.[91] Sind alle Papiere beieinander, geht es am bequemsten mit dem Zug durch den Gotthard über Mailand bis Triest. Von dort verkehrt der von Reisenden aus der Schweiz schon seit längerem beliebte Liniendampfer der Lloyd Austriaco:[92] Abfahrt ab Triest jeweils Dienstag, 2 Uhr nachmittags; Zwischenhalt in Korfu; Ankunft in Patras am Freitag im Verlauf des Vormittags. 1905 kostete die Überfahrt zweiter Klasse Triest–Patras 109.50 Franken. Das betrifft den «Fahrpreis einschl. Beköstigung ohne Wein».[93]

Für Jakob Wiedmer verlief die Seereise zuerst aufs Angenehmste, ehe sich ab Korfu ein gewaltiger Sturm mit tückischem Wellengang zusammenbraute, sodass sämtliche Passagiere «wie ausgedrehte Feglumpen über dem Geländer hingen», ehe sie, «nicht viel lebendiger als aufgewärmte Leichen», festen griechischen Boden unter den Füssen fanden.[94] Nach ersten unsicheren Schritten im Hafen von Patras nahm ihn ein ehemaliger Pensionskamerad aus Zürich in Empfang, der dort unterdessen einer Arbeit nachzugehen schien. Patras war damals die Einreisepforte für alle aus Westen kommenden Reisenden. Kaum angekommen, taucht Wiedmer mit grossem Staunen erstmals in das ihm ganz orientalisch anmutende Strassenleben der Hafenstadt ein.

Am folgenden Morgen ging es mit dem Zug weiter dem langgezogenen Golf von Korinth entlang Richtung Athen. In Korinth betraten zwei Männer sein Abteil, mit denen sich schon bald ein angeregtes Gespräch entspann. Man unterhielt sich glänzend; Rezina wurde gegen «Schweizerstumpen» getauscht, und nach einiger Zeit erfuhr Wiedmer, dass einer der beiden Griechen, die so gut französisch sprachen, «ein Deputierter, der andere ein bekannter Athener Gelehrter war, mit dem ich dann noch viele köstliche Stunden unter seinem Dache verlebte».[95] Die Namen der beiden verrät er nicht. Hiess der Gelehrte allenfalls Tsountas, Staïs oder Svoronos? Alle drei waren wichtige Persönlichkeiten in der griechischen Archäologie, mit denen Wiedmer später freundschaftlichen Umgang pflegte.[96] Da wir unterdessen die charismatische Erscheinung des jungen Wiedmer kennen,

---

91 Siehe Anhang 3.2.
92 Lüscher 2018, 104 f.
93 So laut Baedeker 1905, XIX.
94 Wiedmer, Erinnerungen 1925b, 7.
95 Ebd., 13.
96 Ebd., 59.

erstaunt es nicht, dass sich dem Ankömmling die besten Athener Kreise öffneten, noch ehe er den Boden von Athen überhaupt betreten hatte.

Nach einem kurzen Schlummer weckten ihn die beiden Reisegefährten: «Regardez! Athènes!» – und da stand «im letzten Sonnenschein ein Fels, ein Fels mit einzigartiger köstlicher Krone. Athens Akropolis!» Eine «tiefste, selige Ergriffenheit» trieb dem Schliemann-Jünger Tränen in die Augen.[97]

Ein Vierteljahrhundert später, als Maria Waser selber zum ersten Mal die Akropolis erblickte, ergriff sie ein ähnlich pathetisches Hochgefühl, wie sie es Jakob in ihrem bezeichnenden dramatischen Stil unterstellte, «denn dieser vom lebendigen Geiste geheiligte Ort, wo wie nirgend sonst auf Erden das ewige Mysterium Anschauung wird, weil wir hier Kraft der Erde und Kraft des Himmels fassbar ineinanderwachsen sehn – dieses Menschengötterwerk, vom gewaltigsten Felsen in den strahlendsten Himmel hinaufgehoben, wurde uns beiden gleichermassen zum zeitlosen Wahrzeichen ...».[98]

Waser erschloss sich das Land der antiken Griechen mit ihrer Seele, Wiedmer suchte das Land der modernen Griechen mit dem Herzen.

Nun stand Jakob also tatsächlich vor dem Athener Bahnhofgebäude (Abb. 6): Er war in Griechenland angekommen. Aber was für ein bewegtes Land er da betrat! Ein Land, das in einer tiefen Krise steckte und zwar nicht erst seit gestern, sondern seit seiner Gründung im Jahre 1830. Berühmt ist der Satz, mit dem Ministerpräsident Charilaos Trikoupis 1893 vor das Parlament trat, um sein Amt niederzulegen: «Bedauerlicherweise sind wir bankrott.»[99]

Balsam für die griechische Seele waren die ersten Olympischen Spiele 1896 in Athen, als Spyridon Louis den prestigeträchtigen Marathonlauf von Marathon nach Athen gewann (Sieger am Pauschenpferd wurde übrigens der Schweizer Louis Zutter aus Peseux, Neuenburg).[100] Katastrophal hingegen verlief das folgende Jahr, als Griechenland ohne Not einen Krieg gegen das Osmanische Reich vom Zaun riss, bei dem es innerhalb von vier Wochen eine ebenso demütigende wie vollständige Niederlage erlitt. Ein von Eleftherios Venizelos angezettelter Aufstand in Kreta gegen die osmanische Herrschaft verlief desaströs. Er löste eine Flüchtlingswelle auf

97 Ebd., 14f.
98 Waser 1930, 186.
99 Zelepos 2014, 84.
100 https://de.m.wikipedia.org/wiki/Olympische_Sommerspiele_1896.

Abb. 6: Der heute stillgelegte Hauptbahnhof von Athen, wo Jakob Wiedmer im Frühling 1898 die griechische Hauptstadt betrat. Eine erste Begegnung mit der griechischen Gelehrtenwelt gelang ihm bereits während der Zugfahrt von Patras nach Athen.

das Festland und nach Athen aus, wo erst noch eine gefährliche Pocken- und Typhusepidemie ausbrach.[101] Dieser griechisch-osmanische Krieg von 1897 lieferte «das seltene historische Beispiel für einen Kleinstaat, der ohne Verbündete gegen eine Grossmacht antritt, und dokumentiert damit einen eklatanten Mangel an Staatsräson bei den politischen Entscheidungsträgern».[102] Da nach dem Waffenstillstand weder die Reparationszahlungen an die Hohe Pforte noch die alten Schulden beglichen werden konnten, wurde eine internationale Finanzkommission eingerichtet, die sich aus Vertretern der drei Garantiemächte Grossbritannien, Frankreich und Russland sowie von Deutschland, Österreich-Ungarn und Italien zusammensetzte. Diese

101 Weithmann 1994, 203 f.; Tzermias 2010, 65–69; Wiedmer, Erinnerungen 1925b, 66, 79.
102 Zelepos 2014, 85.

übernahm die Kontrolle der griechischen Staatsfinanzen und übte diese bis zum Ersten Weltkrieg aus.[103]

Im Februar 1898, kurz vor Wiedmers Ankunft, ereignete sich ein König George I. geltender Attentatsversuch als Folge einer völlig vergifteten politischen Atmosphäre, für die viele Bürger die Krone und ihre Minister verantwortlich machten.[104]

Am Bahnhof der für ihn noch wildfremden Stadt Athen wurde Wiedmer nun abgeholt,[105] und mit einer kleinen Droschke ging es geradewegs an die Odos Mavromichalis 28 in der Neustadt (Neapolis) unterhalb des Froschmaulfelsens.[106]

Der von der deutschsprachigen Gemeinde in Athen «Froschmaulfelsen» genannte Felsklotz liegt am Hang des Lykabettos (Abb. 7).[107] Zu Wiedmers Zeit war er ein beliebter Aussichtspunkt mit Blick über die Dächer der Stadt auf die Akropolis mit dem Parthenon. Heute versperren achtstöckige Wohnblöcke die Sicht; das verwilderte, neben der Platia Likavittou gelegene Gelände, in dessen Mitte der steile Fels aufragt, hat keinen eigenen Namen mehr und dient hauptsächlich als Hundeversäuberungsanlage.

Neapolis war damals ein am Stadtrand gelegenes Neubauquartier, das man heute, nach der explosionsartigen Ausdehnung der Metropole im 20. Jahrhundert, ohne Bedenken noch dem Zentrum zurechnen darf.[108] Das ursprüngliche Haus an der Odos Mavromichalis 28 musste in den Sechzigerjahren einem stereotypen Neubau weichen, in dem unterdessen die Verwaltung verschiedener Organisationen der orthodoxen Kirche untergebracht ist. «Ein recht primitives Café, eigentlich nur ein offener Raum mit einigen Tischlein, Strohschemeln und dem kleinen Kochherd, und weiter unten der unerlässliche Gemüsehändler waren die einzigen Geschäfte da draussen, ein zwingender Beweis, dass nicht viel los war.»[109]

Wie ein Augenschein im Frühling 2016 offenbarte, hat sich die Odos Mavromichalis unterdessen zu einer geschäftigen und lebhaften Quar-

103 Formal bestand sie sogar bis 1978 fort. Zelepos 2014, 86 f.; Schönhärl 2015, 189–191.
104 Tzermias 1993, 106.
105 Vermutlich von «Chr. Ferd. Müller», der später namentlich erwähnt wird: BBB, Nachlass Agathon Aerni, AK 3002.
106 Zur Lokalisierung BBB, Nachlass Agathon Aerni, AK 1669, Postkarte vom 12. Juni 1898 (Odos Mavromichalis 28); Wiedmer, Erinnerungen 1925b, 18 (Neapolis); Wiedmer, Erinnerungen 1925b, 15 (Froschmaulfelsen).
107 Baedeker 1908, 94.
108 Ebd., 17.
109 Wiedmer, Erinnerungen 1925b, 77.

Abb. 7: Athen um 1900; linkerhand, am Fuss des pyramidenförmigen Lykabettos, ragt der sogenannte Froschmaulfelsen auf. Links darunter entsteht das Neubauquartier «Neapolis» mit der Odos Mavromichalis, wo Jakob Wiedmer wohnte. Die Stadt steht am Anfang einer rasanten Entwicklung.

tierstrasse entwickelt. Allerdings stehen hier nur noch vereinzelt Häuser aus der Zeit um 1900, und alle in Frage kommenden Gebäude sind mit Brettern vernagelt und im Zerfall begriffen wie beispielsweise die Ruine an der Strassenecke, ein ehemaliges Ladengeschäft oder eher eine Taverne mit hohen Türen (Abb. 8). Nur wenige Schritte davon entfernt bezog nun der Einundzwanzigjährige im Frühling 1898 Quartier in einem geräumigen Zimmer bei einer «in jeder Richtung verblüffend umfangreichen Matrone», einer «Venus von Kilo» mit mütterlicher Fürsorglichkeit für den «jungen Schnaufer», wie es diesem gerade richtig und angemessen erschien.[110]

110 Ebd., 18f.

Und wie nicht anders zu erwarten: Der erste Gang am ersten Sonntag nach der Ankunft galt dem Archäologischen Nationalmuseum. Aber wie findet der Neuling das Nationalmuseum? Der Händler an der Strassenecke, ein Korfiote, der zum Glück italienisch spricht, weist ihn in die richtige Richtung: Den «Weg die Akademiestrasse hinunter und dann in die Patissiastrasse würdest du vielleicht nicht finden», deshalb geh einfach «da hinunter, immer geradeaus! Läufst du richtig, so stehst du schliesslich hinter dem Museum».[111] Der Händler empfiehlt ihm also den direkten Weg etwa durch die heutige Odos Didotou, eine der geraden, nach Norden sanft absinkenden Quartierstrassen. Wenn Wiedmer diese als abschüssige Gasse, die einem trockenen Bachbett oder einem steinübersäten Hohlweg gleicht, beschreibt, so stimmt das mit der heutigen Topografie nicht überein. Solch steiles Gelände erstreckt sich hingegen von seinem Wohnort in der Odos Mavromichalis hangaufwärts zum Lykabettos. Vermutlich sind 25 Jahre später gewisse Bilder in den Erinnerungen durcheinandergeraten. Die Wunder, die sich ihm im Museum auftaten, blieben ihm bestimmt besser im Gedächtnis haften.

Die Fassade und erst recht das mächtige Volumen des 1866 errichteten klassizistischen Bauwerks haben ihre Wirkung auf den jungen Berner gewiss nicht verfehlt. Und kaum hatte er die Eingangshalle durchschritten, stand er schon im Saal der mykenischen Altertümer mit den ungeheuer reichen Funden aus den Schachtgräbern auf der Mykener Burg, die Schliemann 1876 ausgegraben hatte. Wer wollte damals bei dem Schmuck, den Goldmasken, den Silbergefässen und den kostbaren Waffen bezweifeln, dass dort Agamemnon geherrscht hatte?[112] In den folgenden Sälen tat sich eine Fülle klassischer Steindenkmäler und bemalter Grabkeramik auf, die das archäologische Feuer des jungen Wiedmer zweifellos schürten, wenngleich sie nicht von unmittelbarem Nutzen für seine spätere Tätigkeit sein würden.

Es wäre verwunderlich, wenn Wiedmer lange Zeit hätte verstreichen lassen, ehe er ehrfürchtig an der Odos Panepistimiou Nr. 12 vorbeipromeniert wäre, dem Wohnhaus Schliemanns; es liegt keine zehn Minuten von der Odos Mavromichalis entfernt. An der Prachtstrasse Athens gelegen, war es schon damals das prunkvollste Privathaus mit einer doppelten Loggia und der bezeichnenden Inschrift «Iliou Melathron» (Palast von Ilion). Seit dem

111 Ebd., 23.
112 Baedeker 1893, 101–108, 266f.

Abb. 8: Eines der wenigen Gebäude an der heutigen Odos Mavromichalis, das aus der Zeit stammen könnte, als Jakob Wiedmer hier wohnte: Vielleicht die in seinen Erinnerungen erwähnte Taverne in der Nachbarschaft, wo er öfters verkehrte?

Tod Schliemanns (1890) bewohnte die Witwe das Haus. Heute beherbergt es das Numismatische Museum.

Antiquitäten und Korinthen

War der italienisch sprechende Händler in den ersten Tagen noch hilfreich, so merkte Wiedmer doch rasch, dass das Erlernen der neugriechischen Sprache dringend wurde. Um sich in Konversation zu üben, versammelten sich in seinem Stübchen ein halbes Dutzend Nachbarn, inklusive der resoluten Hauswirtin, die Wiedmer im Gegenzug ins Deutsche und Französische einführen sollte.[113] Es verwundert nicht, dass die erste Lektion in

---

113 Wiedmer, Erinnerungen 1925b, 69–71.

ein Palaver unter den Einheimischen ausartete, ob dem Schweizer nun die griechische Hochsprache oder eine der Mundarten zu vermitteln sei. Aber die Runde blieb zusammen, und schon bald stellten sich auf beiden Seiten Fortschritte ein. Auf diesem «Wege des Strassenjargons athenischer Käuflinge», meinte Maria Waser später etwas gar despektierlich, habe Wiedmer zur Sprache Homers gefunden, «während es der unendliche Wellengang der grossen Dichtung war, der mich hinüberzog auf den lebendigen Boden des heutigen Hellas».[114] Tatsächlich beherrschte Wiedmer die neugriechische Sprache bis zum Schluss offenbar perfekt und machte sich erst dann ans Altgriechische.[115] Hingegen ist eher fraglich, wie weit Maria Waser mit ihrem Homer kam, als sie 25 Jahre nach Wiedmer erstmals griechischen Boden betrat.

Natürlich liefen sich etliche der Heimwehschweizer in Athen hin und wieder über den Weg, wobei es zu Begegnungen der mühseligen oder auch der lustigen Art kam. Beliebter Treffpunkt der Eidgenossen war die «kleine, heimelige Weinstube des braven Peteinatos hinter dem Parlamentsgebäude», wo man einkehrte, um sich zu streiten und wieder zu versöhnen.[116] Der einzige mit Namen erwähnte Kumpan von damals war Major Karl Suter aus Zofingen, der auch dabei war, als es 1897 in Kreta wieder einmal gegen die Türken ging. Als ein «spätgeborener, echter Reisläufer» machte Suter sein Leben lang Karriere unter fremder Fahne in Spanien, Italien, Makedonien und sogar in Mexiko, was ihn aber nicht hinderte, zwischenzeitlich im eidgenössischen Generalstab zu wirken. Hoch dekoriert verstarb er 1903 in Athen.[117] Dieser Schweizer Griechenlandkämpfer beeindruckte Wiedmer nicht wenig; während er selber sich rasch als ein echter Athener fühlte. Ungewohntes Essen, lästiges Ungeziefer, sommerliche Gluthitze mit nicht ungefährlichen Magenbeschwerden ertrug er mit Gelassenheit, und schon bald witzelte er wie ein Einheimischer über die Touristen, die rudelweise schnatternd durch das Museum trabten oder «dampfend wie gekochte Rüben» auf die Akropolis kraxelten. Und fast am schlimmsten für ihn waren die sich gegenseitig vor den Ruinen Fotografierenden dort oben – schon Anno 1898![118] Immer wieder begab

---

114 Waser 1930, 186.
115 Jucker 1970, 180.
116 Wiedmer, Erinnerungen 1925b, 21, 32f., 58.
117 Ebd., 57; Maag 1909, 740.
118 Wiedmer, Erinnerungen 1925b, 46, 71f., 27–31.

er sich auf kleinere und grössere Wanderungen im attischen Umland, traf dort auf einfache Landleute, lauschte «wildwachsenden» Philosophen wie dem Jannis und beobachtete genau, was da an Tieren kreucht und fleucht. Besonders angetan hatte es ihm ein zugelaufener schwarzer Kater, der «Sepp», der sich bei ihm auf Dauer niederliess und sich abends gerne an der «Tischecke als Zuschauer aufpflanzte, wenn ich an den Münzabgüssen bastelte und pflasterte», bevor er sich auf die noch feuchten «Gipsküchlein» legte, die dann an seinem Pelz festklebten. Oft tröstete ihn Sepp über einsame Stunden in seiner stillen Klause hinweg.[119]

Die Fastnachtstage blieben trotz ausgelassener Stimmung in den Strassen und prächtigen Umzügen nicht ganz ungetrübt in der Erinnerung, weil Wiedmer unversehens in eine Rauferei geriet, die jedoch glimpflich verlief.[120] Aber unter der Woche scheint er regelmässig der Arbeit eines rechtschaffenen Kaufmanns nachgegangen zu sein. Sein täglicher Weg führte ihn durch eine einfache, fast dörfliche Vorstadt und bescherte ihm jedes Mal einen beglückenden Blick auf die Akropolis.[121] Aber womit handelte der kaufmännische Angestellte, der «Commis»,[122] in Athen? Darüber lässt er uns im Dunkeln. Allerdings gibt es Indizien, insofern man annehmen darf, dass es sich um Exportgeschäfte in die Schweiz handelte.

Die Eröffnung des Kanals von Korinth im Jahre 1893 und der Ausbau des Eisenbahnnetzes förderte beträchtlich die Ausfuhr von Landwirtschaftsprodukten, die Griechenland vornehmlich für Europa produzierte. Wichtigster Exportartikel waren seit Beginn des 19. Jahrhunderts Korinthen, und als die Weinstöcke in Frankreich am Ende der 1870er-Jahre dem Mehltau zum Opfer fielen, schossen die Preise für Korinthen in ungeahnte Höhen. Die dadurch erzielten Einnahmen wurden zum wichtigsten Eckpfeiler der griechischen Staatsfinanzen. Dramatisch wurde die Situation für Griechenland, als die französischen Weinstöcke wieder nachwuchsen und die französische Regierung ab 1893 die eigene Produktion durch Importzölle zu schützen begann. Die Weltmarktpreise sackten auf ein Sechstel des Vorjahres ab; in Griechenland wurde die «Korinthenfrage» zu einer politischen Existenzfrage, deren Folgen man durch die Gründung

---

119 Ebd., 16 f., 34, 43–46, 60 f., 75 f.
120 Ebd., 65; Braggiotti 1985, Nr. 447–454 (Fotos der Athener Fastnacht).
121 Wiedmer, Erinnerungen 1925b, 15, 77.
122 Siehe Anhang 3.2.

einer «Korinthenbank» abzufedern versuchte.[123] Als sich der Markt wieder leicht erholt hatte, exportierte Griechenland in den Jahren 1896 bis 1898 (dem Jahr der Ankunft Wiedmers in Athen) durchschnittlich 500 Tonnen Korinthen in die Schweiz.[124] War Jakob Wiedmer an diesem Handel beteiligt? Da die Schweiz selber keine getrockneten Süsstrauben produzierte und deshalb auch keine Schutzzölle erheben musste, könnte ein Import lukrativ gewesen sein.

Maria Waser berichtet, dass Wiedmer sich nach einer Krankheit bei einem Bauern in Korinth erholte und dort bei Arbeiten im Weinberg mithalf.[125] War der Aufenthaltsort blosser Zufall oder war der Winzer in Korinth ein befreundeter Geschäftspartner, der den Genesenden aufnahm? Griechischer Wein wurde jedenfalls nicht für den Export produziert, Korinthen in Korinth aber schon.

Es gibt jedoch einen noch deutlicheren Hinweis, der in Zusammenhang mit den Antiquitäten steht, die Wiedmer dem Bernischen Historischen Museum vermacht hat. Wie fanden diese ihren Weg über die Grenzen in die Schweiz? «Es wurde davon gemunkelt», dass gewisse Tonstatuetten «in einem süssen Bett von Korinthen gereist» seien, weich gepolstert und gut getarnt, ehe sie «bei einem bernischen Spezierer» landeten.[126] Offenbar bestanden bereits eingespielte Kanäle, auf denen die Korinthen von Griechenland nach Bern transportiert wurden. Und wer weiss, ob mit dem «Spezierer» nicht Vater Wiedmer, der Zuckerbäcker in Niederönz, gemeint ist? Korinthen hätte er für seine Kuchen jedenfalls gebrauchen können und ein vertraulicher Adressat war er auch.

Das Vreneli aus Mysien

Höchst erwartungsvoll tauchte Wiedmer auf dem klassischen Boden der Antike in eine für ihn neue archäologische Welt ein. Zu seinem eigenen Erstaunen öffneten sich ihm die Tore zu den berühmtesten Sammlungen mühelos, ihm, dem «jungen, unprotegierten Fremdling». Erstaunlich rasch fand er persönlichen Zugang zu den einflussreichsten Vertretern der grie-

---

123 Zelepos 2014, 79 f.; Schönhärl 2015, 188; Zeughelis 1900.
124 Zeughelis 1900, 813.
125 Waser 1930, 173; ebenso Jucker 1970, 180.
126 Waser 1930, 174.

chischen Altertumsforschung und genoss deren Belehrung und Unterstützung in einem Masse, wie sie ihm, glaubte er, in Europa nie zuteilgeworden wären.[127] Er selber stellte das mit Verwunderung fest, aber seine Begeisterung und sein Charisma scheinen einmal mehr Wirkung gezeigt zu haben.

Der wichtigste seiner drei Mentoren und Förderer in Griechenland war Christos Tsountas (1857–1934), der Leiter der mykenischen Sammlung des Nationalmuseums und ab 1904 Professor für Archäologie in Athen. Er zählt zu den Begründern der griechischen Vorgeschichtsforschung, verfasste aber auch ein Standardwerk über die griechische Kunst. Ioannis Svoronos (1863–1922) leitete die nationale Münzsammlung. Beide Gelehrten hatten in München, Hannover und Jena beziehungsweise in Paris und London studiert und verfügten ausser einem weiten archäologischen Horizont auch über gute Kenntnisse in Fremdsprachen.[128] Der dritte, Valerios Staïs (1857–1923), war langjähriger Direktor des archäologischen Nationalmuseums; er gilt als der eigentliche Entdecker der unterdessen berühmt gewordenen astronomischen Rechenmaschine aus dem Schiffswrack von Antikythera.[129] Alle drei Koryphäen verfügten über ausgedehnte Grabungserfahrungen.

Dann war da noch der alte Antiquar im Quartier, der Wiedmer seine kostbare Münzsammlung stückweise nach und nach überliess, damit er die Schätze des Nachts in seinem Stübchen unter den Auspizien von Kater Sepp in Gips abformen konnte. Wenn er selber Antiquitäten erstand, was angeblich selten geschah, war er jedenfalls stets auf der Hut, um auf keine Fälschungen hereinzufallen.[130] Vermutlich musste der Neuling trotzdem Lehrgeld bezahlen, wenn man die folgende Episode richtig deutet, die er von einem befreundeten, mit Seidenwaren handelnden Kaufmann Meyer zum Besten gibt. Dieser kaufte nämlich bei einem Winkelantiquar eine Tanagrafigur, die sich rasch als plumpe Fälschung erwies. Da nützte alles Gezeter nichts, und die Absicht, den betrügerischen Händler vor den Kadi zu zerren, war genauso unklug, da es Herr Meyer gewesen wäre, der mit dem Antikengesetz in Konflikt geraten wäre.[131] Nun haben wir bereits einen «Herrn Meyer» aus der Textilbranche kennengelernt, der

127 Wiedmer, Erinnerungen 1925b, 58f.
128 Kuhlmann/Schneider 2012, 1206f., 1234f.
129 Tsipopoulou et al. 2015. Dort allerdings wird Valerios Staïs stellenweise verwechselt mit Spyridon Staïs, dem damaligen Kulturminister.
130 Wiedmer, Erinnerungen 1925b, 59f.
131 Ebd., 61–63.

eindeutige Züge von Wiedmer trug.[132] Offensichtlich versteckt sich hinter der Fälschergeschichte eine Anspielung darauf, dass Wiedmer selber durch Schaden klug werden musste, um sein Auge und sein Urteilsvermögen zu schärfen.

Griechenland verfügte, was Antiken betrifft, seit 1834 über ein rigoroses Gesetz,[133] dessen Durchsetzung allerdings auf einem anderen Blatt geschrieben steht. Jedenfalls hielt es Wiedmer nicht davon ab, Antiquitäten zu exportieren, wie Beispiele belegen. Der Schmuggel von Tonstatuetten als Beifracht einer Korinthensendung wurde bereits erwähnt, andere Altertümer gelangten in Holzkistchen verpackt mit der Post in die Schweiz.[134] Maria Waser, Ines Jucker und auch Jakob Wiedmer selber erwähnen solche Unternehmungen zugunsten des Berner Museums mehrfach, nur ist es nicht mehr möglich, die von ihnen genannten Altertümer in den heutigen Museumssammlungen zu identifizieren.

Im Bernischen Historischen Museum befindet sich ein neolithisches Steinbeil, eine Schenkung von Jakob Wiedmer, mit Fundort Korinth.[135] Von steinzeitlichen Funden sagt Ines Jucker zwar nichts, aber sie erwähnt, dass Wiedmer bei den Arbeiten im Korinther Rebberg während seines Genesungsaufenthalts mit seinem stets untrüglichen archäologischen Spürsinn auf Tonstatuetten gestossen sei. In der Berner Sammlung befinden sich acht Inventarnummern mit sicherem oder ziemlich sicherem Donatorenvermerk Wiedmer aus den Jahren 1899 und 1900, darunter tatsächlich drei Frauenstatuetten aus Ton.[136] Das bedeutendste Stück der Serie ist aber ein grosses, schwarzfiguriges Wandfragment aus der Mitte des 5. Jahrhunderts v. Chr. (Abb. 9). Es stammt von einer Amphore, wie sie, gefüllt mit kostbarem Olivenöl, als Siegespreis bei den panathenäischen Wettkämpfen in Athen ausgegeben worden waren. Dargestellt ist die mit Schild und Speer bewaffnete Athene. Die Scherbe wurde angeblich im Jahre 1899 in einem Grab in Marathon gefunden,[137] womit wir uns bereits in einer weiteren Grauzone bewegen. In der Ebene von Marathon zog vor allem der grösste

---

132 Wiedmer, Peterli 1925a.
133 Giuliani 2004, 37.
134 Davon berichten drei Briefe aus Athen an Heierli vom Januar, März und Mai 1900 (SGU, Nachlass Heierli). Siehe auch Anhang 3.3.
135 BHM, Inv.-Nr. 22200; Eingangsdatum 1899.
136 Nach ihren Inventarnummern zu schliessen, kamen die acht Objekte in zwei Schüben ins Museum. Jucker 1970, Nr. 24, 123, 127, 129 einerseits, andererseits Nr. 50, 130f., 183.
137 BHM, Inv.-Nr. 23725; JbBHM 1902 (1903), 37; Jucker 1970, 44f., 103, Nr. 50.

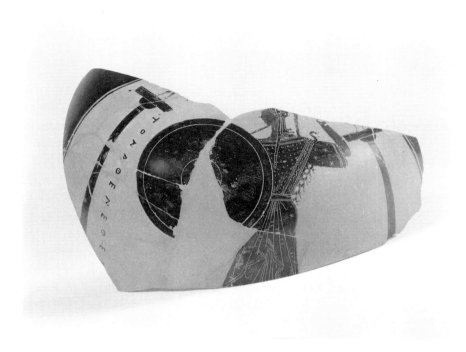

Abb. 9: Das von Jakob Wiedmer erstandene Fragment einer panathenäischen Preisamphore (5. Jahrhundert v. Chr.), das er dem Historischen Museum Bern schenkte. Dargestellt ist die bewaffnete Athene. Rechtmässig erstanden? Unrechtmässig exportiert?

von mehreren Grabhügeln das Interesse der Forscher auf sich, da man annahm, dass darin die in der Schlacht gegen die Perser gefallenen Athener im Jahre 490 v. Chr. begraben seien. Als Erster setzte Schliemann 1884 den Spaten dort an; die umfangreichsten offiziellen Ausgrabungen unternahm dann der uns bereits bekannte Valerios Staïs 1890 und 1891. Erst zu Beginn des 20. Jahrhunderts befasste sich Georgios Sotiriadis in umfangreicheren Feldforschungen mit der Topografie von Marathon.[138] Von offiziellen Ausgrabungen im Jahre 1899 hingegen ist in der Forschungsgeschichte nirgends die Rede; an eine verbotene Raubgrabung möchte man eher nicht denken. Es ist aber zu beachten, dass Marathon der berühmten Schlacht wegen schon früh die Sammelleidenschaft der Geschichtsfreunde und

138 Petrakos 1998, 22–24; Goette/Weber 2004, 10f.

Antiquitätensammler erregte, was findige Händler dazu bewog, anderswo gefundene Altertümer mit diesem Etikett zu versehen, um höhere Preise zu erzielen.[139] Ist der sonst so vorsichtige Wiedmer für einmal selber einem Schlaumeier auf den Leim gegangen?

Ines Jucker erwähnt auch Tausende von Gipsabgüssen, die Wiedmer in nächtelanger Arbeit angefertigt hatte. Sie gelangten angeblich ins Bernische Historische Museum und in die Archäologische Sammlung des Instituts für Archäologie der Universität Zürich.[140] An beiden Orten haben sich ihre Spuren verloren. Möglicherweise wurden die Münzgipse anonym in die Vergleichssammlungen integriert.

Gegen 220 Antiken kamen 1899 und 1902 durch hochoffiziellen Tausch vom Nationalmuseum in Athen in die Sammlung des Bernischen Historischen Museums: Tonstatuetten und Gefässkeramik, bei denen es sich augenfällig um einen Musterkatalog quer durch die griechische Archäologie von der Jungsteinzeit des 6. Jahrtausends bis ins 5. Jahrhundert v. Chr. handelt.[141] Als Gegengaben gingen, wie damals üblich, Pfahlbaufunde nach Athen.[142] Wer anders als Jakob Wiedmer sollte zu ebendiesem Zeitpunkt die Verbindungen geknüpft und den Tausch eingefädelt haben? Es zeigt sich einmal mehr, wie gut angeschrieben der Novize an beiden Orten, in Bern und in Athen, war.

Einen interessanten biografischen Hinweis schenkt uns die Rubrik «Vermehrung der Sammlung im Jahre 1900» im «Jahresbericht des Historischen Museums Bern für 1900», erschienen 1901. Erwähnt werden dort «Serien charakteristischer Thonscherben aus den Schichten des alten Troja», ein Geschenk von «Hr. J. Wiedmer in Niederönz».[143] Es handelt sich um 15 Keramikscherben aus der mittleren und späten Bronzezeit, zwei Fragmente sind hellenistisch. Alle Stücke sind so klein und geringfügig, wie man sie im Vorbeigehen vom Boden aufhebt, wenn man über eine Ausgrabungsstätte wie Troja wandelt. War Wiedmer während seines Athenaufenthalts nach Troja gereist?

---

139 Goette/Weber 2004, 8.
140 Jucker 1970, 180f. Siehe Anhang 3.3.
141 Publiziert sind 38 Stück bei Jucker 1970, Nr. 119, 122, 124, 128 für das Jahr 1899; 1–10, 12, 14, 22f., 27, 39f., 44–48, 57f., 61f., 65, 113, 115f., 120f., 125f. für das Jahr 1902. Zuletzt Gex 2017.
142 JbBHM 1902 (1903), 35–37; Jucker 1970, 14.
143 JbBHM 1900 (1901), 66. Es handelt sich um die Inv.-Nr. 23690–23702, 23712–23713.

An dieser Stelle ist auch eine Statuette der Aphrodite zu erwähnen, die für Wiedmer offenbar ein ganz besonders geschätztes Erinnerungsstück darstellte. Obwohl sie ihm Anlass zu tiefsinnigen Überlegungen und nächtlichen Gedankenspielen gab, nannte er sie leichthin «das Vreneli». «Ein Acker in Mysien» habe sie ihm geschenkt, gestand er Maria Waser viele Jahre später.[144] Das antike Mysien umfasst die nordwestliche Ecke Kleinasiens und bildet somit das Hinterland von Troja. Dies kann als ein weiteres Indiz für einen Besuch in Troja geltend gemacht werden. Theoretisch könnte der Fund auch von einer Reise Wiedmers in anderem Zusammenhang zehn Jahre später stammen. Trotzdem: Bei seiner Begeisterung lässt sich leicht nachvollziehen, dass Troja den Schliemann-Jünger magisch anziehen musste. Nun, da er einmal in Athen war, bot sich ihm die einzigartige Gelegenheit, diesen Sehnsuchtsort zu besuchen, denn dass sich eine weitere Möglichkeit zehn Jahre später eröffnen würde, das wusste er damals noch nicht.

Von Piräus aus verkehrten regelmässig Liniendampfer über Saloniki oder Smyrna nach Konstantinopel, die fast alle in Kale Sultanie (heute Çanakkale) an der Einfahrt in die Dardanellen haltmachten. Von dort aus erreichte man Troja zu Pferd in etwa sechs Stunden. Die Reise galt als beschwerlich; der Baedeker von 1905 empfiehlt Besuchern, sich für die Reise über Land mit Decken und mit Lebensmitteln für mindestens drei Tage auszurüsten. Wiedmer wäre es möglich gewesen, von Athen aus in einer zehntägigen Tour seinem Troja einen Besuch abzustatten.[145] Wollte er noch die den homerischen Helden zugeschriebenen Grabhügel und den vermuteten Standort des Griechenlagers in der Skamanderebene besuchen, konnte es auch etwas länger dauern.

Die oben erwähnte Jahreszahl 1900 für die direkten Schenkungen an das Bernische Historische Museum und zweifelsfrei der Brief aus Athen an Jakob Heierli vom März 1900[146] sprechen dafür, dass Wiedmer im Jahre 1900 für kurze Zeit nach Bern zurückgekehrt ist und mindestens ein paar der Altertümer in seinem Reisegepäck mitgebracht hat. Diese Vermutung bestätigt eine Postkarte seiner Kusine Betty vom 11. April 1900, die Jakob auf den kommenden Mai in Bern erwartete.[147] Ein weiterer Grund für eine

---

144 Waser 1930, 194f.
145 Baedeker 1905, XIX–XXIII, 63, 173–176, 187.
146 Siehe Anhang 3.3.
147 BBB, Nachlass Agathon Aerni, AK 1862.

kurzzeitige Rückreise könnte der im Mai 1898 ausgestellte Reisepass sein,[148] der genau zwei Jahre später erneuert werden musste.

Seelische Verdauungsstörungen

Neben euphorischen Momenten überfielen den Einsamen in der fremden Stadt bisweilen auch schwermütige Anwandlungen, die ihm recht hartnäckig zu schaffen machten. Ihm selber schien das «wahllose und gierige Verschlingen rationalistischer und aufklärender Schriften und ziemlich knallig zurechtgestutzter Philosophie» die Ursache. Welcher Art Lektüre das war, die in Wiedmer seine «seelischen Verdauungsstörungen» hervorriefen oder förderten, und ob diese wirklich der einzige Grund waren, würde man gerne wissen. In solchen depressiven Momenten spendete der Pope im Quartier Trost. Papas Georgios war zwar nur mit dem üblichen theologischen Grundwissen eines orthodoxen Dorfpopen ausgerüstet, was er jedoch durch Lebensweisheit und Herzensgüte wettzumachen wusste.[149]

Aber litt der junge Mann ausser an belastender Melancholie womöglich auch an Liebeskummer? Ein Techtelmechtel scheint sich bereits vor seiner Abreise mit seiner Kusine Betty angebahnt zu haben, wovon eine ebenso vertrauliche wie rätselhafte Postkarte von Bern nach Athen zeugt, die am 11. April 1900 auf die Post ging.[150] Den von Jakob vorgebrachten Wunsch nach einem Foto kann die Verehrte zwar verstehen, sie bringe es jedoch um keinen Preis über sich, dafür zum Fotografen zu gehen. Wenn Jakob dann im Mai heimkomme, könne er sie schliesslich persönlich betrachten, dann bitte aber ohne Strafpredigt. Vergangenen Samstag sei sie zum Museum gegangen, habe dort allerdings nichts von ihm vorgefunden. Diese letzte Andeutung muss man wohl so verstehen, dass Jakob seine Briefe auf Bettys Namen ans Historische Museum adressierte, um die geflochtenen zarten Bande vor der Familie geheim zu halten.

Gegen Trübsal halfen auch Tanzereien nicht, die in Griechenland jedem festlichen Anlass unfehlbar folgen, und solche Gelegenheiten gab es viele. Es ist aber nicht die «paarweise Hüpferei nach europäischen Mustern», sondern es sind Reigentänze zu oft fast schwermütigen Weisen: Choros

---

148 Siehe Anhang 3.3.
149 Wiedmer, Erinnerungen 1925b, 78 f.
150 BBB, Nachlass Agathon Aerni, AK 1862.

eben und nicht Polka! «Ein ganz eigenartiges Bild, diese uralten Reigen; mehr Feierlichkeit als Belustigung»[151] und auf jeden Fall keine Gelegenheit, mit einem Mädchen anzubandeln.

Ablenkung versprachen sonntägliche Ausflüge mit griechischen Freunden im Quartier, die Wiedmer auch viele Jahre später in allerbester Erinnerung geblieben sind. Eingeladen vom Metzger, versammelte man sich in aller Frühe um einen mächtigen Karren, dem ein Maulesel vorgespannt war. Nachdem die prallen Proviantkörbe verstaut waren und die Ausflügler auf improvisierten Sitzbänken Platz gefunden hatten, ging's unter grossem Hallo und Holtertipolter zur Stadt hinaus, begleitet vom Handorgelspiel des Quartierpolizisten auf dem Fuhrbock. Das Malheur geschah, als der launische Maulesel im Zickzack einen Hang hinuntergaloppierte, der hochrädrige Wagen kippte und die ganze Gesellschaft samt Melonen, Schafkäsen, Broten und allem durcheinanderkollerte. Zerrissene Hosen, plattgequetschte Strohhüte und die kläglich pfeifende Handorgel steigerten die ausgelassene Fröhlichkeit erst recht. Schliesslich liess sich die Clique unter alten Olivenbäumen auf einem Teppich von duftendem Thymian nieder, um ausgiebig zu tafeln und zu singen; Jakob gab «Oh mein Heimatland» zum Besten, und zwar gleich zweimal, weil es der fröhlichen Runde so gut gefiel. Der überstandene Wagensturz gab im Nachhinein stets neuen Anlass zu unsinnigem Gelächter: «Oh ihr gottbegnadeten Kindsköpfe im gesegneten attischen Land!»[152]

Ein andermal segelte die übliche Kumpanei verstärkt durch den Gemüse- und den Kohlenhändler auf einer Barke der Küste entlang Richtung Alt-Phaleron. Vor einer Landzunge wurde Anker geworfen, um dann am Lagerfeuer frische Barbunia gefüllt mit Zitronen zu braten. Das blau leuchtende Meer, goldgelbe Felskuppen, braungrüne Agaven und blütenübersätes Oleandergesträuch fügten sich zu einem denkwürdigen Gemälde. Und als auf der Heimfahrt beim Einnachten über das mondglänzende Meer «weiss im Zwielicht die Akropolis herübergrüsste, wusste ich, dass die Erinnerung an diese Fahrt mich beglückend durchs ganze Leben begleiten werde». Noch viele Jahre später bedankte sich Jakob im Stillen bei seinen wackeren Freunden Andreas, Kostis, Mitzo und Niko für dieses Erlebnis.[153] Solche Bekanntschaften und persönliche Erfahrungen, in deren Genuss ein

151 Wiedmer, Erinnerungen 1925b, 76.
152 Ebd., 34–38.
153 Ebd., 38–43.

Kurzbesucher nie kommt, haben das Griechenlandbild Jakob Wiedmers fürs Leben geprägt.

Junggesellentreffen in Tavernen und fröhliche Landpartien waren damals unter den Athener Stadtbewohnern beliebt. Sie wurden sogar auf Fotos festgehalten, die belegen, dass es sich in der Regel um Männergesellschaften handelte und begleitende Damen eher in der Minderzahl waren.[154] Hier und auch sonst wäre es heikel gewesen, auf verliebten Pfaden zu wandeln, was bei den strengen Sitten leicht böse Folgen hätte haben können. Obwohl die Athenerinnen als unbescholtene Gattinnen galten, soll es in den besseren Athener Kreisen nicht wenige sogenannte Dreiecke gegeben haben, die bisweilen zu stürmischen Skandalen führten.[155]

Ausdrücklich warnte Jakob Wiedmer vor den Trüppchen von «Künstlerinnen an den verschiedenen Tingeltangel, die viel geheimes und auch offenkundiges Elend» bargen. Gemeint waren Animierdamen in billigen Varietés, die sich auch prostituierten. Denn solche «romantischen» Abenteuer könnten einen Mann «durch akute Erkrankungen» rasch zugrunde richten, stellte er lakonisch fest.[156]

Aber was hatte es eigentlich mit der Krankheit auf sich, die Jakob beim Korinther Weinbauern ausheilen wollte? Jene schwere «Krankheit, die vielleicht bereits den Keim zu seinen späteren Martern in ihn legte» und die sich hätte vermeiden lassen, «wenn er nicht jung, unerfahren und unbemittelt den gefährlichen Strapazen und unbekannten Krankheiten fremder Länder ausgesetzt gewesen wäre»?[157]

Jakob Wiedmer war 21 Jahre jung, als er die grosse Reise antrat. Rückblickend sehen wir ihn mit vielen Talenten gesegnet. Er war gescheit und ambitiös, aber ebenso unstet wie schwer berechenbar. Er besass Charisma und war bereit, Risiken einzugehen. Im Mai 1901 lief sein Dreijahresvertrag in Athen aus,[158] spätestens beim Einzug der Sommerhitze wird er die Heimreise nach Bern angetreten haben.

---

154 Braggiotti 1985, Nr. 429 (1900) und 500 (1888); Boissonnas 2001, 174.
155 Wiedmer, Erinnerungen 1925b, 49, 63.
156 Ebd., 48, 54.
157 Waser 1939, 173 f., 203.
158 Wie die Bemerkung vermuten lässt bei Wiedmer, Erinnerungen 1925b, 72.

Schriftsteller und Museumsdirektor, 1901–1910

Die Suche nach einem neuen Anfang

Nach seiner Rückkehr aus Griechenland bezog der vierundzwanzigjährige Junggeselle vorerst Quartier bei seinen Eltern in Niederönz, wo die Wiedmers schon seit einiger Zeit wohnten. Möglicherweise half er in der elterlichen Bäckerei aus, vielleicht nicht nur in der Backstube. Auf jeden Fall erahnt man Jakobs griechisch inspirierte Handschrift, wenn der Bäcker Wiedmer aus Niederönz plötzlich mit einem unvermutet stilvollen Briefkopf auf seinen Geschäftspapieren auftritt (Abb. 10), die auch Wiedmer junior gelegentlich für seine archäologische Korrespondenz, zum Beispiel mit dem Historischen Museum in Bern, verwendete.[1]

Aber spätestens im Laufe des Sommers 1901 stellte sich die drängende Frage, wie die Zukunft anzugehen sei. Wollte Jakob definitiv die Laufbahn eines Kaufmanns einschlagen, oder sollte er – eher seinen Neigungen entsprechend – auf die Archäologie setzen? Es ist gut möglich, dass er die Herbst- und Wintermonate nutzte, um darüber ins Reine zu kommen, was ihm schon in Athen die «seelischen Verdauungsstörungen» verursacht hatte und was dagegen zu tun sei. Um den anbrechenden Lebensabschnitt anzugehen, machte er sich womöglich Gedanken über Vergangenes, was dann in seinen ersten Roman, «Um neue Zeiten», einfloss, über dem er schon jetzt brütete und der zwei Jahre später erscheinen wird. Aber auf welche Seite es ihn ziehen würde, deutete sich bereits an: Im Herbst 1901 trat er dem Historischen Verein des Kantons Bern bei.[2]

Mit dem Frühling 1902 kam wieder das Grabungswetter. Im April und Mai sehen wir Wiedmer bei der Untersuchung von Grabhügeln in

---

1 BHM, Eingehende Korrespondenz Direktion, 2. Februar 1903.
2 AHVB 16, 1902, LIII, Mitgliederverzeichnis auf 1. November 1901, «Widmer, J., Kaufm., Niederönz b. H.-Buchsee».

Abb. 10: In die Schweiz zurückgekehrt, wohnt Jakob Wiedmer vorerst bei seinen Eltern in Niederönz. Das vom Vater und vom Sohn verwendete Briefpapier scheint von den archäologischen Eindrücken Jakobs inspiriert. Das Schreiben ist an Direktor Kasser vom Historischen Museum in Bern gerichtet, mit dem der Heimkehrer sofort Kontakt sucht.

der Gemeinde Oberönz, die sich am Nordfuss des Steinhof-Hügelzuges gruppierten. Hier wurde schon früher mit wenig Erfolg geschürft, und auch jetzt waren die Ergebnisse enttäuschend. Zentrale Steinhaufen im Hügelinnern, randliche Steinkränze und auch Kohlespuren wurden zwar gesichtet, archäologische Altertümer blieben jedoch aus.[3] Auch Sondierungen im Juni an zwei mächtigen Erdwerken, «Bürgisweiher» und «Grauenstein» nordöstlich von Madiswil, brachten nicht den gewünschten Erfolg. Da keine Mauern zum Vorschein kamen, folgerte der Ausgräber, «dass nie eine mittelalterliche Burg hier stand».[4] Die ausgegrabenen Scherben einer grauen, hart gebrannten Drehscheibenware[5] verdeutlichen aber, dass es sich bei den beiden Anlagen um hochmittelalterliche Holzburgen handelt, von denen eben keine Mauern, sondern nur die charakteristischen Erdwälle im Gelände zeugen. Auch Tierknochen wurden aufgehoben und Professor Studer zur Bestimmung übergeben; Theophil Studer war Konservator der zoologischen Sammlung des Naturhistorischen Museums und sass in der Aufsichtskommission des Historischen Museums. Dank solchen stets aufrechterhaltenen Verbindungen zu den Berner Museen konnte Wiedmer

---

3 Wiedmer, Oberaargau, S. 195–197; JbBHM 1902 (1903), 32.
4 Wiedmer, Oberaargau 1904a, 471 f. (dort «Weyerchöpfli» und «Grauenstein»).
5 Abgebildet in Wiedmer, Oberaargau, S. 21.

dann an einer vierwöchigen Ausgrabung in einem der neolithischen Pfahlbauten am Burgäschisee teilnehmen.

Dieses Unternehmen hatte eine Vorgeschichte. Bereits Edmund von Fellenberg hatte eine Grabung am Burgäschisee geplant, die er sich in einem etwas grösseren Rahmen als üblich vorstellte. Aber von Fellenberg starb unerwartet am 11. Mai 1902, worauf Franz Thormann die Betreuung der archäologischen Sammlung im Museum und somit die Koordination des ins Auge gefassten Vorhabens übernahm. Beabsichtigt war eine Zusammenarbeit der Kantone Bern und Solothurn, da die Kantonsgrenze mitten durch den kleinen See verläuft. Am 4. August war man so weit: Die Gelder waren gesprochen und der Solothurner Vertreter mit Eugen Tatarinoff bestimmt; die Grabung konnte beginnen. «Zu den Leitern, denen die Durchforschung des Aushubs oblag, gesellte sich Herr Wiedmer von Niederönz, welcher uns im Verkehr mit der Bevölkerung wie durch seine opferwillige Mitarbeit grosse Dienste geleistet hat», so die Sicht des Historischen Museums Bern im veröffentlichten Jahresbericht.[6] In Tat und Wahrheit war Wiedmer der einzige unter den Teilnehmern, der Grabungserfahrung vorweisen konnte und in der Lage war, für eine Infrastruktur vor Ort zu sorgen. Die bescheidene Grabungstechnik sah denn auch vor, dass Erdarbeiter die Sedimentschichten aufschaufelten, während die diversen Grabungsleiter die Funde, die sich allerdings reichlich einstellten, aufsammelten (Abb. 11). Die zusammengeworfene Ausbeute wurde «in 2 gleichwertige Haufen geschieden»[7] und durch das Los je einem der beiden Kantone zugewiesen: Die abenteuerliche Schatzgräberei ohne Beobachtung und ohne Dokumentation des archäologischen Zusammenhangs ist nicht eben ein Ruhmesblatt in der Forschungsgeschichte der beiden Kantone. Unterschiedlich fielen die Ausgrabungsberichte aus; zum Teil sind sie recht umfangreich, da die «Ausbeute» an Funden ansehnlich war.[8]

Eine besondere Überraschung bot sich Jakob Wiedmer, als Maria Waser ihn auf der Ausgrabung besuchte – anmutig wie je. Die zwei hatten sich seit Jahren nicht mehr gesehen und waren längst den Kinderschuhen entwachsen. Seit Weihnachten war Maria frisch promovierte Frau Doktor der Geschichte und stand nun unmittelbar vor der Abreise nach Italien, wo sie

---

6 JbBHM 1902 (1903), 4, 7f., 23–28; Pinösch 1947, 19f.
7 JbBHM 1902 (1903), 24.
8 Ebd., 23–31; Wiedmer, Burgäschi 1902; Wiedmer, Oberaargau 1904a, 302–312. Mehrere Seiten aquarellierter Fundzeichnungen in Wiedmer, Oberaargau, S. 211–214.

für ihre spätere schriftstellerische Laufbahn zwei entscheidende Jahre verbringen würde.[9] Am Burgäschisee traf Maria ihren Jugendfreund in einer anderen Rolle als dem bloss «opferwilligen Mitarbeiter», wie er im offiziellen Grabungsbericht apostrophiert worden war. Diesmal wirkte er an «ihrem» See «nicht als einsames abenteuerndes Schatzgräberlein, sondern als kluger Leiter einer wohlunterrichteten Schar von Ausgräbern. Immer noch war er klein und blass, doch antwortete jetzt der schwarzen Mähne ein schwarzes Bärtchen, das dem Gesicht ein fremdes, ein wenig arabisches Aussehen gab. Aber während er arbeitete, immer an den schwierigsten und wichtigsten Stellen selbst Hand anlegend und doch das Ganze stets überblickend, ging seine Rede so bedächtig wie je, und wie früher wusste er mit schnurrigen Geschichten und witzigen Wendungen die Leute, deren Arbeit im Sumpf und unter heisser Sonne nicht eben angenehm war, lebendig und bei Stimmung zu halten.»[10] So wirkte der junge Forscher auf die Jugendfreundin Maria.

Was hat Jakob der Besucherin wohl erzählt? Hat er ihr verraten, dass er an einem Roman arbeitete?

Maria Waser war nicht die einzige Person, bei der Wiedmer auf der Grabung am Burgäschisee einen guten Eindruck hinterlassen hatte. Im darauffolgenden Winter 1902/03 sehen wir Jakob Wiedmer und Eugen Tatarinoff (1868–1938), den Kustos der neu geschaffenen archäologischen Abteilung des Solothurner Museums, die Waldparzelle «Erdbeereinschlag» bei Subingen abschreiten. Die beiden inspizieren eine Grabhügelgruppe und räsonieren, wie hier ein grösseres Ausgrabungsunternehmen zu planen und zu finanzieren wäre.[11]

Den Winter und Frühling über war Wiedmer noch mit anderen Angelegenheiten beschäftigt. Vergeblich bewarb er sich auf mehrere Stellen, welcher Art auch immer, weswegen er sogar erwog, wieder nach Zürich zu gehen.[12] Daraus wurde aber nichts. Nicht zuletzt, um in Erinnerung zu bleiben, hielt er in den Wintermonaten bis in den April hinein ständig Kontakt mit Direktor Kasser am Bernischen Historischen Museum.[13] Seine Briefe haben verschiedene Themen zum Gegenstand, wobei er auch sein kaufmännisches Talent nicht verhehlt: Er bietet dem Museum eine

9 Gamper 1963, 466–472; Gerosa 2004, 177.
10 Waser 1930, 174 f.
11 Wiedmer, Subingen 1908b, 14.
12 BHM, Eingehende Korrespondenz Direktion, 4. Januar 1903.
13 BHM, Eingehende Korrespondenz Direktion, 11. Februar, 14. März, 11. April, 30. April 1903.

Abb. 11: Ausgrabungen am Burgäschisee 1902, durchgeführt vom Bernischen Historischen Museum und vom Kanton Solothurn. Die Grabung verlief zwar wenig systematisch, was sich selbst auf diesem Bild erkennen lässt. Gleichwohl erwarb sich Jakob Wiedmer ein beachtliches Ansehen; abgebildet ist er links im Hintergrund.

«Ansichtensammlung» und Chinaporzellan (ein sechsteiliges Service) zum Kauf an, und auch von zwei japanischen Schwertern ist die Rede.[14] Es ergeht die Bitte um verschiedene Unterlagen zur Hydria von Grächwil, die er für eine Arbeit mit Jakob Heierli benötige. Er zählt seine Sondiergrabungen in der Region auf, möchte unbedingt das Chaos in den Bannwiler Ausgrabungstagebüchern von Fellenberg bereinigen und macht Meldung über einen Türsturz von 1648 in Bannwil.

Vor diesem Hintergrund ist klar, dass Wiedmer nicht nur, wie man vermuten muss, an einem Roman schrieb, sondern auch Material sammelte für einen Überblick über die Archäologie des Oberaargaus, die dann ein Jahr später im Druck erscheinen sollte.[15] Zudem bot der Rastlose an, nach Solothurn zu gehen, um mit dem «Consortium [...] betr. Gräbersachen» zu verhandeln, und bittet Direktor Kasser, den (eigentlich dafür zuständigen) Thormann darüber zu informieren. Auf jede erdenkliche Weise versuchte er sich unentbehrlich zu machen, was kaum bei jedermann für gute Stimmung sorgte.

Mit dem Frühling 1903 kam die Lust auf neue Ausgrabungen. Zunächst ging's in die Nachbargemeinde Bollodingen, wo auf der Flur mit dem bezeichnenden Namen «Muri» schon zu Beginn des 19. Jahrhunderts römische Mosaiken gesichtet worden waren. Vier Sondierungsgräben im März brachten aber nicht viel mehr ans Licht als Mauerreste, Leistenziegelfragmente und graue Keramikscherben.[16] Im April grub Wiedmer am kleinen Inkwilersee, wo er nicht als Erster und nicht als Letzter auf reiche Funde aus verschiedenen Epochen von der Steinzeit bis in die Römerzeit stiess. Seine reiche Ausbeute an Keramik und Holzobjekten entstammte hauptsächlich dem Neolithikum und der Bronzezeit. Aber auch er kam nicht zu hieb- und stichfesten Ergebnissen. Allerdings ist auf die wie üblich sehr schönen Aquarelle der Funde in der von ihm angelegten, unpublizierten Materialiensammlung hinzuweisen; bemerkenswert ist die Darstellungsweise der Gefässprofile, wie sie erst Jahrzehnte später in der Forschung üblich wurde. Die Funde selber befinden sich heute im Bernischen Historischen Museum (Abb. 12).[17]

14 Die Ethnographische Sammlung des Historischen Museums führt tatsächlich zwei Schwerter aus Japan als Geschenke von Jakob Wiedmer-Stern, allerdings aus den Jahren 1910 und 1925 (Inv.-Nr. 1910.266.1020 und 1925.266.2422).
15 Wiedmer, Oberaargau. Mit dem handschriftlichen Vermerk auf dem Titelblatt «Materialien gesammelt von J. Wiedmer, von 1891–1903»; Wiedmer, Oberaargau 1904a.
16 Wiedmer, Oberaargau 1904a, 466–468; Tschumi 1953, 210.
17 Wiedmer, Oberaargau 1904a, 316–325; Wiedmer, Oberaargau, S. 227–259.

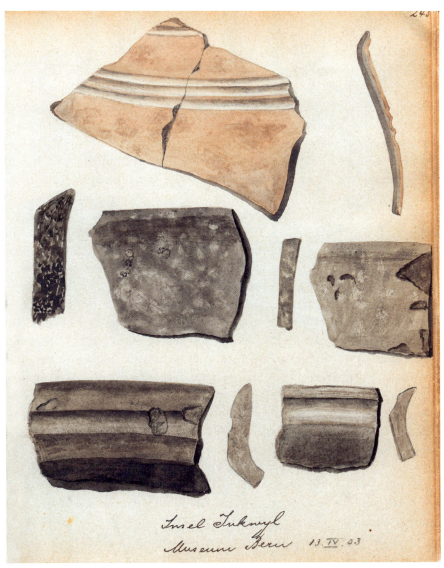

Abb. 12: In eigener Initiative unternimmt Jakob Wiedmer Ausgrabungen in der Region. Nach und nach entsteht eine Materialsammlung zu einer Archäologie des Oberaargaus. Sie ist angereichert mit Skizzen, Plänen und eigenhändigen Aquarellen von Ausgrabungsfunden. Die Originale wurden dem Museum in Bern übergeben.

Um neue Zeiten

Neben all den archäologischen und historischen Beschäftigungen fand Wiedmer noch Momente, um an seinem ersten Roman mit dem Titel «Um neue Zeiten» zu arbeiten, der 1903 im Druck erschien und in dem sich das Ringen auf dem Weg in die eigene Zukunft widerspiegelt, das der Titel vermuten und die Lebensumstände des Autors erahnen lassen. Die Handlung verläuft – beziehungsweise schlingert bisweilen eher – auf verschiedenen Zeitebenen; im Mittelpunkt stehen der Gymnasiast, Student und Rebell Armin und seine Suche nach dem Lebensweg in den letzten Jahrzehnten des 19. Jahrhunderts.

Im Roman reicht die Familiengeschichte von Armins Mutter bis in die Zeit des Sonderbundskriegs zurück; sein Vater war aus Deutschland in das republikanisch gesinnte Dorf Dietburg geflüchtet, wo Armin zur Welt kommt und aufwächst. Die Dorfbewohner sehen in dem aufgeweckten Jüngling wenigstens einen Bundesrat heranwachsen, der in seiner Eitelkeit nicht bedenkt, «dass der Wert des Lobes nach jenem des Lobredners zu bemessen» sei.[18] Um ihn vor einem sich abzeichnenden Lotterleben zu bewahren, schickt ihn der Vater ans Gymnasium nach Werroberg. Dort taumelt Armin zwischen wichtigtuerischer Gelehrsamkeit und zerknirschter Demut. Eine unglückliche Liebschaft weckt seine ganze Widerborstigkeit. Er verhöhnt die demokratischen Spiessbürger samt dem «erhabenen Siebengestirn, das über unserem Land leuchtet», und bekennt sich zur Anarchie.[19] Später, an der Universität, sieht der junge Student die Rettung der Welt allein in der Radikalisierung der Handwerker und der Arbeiterschaft. Nach einer neuerlichen Liebesgeschichte, bei der sich die Hände der Verliebten schon beinahe berühren, und einem Ehrenhandel, der ihm einen Schmiss an der Wange einträgt, verlässt der Geschlagene die Stadt fluchtartig.

Es folgt ein mehrere Kapitel umfassender Zwischenakt, der den Leser von Marignano über die Reformationskriege und den «Franzosensturm» von 1798 in einen Gutshof mit angegliedertem Kloster führt, wo sich Armin nun – die zeitlichen Zusammenhänge werden zunehmend unübersichtlich – einfindet. Dort bestaunt Armin eine in Indien angelegte Insektensammlung,

---

18 Wiedmer, Um neue Zeiten 1903a, 15.
19 Ebd., 32 f.

mittelalterliche Waffen, Regale voller Bücher und originale Aufzeichnungen, geschrieben von einem Söldnerführer aus dem 16. Jahrhundert. All dies fasziniert ihn ebenso sehr wie Juventa, die Tochter der Gutsherrin. Aber auch hier kommt es zum Konflikt: Armin sucht das Weite, Juventa flieht ins Kloster. Trotz allem finden sich die beiden nach einiger Zeit wieder, und zwar während ihrer karitativen Arbeit bei notleidenden Arbeiterfamilien. Die Treue Juventas ist dem Jüngling Beweis, dass «das Gemüt einer Frau viel tiefer und reicher ist, als dasjenige auch des erprobtesten Mannes».[20]

Aber die Geschichte geht weiter. Armin steht im Mittelpunkt heftiger gewerkschaftlicher Richtungskämpfe. Vor den Fabriktoren kommt es zu Tumulten; um die Ordnung zu wahren, hebt die Regierung Truppen aus, Reiterei sperrt die Strassen.[21] Doch zum Schluss finden sich Armin und Juventa auf verschneiter Anhöhe, unter sich «in der Tiefe tausend Lichtlein» aus «all den Menschenwohnungen». In der stillen Nacht geben sie sich die Hände und «das Gelübte, welches die beiden unter den alten Bäumen wechselten, war nicht weniger ernst, als wenn goldene Leuchter und Festprunk ihnen dazu geglänzt hätten»[22] – womit der Roman sein rührendes Ende findet.

Das erste grössere literarische Werk Wiedmers ist ein typischer Entwicklungsroman, in dem die Persönlichkeit des Protagonisten durch schmerzhafte Erfahrungen zu der eines reifen Menschen geformt wird. Die hier gewählte Handlung ist zu einem Teil in ein längst vergangenes historisches Umfeld eingebettet, widerspiegelt aber noch mehr die tagespolitischen Ereignisse vom Ende des 19. Jahrhunderts, wie sie offenbar nicht spurlos am jungen Wiedmer vorbeigegangen sind und sich wohl bereits in den besagten «seelischen Verdauungsstörungen» in Athen ausgedrückt hatten.

In der Berner Realität spitzten sich die sozialpolitischen Auseinandersetzungen am Ende des 19. Jahrhunderts zu, als der aus Russland stammende vollamtliche Arbeitersekretär – «eine europaweite Premiere» – Nikolaus Wassilieff 1890 das Heft in die Hand nahm und die Berner Arbeiterschaft mobilisierte.[23] Im Sommer 1893 – der Lehrling Jakob war auf Ausgrabung an der Seite von Fellenbergs in Bannwil – begann der Aufruhr, als arbeitslose Handlanger auf einem Bauplatz an der Helvetiastrasse im Kirchenfeld,

---

20 Ebd., 190.
21 Ebd., 183, 191.
22 Ebd., 195 f.
23 Zimmermann 2011, 212.

nur 30 Meter vom im Rohbau stehenden Historischen Museum entfernt, aus Protest die Baugerüste niederrissen.[24] Von dort sprang der Funke rasch auf andere Bauplätze über; es kam zu Prügeleien mit italienischen Maurern. Als Randalierer schliesslich ein Dutzend im Käfigturm gefangen gesetzte Genossen zu befreien versuchten, erreichte der sogenannte Käfigturmkrawall seinen Höhepunkt. Es folgten schwere Auseinandersetzungen mit der Polizei, worauf die Stadtregierung Militär aus der Garnison Thun anforderte, das durch sein blosses Erscheinen dem ganzen Spuk ein Ende setzte. Es gab 60 Verletzte. Obwohl Schüsse fielen, waren keine Toten zu beklagen.

Aber der soziale Friede war nicht gewonnen. Zwischen 1890 und 1900 kam es im Kanton Bern zu gegen 80 Streiks und Aussperrungen, die meisten in der Stadt Bern im Baugewerbe und im Jura in der Uhrenbranche.[25] In einem feinfühligen Menschen mit wachem Geist müssen diese Klassenkämpfe ihre Spuren hinterlassen haben. Jakob war 1893 siebzehnjährig.

Zurück zum Roman: Seine Handlung basiert nicht auf einer ausgeklügelten Dramaturgie, sondern besteht aus souverän hingeworfenen Episoden, wie sie im Kopf entstehen und rasch in die Feder fliessen. Nicht zuletzt die ständigen Perspektivenwechsel verraten eine gewisse Fahrigkeit des Autors. Wenn man nicht annehmen will, dass die Schreibarbeiten bereits in Athen begonnen haben, entstand dieses Werk bestenfalls in eineinhalb Jahren, während einer sonst schon arbeitsreichen Periode.

Trotz dem sittlich erbaulichen Unterton, der bisweilen in eine Gartenlaubenromantik kippt, bestechen die fantasievolle Erzählweise und die gewandte Sprache. Das Buch erschien im renommierten Verlag Huber & Co. in Frauenfeld zum Preis von 3.60 Franken. Sein im Jugendstil gestalteter Einband könnte aus der Hand Wiedmers stammen.

Im Subinger «Erdbeereinschlag»

Im Frühling 1903 ging ein anderer, lang gehegter Wunsch in Erfüllung: Der Kanton Solothurn überantwortet Jakob Wiedmer die selbständige Ausgrabungsleitung für die Grabhügelgruppe im «Erdbeereinschlag» östlich von Subingen. Wiedmer verpflichtete sich vertraglich, sowohl die Ausgrabung

---

24 Gruner 1988 III, 529–536; Stauffer 1993.
25 Gruner 1988 II, 1531–1542.

wie die Konservierung der Funde unentgeltlich auszuführen, obwohl erhebliche Geldmittel von Bund und Kanton zur Verfügung standen, mit denen immerhin acht bis zehn Erdarbeiter beschäftigt werden konnten.

Zuerst wurden die zwanzig im Gelände sichtbaren Hügel auf einem Plan festgehalten und durchnummeriert. Am 11. Mai setzte dann der Spaten an Hügel 1 an. Bis Ende Juli waren elf Hügel untersucht; ein Nachzügler folgte im Oktober 1904. Die restlichen acht blieben unberührt beziehungsweise waren schon zu einem früheren Zeitpunkt unsachgemäss angegraben worden.[26]

Das Vorgehen bei der Grabung war durchdacht; die Vermessung der Hügel und Funde hatte System, sodass hinterher Plana und Stratigrafien rekonstruiert werden konnten. Jeder Hügel wurde vollständig bis auf den natürlichen Boden abgetragen und nicht wie früher üblich nur im Zentrum abgesenkt, um an die kostbarsten Funde des Zentralgrabs heranzukommen. Auf diese Weise benötigte die Equipe drei und sechs Tage pro Hügel, wie aus den datierten Tagebucheintragungen hervorgeht.

Vielleicht war es für Wiedmer nicht immer einfach, die vielen Arbeitskräfte zu leiten und gleichzeitig seine Beobachtungen festzuhalten, sodass sich hin und wieder Fehler in die Dokumentation einschlichen. Folgenreicher war allerdings die vorgefasste Meinung, dass es sich ausschliesslich um Brandgräber, und zwar ein einziges je Hügel, handle, da mit ganz seltenen Ausnahmen keine Knochen zum Vorschein kamen. Dieser Fehlschluss erschwerte Wiedmer die spätere Zusammenstellung und Interpretation von Fundkomplexen erheblich. Der Autor überlegte deshalb spitzfindig und mit aller Vorsicht, ob es sich nicht doch um mehrere Grablegungen in einem Hügel handeln könnte oder ob die Angehörigen und Freunde eines einzigen Toten ihre Gaben an diesen Verstorbenen «an getrennten Stellen des Hügels beigesetzt» hätten: eine kluge, wenn auch unzutreffende Idee.[27] Erst Jahre später wird die Erfahrung bei anderen Ausgrabungen zeigen, dass sich menschliche und tierische Knochen im aufgeschütteten Erdmaterial eines Grabhügels nicht selten vollständig auflösen. Gewicht erhalten die im «Erdbeereinschlag» festgestellten Spuren von Holz, die wohl die letzten Überreste von Holzsärgen waren, was ebenfalls für Körperbestattungen in

---

26 Wiedmer, Subingen 1908b; Lüscher 1983, 53–75; Lüscher 1989. Noch nicht ausgewertet Wiedmer, Subingen/Münsingen, S. 1–106, mit sehr detaillierten Grabungsaufzeichnungen und einer Unzahl von Berichten in Lokalblättern.
27 Wiedmer, Subingen 1908b, 299.

Särgen sprechen würde. Zu einer präziseren Datierung lässt sich Wiedmer nicht verleiten; viel mehr als «ältere Eisenzeit» oder 8. bis 5. Jahrhundert v. Chr. liess sich damals auch nicht sagen. Erst spätere Analysen verwiesen die Anlage aller Gräber in einen relativ engen Zeithorizont in die Jahrzehnte vor und nach 600 v. Chr.[28]

Funde gab es reichlich: Tongefässe, die ursprünglich Speisereste enthielten, und vor allem reichen Frauenschmuck aus Bronze, Eisen, Glas, Gagat und Sapropelit. Ein einziger Mann konnte anhand von Knochenpartikeln in der Kremationsasche einer der Urnen identifiziert werden.

Eine Passage in der Zusammenfassung des 1908 publizierten Grabungsberichts scheint mir aus wissenschaftlicher Sicht besonders bemerkenswert. Wiedmer schreibt: «Man hört oft die Meinung aussprechen, es könne aus einem Gräberfeld dieser oder jener in mehreren Exemplaren vorhandene Typus sehr wohl als sogenannte Doublette einer anderen Sammlung abgetreten werden, der er noch fehlt. Dieser Auffassung lässt sich aber gerade wieder an Hand des hier vorliegenden Materials leicht entgegentreten. Denn wenn auch einzelne Typen sich wiederholen, so ist doch ihre Verbindung mit andern, die Umstände ihres Vorkommens von Fall zu Fall verändert, und wer das wissenschaftliche Resultat studieren und einen richtigen Eindruck gewinnen will, muss es in seiner Gesamtheit vor Augen haben.»[29] Hinter der etwas umständlichen Formulierung steckt die bedeutungsvolle Erkenntnis, dass für eine archäologische Interpretation der «Fundzusammenhang» – oder der «Befund», wie die Archäologen heute sagen – von ebenso grosser Bedeutung ist wie das Fundobjekt selber. Diese Erkenntnis war entscheidend bei Wiedmers späteren Ausgrabung im Gräberfeld von Münsingen; sie entspringt einer Gesetzmässigkeit, die nur bei einer exakten Dokumentation auf dem Grabungsplatz sichtbar wird, die damals und auch später oft sträflich vernachlässigt worden ist, heute jedoch die Norm darstellt.

Den ganzen Sommer über hielt Wiedmer seinen Kollegen Heierli, seinen Mentor aus Zürcher Tagen, stets auf dem Laufenden über sein Tun. Er übermittelte Kurzberichte zu einzelnen Grabhügeln und Funden, schickte Proben von Textilien und Schlacken zur Begutachtung, sandte Pläne, streute Bemerkungen zu laufenden Ausgrabungen in Obergösgen im Kanton Solo-

---

28 Lüscher 1989.
29 Wiedmer, Subingen 1908b, 298.

Abb. 13: Die Ausgrabungsmannschaft – mit Geigerin – im «Erdbeereinschlag» von Subingen im Kanton Solothurn. Die eisenzeitlichen Grabhügel wurden sorgfältig untersucht und vorbildlich dokumentiert. Jakob Wiedmer steht ganz rechts mit Strohhut; die stattliche Person mit schwarzem Hut ist Eugen Tatarinoff, der Solothurner Sachverständige für Archäologie.

thurn ein,[30] bat um Rücksendung von Kupferbeschlägen aus dem Erdwerk von Bürgisweiher bei Madiswil und erwartete mit Vergnügen einen Besuch von Heierli auf der Ausgrabung; Tatarinoff komme am Mittwoch aus dem Militärdienst zurück. Auch erfährt man, dass bereits mit der Konservierung der Funde begonnen worden ist («täglich 12–15 Std.») – mit der Einschränkung, dass er die Nachwirkungen des Kantonalen Schützenfests in Biel noch allzu deutlich spüre. Für Juli ist eine Fahrt nach Frauenfeld und dann auch ein Besuch von Heierli bei seinen Ausgrabungen im «Kesslerloch» in Thayngen vorgesehen. Die in der Kantonsarchäologie Solothurn erhaltene Korrespondenz zeugt von aufkommender Betriebsamkeit (Abb. 13).[31]

30 Dazu Lüscher 1983, 44–50.
31 Vier Briefe KASO, Archiv, Subingen, zwischen 24. Mai und 29. Juni 1903.

Durch die vertraglich vereinbarte Konservierung der Funde war Wiedmer reichlich mit Arbeit eingedeckt. Aber anbrennen liess er deswegen nichts. Bereits im August 1903 erkundigte er sich bei der Redaktion des «Anzeigers für Schweizerische Altertumskunde», ob eine Publikation der «bisherigen Resultate der Geländeuntersuchungen in Subingen» möglich wäre. Gleichzeitig legte er dem Schreiben eine Zusammenstellung neuerer Funde aus dem Oberaargau bei, die er gerne veröffentlicht wüsste,[32] und abonnierte auch gleich die Zeitschrift.[33] Kurzfassungen der laufenden Subinger Grabungen erschienen dann bereits 1904 an anderer Stelle.[34]

Auf ein bedeutungsvolles Ereignis gilt es noch hinzuweisen: Am 13. Juni 1903 (gewissermassen zwischen Hügel VI und VII in Subingen) schreibt Wiedmer eine Postkarte an Fräulein Stern, Pension Stern in Wengen: «Liebe Marie, Du wirst begreifen, dass wir bei dem schlimmen Wetter nicht kommen können. Schade, es wäre zu schön gewesen. Deine Beschreibung ist gar zu verführerisch. Wünsche Dir recht gute Saison. Herzl. Grüsse von Deinem J. F. W.»[35]

… und plötzlich Hotelier in Wengen

Irgendwann in den vorausgegangenen Monaten müssen sich Jakob Wiedmer und Marie Stern kennengelernt haben. Marie war zehn Jahre älter als Jakob. Eine noch heute in der Familie Stern kursierende Anekdote rühmt nicht nur ihre Geschäftstüchtigkeit, sondern erzählt auch, wie die zwei zusammengefunden hatten.

Die mit ihren 37 Jahren nicht mehr ganz junge Marie präsentierte sich bei einem Heiratsvermittlungsbüro in Bern so vorteilhaft, dass sich auf ihre Kontaktanzeige nicht weniger als 99 Interessenten meldeten. Jakob Wiedmer, der auf demselben Weg Anschluss suchte, war unter dieser Hundertschaft der Auserwählte, dem das Herz der Suchenden zuflog.[36] Bestimmt wusste auch er sich gehörig in Szene zu setzen, wie eine Foto-

---

32 Die tatsächlich sofort gedruckt wurden: Wiedmer, Aus dem Oberaargau 1904b.
33 SNM, Archiv Archäologie, A-A-K-1-1903-36.
34 Als Anhang von Wiedmer, Oberaargau 1904a, 480–511. Der Nachdruck einer Serie im «Solothurner Tagblatt», die laufend während der Ausgrabung in den Sommermonaten 1903 erschien.
35 BBB, Nachlass Agathon Aerni, AK 1815.
36 Stern 2007, 105.

Abb. 14: Der junge Wiedmer verstand stets, eine gute Figur zu machen. Als Krawattennadel trägt er hier einen Silberstater aus Korinth mit der Darstellung der behelmten Athene: Offensichtlich ein Souvenir aus der Athener Zeit. Das Foto war ein Präsent des frisch verheirateten Wiedmer-Stern an Jakob Heierli in Zürich.

grafie aus ungefähr dieser Zeit nahelegt (Abb. 14), während man Marie als eine sogenannte gute Partie bezeichnen würde. Die Verlobungszeit hat dann nicht lange gedauert, bereits am 29. Januar 1904 wurde in Herzogenbuchsee geheiratet.

Marie Stern erblickte 1866 in Kalkutta in Indien das Licht der Welt, wo ihr Vater als Missionar tätig war.[37] Alexander Stern war deutscher Staatsangehöriger, kam in jungen Jahren aus Karlsruhe nach Basel und beendete seine Ausbildung im dortigen Missionshaus. Die Mutter Maria, eine geborene Zäslein, entstammte einer bestens situierten Basler Familie, die Gutshöfe in der Baselbieter Landschaft besass, wohin sich das städtische Grossbürgertum in die Sommerfrische zurückzuziehen pflegte.

37 Ebd., 94–107, 267–269, 423–442.

Abb. 15: Als Kind lebte Marie Stern längere Zeit bei ihrer Basler Grossmutter Zäslein-Falkeisen in einem tief pietistischen Umfeld: Man beachte den Kreuzanhänger. Die Zeichnung der Sechzehnjährigen wurde von ihrem talentierten Bruder Wilhelm angefertigt, der wie ihr Vater Pfarrer wurde.

Die Eltern Alexander und Maria Stern hatten vier Söhne und vier Töchter. Es war nicht unüblich, dass die in Indien geborenen Missionarskinder nach Europa zurückgeschickt wurden, wo sie in Internaten oder bei Familienangehörigen erzogen wurden. So wuchs der älteste Sohn Wilhelm in Bad Boll südöstlich von Stuttgart bei seiner Grossmutter, der Witwe Zäslein-Falkeisen, auf, die es nach dem Tod ihres Mannes in die Nähe des berühmten schwäbischen Pietisten Johann Christoph Blumhardt gezogen hatte. Sie ist dort 1883 verstorben. Vermutlich verlebte auch Marie einige Zeit in Bad Boll, jedenfalls besuchte sie in Karlsruhe, dem Geburtsort ihres Vaters, das Konservatorium (Abb. 15). Wohl aus diesem Grund hatte sie später ein Faible für Hausmusik, das Jakob aber eher nicht mit ihr teilte.[38] Marie verfügte auch über gute Sprachkenntnisse in Italienisch und Englisch,

---

38 BHM, Archiv Archäologie, Jahr für Jahr, 4. Februar 1912.

Abb. 16: Die kinderreiche Pfarrersfamilie Stern im Jahre 1884. Vater Alexander Stern war Missionar in Kalkutta; die beiden ältesten Söhne in der Mitte sind ebenfalls Pfarrer. Hinten rechts stehend Marie Stern, die Jakob Wiedmer im Januar 1904 heiratete.

wovon Jakob wiederum profitieren sollte, wenn es darum ging, Geschäftsbriefe zu verfassen.[39] Zweifellos besass Marie, wie wir noch sehen werden, Erfahrung im Tourismus- und Hotelwesen.

Als die Eltern Stern 1877 aus gesundheitlichen Gründen von Indien in die Schweiz zurückkehren mussten, fand die unterdessen angewachsene Familie wohl erstmals vollzählig zusammen (Abb. 16). In den folgenden Jahren besetzte Vater Stern verschiedene Pfarrstellen in den Kantonen Aargau und Bern.

Die Kinder profitierten noch zu Lebzeiten der Eltern von respektablen Vorbezügen ihres Erbteils, dessen Kapital kaum aus der Missionstätigkeit in Indien stammte, sondern aus dem begüterten Zweig der Zäslein. Marie erhielt am 10. April 1900 «zur Errichtung eines Pensions-Neubaus einen

39 BHM, Archiv Archäologie, Jahr für Jahr, 4. und 18. April 1912.

Abb. 17: Das von Marie Stern erbaute und betriebene «Hotel & Pension Stern» am Wengi im aufstrebenden Tourismusort Wengen im Berner Oberland. Das noch heute existierende Beausite Park Hotel wurde unterdessen beträchtlich erweitert und umgebaut.

Kapitalbeitrag» von 15 000 Franken gutgeschrieben.[40] Bereits im Jahr zuvor, im Frühling 1899, hatte «Fräulein Marie Stern» von Johann Gertsch für 500 Franken einen Bauplatz von 12,60 Aren «am Wengi in Wengen» erworben.[41] An diesem Ort baute die junge ledige Frau mit ihrem vorbezogenen Erbe, mit möglicherweise etwas Eigenkapital, wohl aber auch mithilfe von Banken und sicher mit Gläubigern «Hotel & Pension Stern» (Abb. 17): Erstmals in den Baedeker von 1903 aufgenommen, kostete im neu eröffneten Etablissement die Vollpension pro Person und Tag 7–15 Franken.[42] Seine Postkarte vom 13. Juni mit der bedauernden Absage des Besuchs wegen schlechten Wetters richtete Jakob an eine selbstbewusste Frau und scheinbar gut aufgestellte Hotelbesitzerin. In Wirklichkeit geriet er aber – wissentlich oder nicht – ziemlich rasch in einen üblen Rechtsstreit.

Im Herbst des gleichen Jahres 1903 verlangten nämlich zwei Gläubiger von Marie Stern, Grossrat und Baumeister Frutiger in Oberhofen und Architekt Rieser in Bern, Einsicht in die Geschäftsbücher, was ihnen aber

40 PA Stern, Akten aus der Testamentseröffnung Alexander Stern, 27. Januar 1915.
41 Grundbuch Oberland, Eintrag gefertigt, 6. März 1899.
42 Baedeker 1903, 198.

Abb. 18: Briefkopf «Hotel und Pension Stern». Nach damaligem Recht geht bei der Verheiratung das Eigentum von Fräulein Marie Stern an ihren Gatten Jakob Wiedmer-Stern über, was im Briefkopf richtiggestellt wird. Das Etablissement war nur in den Sommermonaten geöffnet. Wiedmers Funktion als Hoteldirektor war allerdings von kurzer Dauer.

verwehrt blieb, da «Hotel & Pension Stern» nicht im Handelsregister eingetragen war. Über die Frage, ob ein Betrieb, der nur während der Sommermonate geöffnet ist, eintragspflichtig sei, entspann sich nun ein Rechtsstreit, der alle Instanzen bis zum Bundesrat durchlief.[43] Noch im Verlauf des Verfahrens kam es am 15. Januar 1904, kurz vor der Verheiratung, zu einem Vergleich zwischen den Parteien, wobei während der Verhandlungen der «Bräutigam, mehrmals davon gesprochen [habe], dass im Falle des Nichtzustandekommens eines Vergleichs die Rekursbeklagte [Marie Stern] Wengen verlassen und ein anderes ähnliches Unternehmen suchen würde».[44]

Durch die Verheiratung zwei Wochen später, am 29. Januar, ging das Hotel samt Grund und Boden nach geltendem Recht automatisch in den Besitz des Ehemanns Jakob Wiedmer über, was das Grundbuchamt in Interlaken am 4. April 1904 bestätigte (Abb. 18).[45] Damit wurde das Verfahren gegen

43 Schweizerisches Bundesblatt 1904, Bd. 2, Heft 16, 803–811.
44 Ebd., 807.
45 Grundbuch Oberland, Zufertigungsbegehren ausgestellt 4. April 1904. Inbegriffen war eine angrenzende Landparzelle, die Marie Stern unterdessen hinzugekauft hatte. Das Gebäude

die Person Marie Stern obsolet. Die Überschreibung von Marie Stern auf Jakob Wiedmer-Stern geschah exakt einen Tag bevor der Bundesrat am 5. April den Rekurs der beiden Gläubiger Frutiger und Rieser abwies.[46] Damit nahm die Sache für die beiden frisch Getrauten im juristischen Sinn einen glimpflichen Ausgang. Weit herum im Berner Oberland – und besonders in Wengen – war aber sehr viel Geschirr zerschlagen. Dies hielt Jakob Wiedmer nicht davon ab, sich unverzüglich im Mitgliederverzeichnis des Historischen Vereins des Kantons Bern auf «Wiedmer-Stern, Jakob, Hotelier in Wengen ob Lauterbrunnen» umschreiben zu lassen.[47]

Archäologie im Oberaargau

Im Jahre 1903 erschien in einer Beilage der «Berner Volkszeitung» eine Art Heimatkunde des Oberaargaus, zusammengestellt von Jakob Wiedmer.[48] Der flüssig geschriebene Text war für ein breites Publikum gedacht, bricht aber nach stattlichen 18 Folgen trotz Ankündigung einer Fortsetzung am 31. Oktober 1903 unvermittelt ab. Man könnte meinen, Wiedmer habe nicht mehr die nötige Zeit aufgebracht, nachdem sich die Lage mit den Gläubigern in Wengen zugespitzt hatte. Andererseits muss etwa zur gleichen Zeit, als sich der Autor in Wengen gerade als Hotelier einzurichten begann, eine zweite Version zum gleichen Thema entstanden sein. Diese sehr viel ausführlichere Fassung, publiziert in der Reihe «Archiv des Historischen Vereins des Kantons Bern», ist die erste archäologische Abhandlung mit Gewicht aus der Feder von Wiedmer. Ihr zugrunde liegt eine 272 Seiten starke Materialiensammlung mit handgeschriebenen Ausgrabungsberichten, Plänen, Skizzen und schönen Aquarellen der entdeckten Funde (Abb. 19).[49] Bemerkenswert sind die nach Epochen geordneten Verbreitungskarten auf den einführenden Seiten. Hin und wieder sind ausgeschnittene kurze Zeitungsartikel ohne Quellenangabe beigefügt. Bisweilen sind sie mit «-id-» signiert, was zweifelsfrei auf Wiedmer hindeutet. Die Sammlung enthält zahlreiche Mitteilungen mit archäologischen

---

war zum Zeitpunkt der Handänderung mit einem Wert von 83 700 Franken gegen Brand versichert.
46 Schweizerisches Bundesblatt 1904, Bd. 2, Heft 16, 811.
47 AHVB 17, 1904, LXVII.
48 Wiedmer, Heimatkunde 1903b.
49 Wiedmer, Oberaargau.

Abb. 19: Die Grundlage der später gedruckten «Archäologie des Oberaargaus» bildete eine ausführliche Materialsammlung archäologischer Funde. Da die Wiedergabe der farbigen Aquarelle unerschwinglich war, erfand Wiedmer gleich noch ein verbessertes Druckverfahren, das dann allerdings nicht zur Anwendung kommen konnte.

Beobachtungen von Privaten ebenso wie ausführliche Exzerpte aus älteren Publikationen wie zum Beispiel von Albert Jahn. Begonnen wurde die Dokumentation im Jahre 1891. In diesem Jahr war der Schüler Jakob 15 Jahre alt und bereits am Burgäschisee archäologisch zugange; als eifrigen Dokumentalisten haben wir ihn 1893 auf der Grabung von Fellenberg in Bannwil kennengelernt (siehe Abb. 3).

Das Manuskript ging wohl im Frühling des Jahres 1904 in die Druckerei; jedenfalls wurde das einleitende Vorwort im April 1904 in Wengen verfasst.[50] Der gedruckte Text ist nicht identisch mit der zugrunde liegenden Materialsammlung und auch nicht mit den vorausgegangenen populären Beilagen in der «Berner Volkszeitung». Hier nun in der gedruckten Fassung gliedern sich die Fundbeobachtungen auf den 179 Druckseiten nach 41 Gemeinden im Oberaargau. Das Bildmaterial umfasst 15 Tafeln mit Fundobjekten, Grabungssituationen und zum Teil neuen topografischen Planaufnahmen, was aber immer noch einen ungewöhnlich starken Abbildungsteil für eine Schriftenreihe bedeutet, die völlig auf das geschriebene Wort ausgerichtet ist. Eine Tafel mit dem römischen Mosaik von Herzogenbuchsee ist sogar in Farbe wiedergegeben, was ein Novum in der Reihe darstellt.

Zu jener Zeit existierte ausser dem «Anzeiger für Schweizerische Altertumskunde» keine Fachzeitschrift, in der archäologische Abhandlungen grösseren Umfangs gedruckt werden konnten. Deshalb bot sich das regionalbernische Thema für das Archiv des Historischen Vereins trotz seinem kleinen Seitenformat und trotz dem nicht rein historischen Inhalt an.

Bei der vorgelegten Arbeit handelt es sich um eine wertvolle, detaillierte Materialsammlung, jedoch nicht um eine eigentliche Vorgeschichte der Region Oberaargau. Das im Vorwort formulierte Anliegen des Autors ist es, auch noch so unscheinbare Funde und Beobachtungen von Privaten festzuhalten, die meist am Wirtshaustisch erörtert werden («wo jene Herren ja auch mitunter zu treffen sind»), ehe sie wieder in Vergessenheit geraten, wo es doch in Bern ein Historisches Museum gäbe, das auf solche Mitteilungen dringend angewiesen wäre.[51] Damit stellt sich Wiedmer-Stern geschickt in den Dienst des Bernischen Historischen Museums, was dort sicher zur Kenntnis genommen worden ist.

50 Wiedmer, Oberaargau 1904a. Am 16. März 1904 bittet er Direktor Kasser um zwei Clichés «zur Reproduktion in m. Oberaargau» (BHM, Eingehende Korrespondenz Direktion).
51 Wiedmer, Oberaargau 1904a, 300.

Essenziell hingegen ist eine ungewöhnlich ausführliche Besprechung im «Bund», verfasst von keinem Geringeren als dem Feuilletonredaktor Josef Viktor Widmann. Aber um eine Rezension der archäologischen Inhalte im eigentlichen Sinne handelt es sich nicht; vielmehr geht es um etwas, was man heute als PR-Aktion ad personam bezeichnen würde. Die längeren Passagen, die sich mit dem Autor Wiedmer selber befassen, prägen sich ein, wenn Widmann zum Beispiel schreibt: «Alle Dinge in der Welt – das ist eine alte Erfahrung – werden auf gehörige Weise nur gefördert, wenn sich die richtige Persönlichkeit findet, die für sie besonders veranlagt ist; jede Sache braucht gewissermassen ihren Napoleon. Für Ausgrabungen nun und für alles, was mit Archäologie zusammenhängt, ist Herr J. Wiedmer-Stern der rechte Mann, ein Ersatz für den von uns geschiedenen, verdienstvollen Herr Dr. E. von Fellenberg, der auf diesem Gebiet Herrn Wiedmers Führer, Leiter und Lehrer war [...]. In Wiedmer-Stern ist entschieden etwas Schliemannsches.»[52]

Widmann (1842–1911) war selber Buchautor und eine bedeutende Persönlichkeit im bernischen und schweizerischen Kulturbetrieb, namentlich in der Literatur- und Musikszene.[53] Er korrespondierte mit Gottfried Keller, war befreundet mit dem Nobelpreisträger Carl Spitteler und förderte junge Talente wie Hermann Hesse. Wichtig ist in unserm Zusammenhang, dass Widmann zu den Gastfreunden des Doktorhauses Krebs in Herzogenbuchsee zählte (wo er dem jungen Wiedmer vielleicht erstmals begegnet ist), dass von Maria Waser-Krebs eine sehr persönliche Würdigung Widmanns stammt, in der der von Widmann geförderte «Hellas-selige Griechenfreund mit dem bernischen Herzschlag Jakob Wiedmer» erwähnt wird – derjenige Wiedmer, der wiederum die Darstellung Wasers über Widmann im «Bund» besprach, wo er der Autorin für das Loblied auf den hochverehrten Widmann dankt.[54] Ein solch engmaschiges Netz zwischen den handelnden Personen, um die es hier geht, mag vieles in Bezug auf Ursache und Wirkung ihrer Biografien verständlich machen. In der erwähnten Besprechung schildert Wiedmer auch die Erfahrung von «werdenden Schriftbeflissenen, die von ‹J. V. W.› im ‹Bund› zitternd und zagend das erste Lorbeerreis erhofften oder ihre Verbannung befürchteten. Mancher, der das an sich selber erlebt hat, wird das Herzklopfen nochmals durchmachen, mit dem

52 Widmann 1904.
53 HLS 13, 2013, 442.
54 Waser 1927b, 187; Wiedmer, Widmann-Buch 1927b.

er damals nach der für ihn so gewichtigen Zeitung griff.»⁵⁵ Sicher dachte da Wiedmer an sich selber und an das Schlussvotum in der Oberaargaubesprechung, als Widmann schrieb, dass der junge Wiedmer der geeignetste Nachfolger des kürzlich verstorbenen von Fellenberg sei; «es kommt nur darauf an, dass man ihm auch Gelegenheit gibt, seinen guten Willen, seine Kenntnisse und seine schätzbare Kraft auch wirklich nutzbringend zu verwerten. Und hiefür zu sorgen, ist Sache der Behörden.»⁵⁶ Kann man sich eine bessere, in der Zeitung veröffentlichte Schützenhilfe für eine zukünftige Laufbahn vorstellen?

Mochte im Oberland und in Sachen Hotelwesen dem jungen Ehepaar Wiedmer-Stern ein rauer Wind entgegenwehen, so öffnete sich in der Stadt Bern unterdessen ein Spaltbreit die Tür in die Welt der Archäologie. Das heisst aber noch lange nicht, dass Jakobs Schreibtalent versiegt wäre.

Flut und Flucht

Die schriftstellerische Begabung Wiedmers kommt am deutlichsten in der Art und Weise zum Ausdruck, wie er in seinem wohl stärksten literarischen Werk, dem Roman «Flut», den Konflikt in Wengen verarbeitete. Das schön gestaltete Buch mit goldgeprägtem Jugendstileinband erschien 1905 (Abb. 20).⁵⁷

Mit der «Flut» ist die Tourismuswelle gemeint, die am Ende des 19. Jahrhunderts in die Alpentäler brandete und im Roman unter den Bewohnern Hader und Zwietracht apokalyptischen Ausmasses stiftete.

Ort der Handlung ist der Weiler Stägen, der nur auf einem schmalen Saumpfad von der im Tal gelegenen grösseren Ortschaft Gletschbach erreicht werden kann. Hans Eicher, die Hauptperson des Romans, wächst im etwas abgelegenen, aber sonnigen Waldegghäuschen in Stägen auf. Seine Eltern sind aus dem Unterland heraufgezogen und gelten bei den Einheimischen als «fremde Bleger» und «zugewanderte Fötzel».⁵⁸ Im Kampf um ein karges Fortkommen sind die eingesessenen Dörfler ihnen gegenüber «verschlossen und herben Sinnes»; in ihnen «wucherten ausser dem jahraus

---

55 Wiedmer, Widmann-Buch 1927b, 196.
56 Widmann 1904.
57 Wiedmer, Flut 1905a.
58 Ebd., 30.

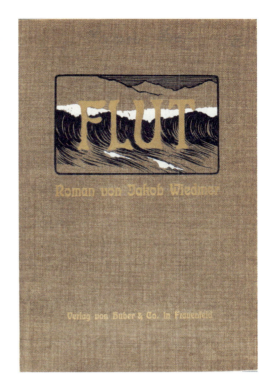

Abb. 20: Der Roman «Flut» von 1905 mit Einband in zeitgemässem Jugendstil. Das Buch verschaffte Wiedmer viel Lob im Feuilleton – und schürte den Hass der Berner Oberländer Tourismusbranche. Es verunmöglichte einen weiteren Verbleib der Wiedmers in Wengen.

jahrein blühenden Neid die Missgunst, die Habsucht, und der dickköpfige Hass gegen diejenigen, deren beiderseitige Ahnen nicht auf acht Glieder zurück in der Kirche von Gletschbach getauft worden waren. Des Teufels Unkraut schlang sich selbst um die Kinder.»[59] Dieses harte Urteil gegen die Dörfler wird zu einem stehenden Motiv im Roman.

Er selber, Hans Eicher, zieht nach einer Lehre als Bildschnitzer in die weite Welt, lernt Paris und London kennen und kehrt als gemachter junger Mann, als Kunsttischler, nach Stägen zurück. Dort erlebt er nun, wie die ersten englischen Touristen ins Hochtal steigen, wie sich der Fremdenverkehr unaufhaltsam entwickelt. Zuerst entstehen Wirtshäuser, dann bescheidene Pensionen und bald schon auch Hotels für Gäste, die aus Deutschland und Frankreich anreisen. Nach und nach mausert sich der einst abgeschiedene Weiler zum Touristenort. Hoffnung und Gier auf rasches Geld greifen um

59 Ebd., 15, 31.

sich. Die Bodenbesitzer, vormals Geisshirten und Kuhbauern mit kargem Einkommen, versinken allmählich in Spekulationswut und Landhändeln. Zudem vergiften Erbschleichereien das Tal, die Gefühle von Schadenfreude und Neid unter ihnen nähren.

Der ins Auge gefasste Bau einer Bergbahn ruft zuerst Agenten und Beamte auf den Plan, dann italienische Bauarbeiter («Tschinggenpack»), die in Verschlägen und im Freien hausen und sich sogar an den einheimischen Mädchen vergreifen. Ist die Bahn einmal fertiggestellt, strömen noch mehr Gäste und noch mehr Geld ins Tal. Zwar gibt es im Ort auch Opposition gegen die aus dem Boden schiessenden Hotels, die «Teufelskasernen», wie sie abschätzig genannt werden. Aber natürlich verdienen alle ihr gutes Geld. «Milch, Gemüse, Erdäpfel und fette Rinder sind jetzt brandschwarz teuer gegen früher. Das Fremdenwesen bringt alles zu Wert, von den Bauplätzen gar nicht zu reden», sodass sogar der Rain-Benz mittlerweile meint, wenn «das Übel jetzt einmal da ist, so muss man eben das Gute daran herausnehmen»,[60] denn mittlerweile machen alle ihre Geschäfte mit den Fremden. Selbst der Tischler und Schnitzer Hans Eicher baut nach dem Tod seiner Mutter und nachdem er ein kleines Vermögen geerbt hat, ein Hotel, das «Montana». Als er sich in Dorothea auf dem Steinbühl verliebt, gerät er an den bigotten und knauserigen Aaregger, der seine Tochter keinem Sohn eines Zuzügers zur Frau geben will. Die Familie der Aaregger gibt schon seit Jahrhunderten den Ton an im Ort. Deshalb ist der alte Geizkragen auch im Gemeinderat, wo nur Reiche und Alteingesessene sitzen. Für dieses Amt sehe man sich bei Wahlen erst nach «Gescheiten» um, wenn unbedingte Not am Manne sei.[61] Die junge Liebe zwischen Hans Eicher und Dori Aaregger zerbricht an alten Familienkrächen und endet tragisch, als Dori die Treppe hinunterstürzt und stirbt.

Je mehr der Tourismus blüht, desto mehr gerät Hans Eicher in seinem Hotel «Montana» an den Rand der dörflichen Gemeinschaft. In seinem Zwiespalt scheint ihm ein Pamphlet auf die Oberländer Hotellerie, das er in der «Landes-Zeitung» findet, deshalb mehr denn je bedenkenswert. Kopfnickend liest er: «Fahret fort, baut Bahnen allenthalben, schändet die Jungfrau mit Maschinengetöse und trüber Menschenflut und zwingt ihr Haupt unter Füsse, an denen der Kot der Grossstadt haftet! […] Fahret

---

60 Ebd., 222, 225.
61 Ebd., 12.

fort, baut Hotels und Pensionen allenthalben, erniedrigt euch gegenseitig in wildem Neid gegen einander und in heuchlerischer Demut gegen die Fremden! Wirft ein Krieg oder andere Gewalt euer Kartenhaus um, so könnt ihr euch damit trösten, dass das ganze Land die Folgen unsinniger Spekulation mittragen muss.»[62] Mit der letzten Bemerkung muss man Wiedmer geradezu hellseherische Weitsicht zugestehen angesichts der katastrophalen Folgen, welche kaum zehn Jahre später der Ausbruch des Ersten Weltkriegs dem schweizerischen Tourismuswesen zufügte.

Nach Mord und Totschlag kommt es schliesslich zum Fanal: Als böswillige Nachbarn das Hotel «Montana» anzünden, trägt ein Föhnsturm die Funkengarben auf die benachbarten Gebäude. Wohnhäuser, Hotels und Pensionen gehen in Flammen auf, andertags «stiegen dichte Schwaden und trübe Flammen auf aus sechsunddreissig Brandstätten».[63] Nun gibt es auch für Hans Eicher und seine Anverwandten auf der Waldegg kein Halten mehr. Das kleine Trüppchen Rechtschaffener verlässt das von Gott gestrafte Stägen und findet neues Glück drunten im Tal, am Thunersee, wo die Geschichte endet.

Fast alle im Text erwähnten Ortsnamen sind frei erfunden. Aber die geografischen Zusammenhänge sind deutlich genug, sodass man Stägen und Gletschbach mit den real existierenden Orten Wengen und Lauterbrunnen im Roman leicht identifizieren kann. Eiger, Mönch und Jungfrau sind namentlich als Bergkulisse vor Stägen in Szene gesetzt; auch die Blüemlisalp kommt vor. Thun und Bern werden mehrmals erwähnt, weshalb mit dem «Oberland» nur das Berner Oberland gemeint sein kann.

Auch für die Zeit, in welcher der Roman spielt, gibt Wiedmer offene und versteckte Hinweise. Einen Anhaltspunkt bietet die Erwähnung des sogenannten Neuenburger Konflikts im Winter 1856/57, in den der fünfzigjährige Aaregger Benz als junger Soldat involviert war. Aber am deutlichsten ist die Eröffnung der Bahn Gletschbach–Morgenhorn, die im Roman mit einem vaterländischen Fest im Juli 1889 umständlich gefeiert wird.[64] Somit kann man sich für den fiktiven Handlungsverlauf etwa den Zeitraum von 1885 bis gegen die Jahrhundertwende vorstellen, also kurz bevor Jakob Wiedmer den Roman fertiggestellt hat.

---

62 Ebd., 337.
63 Ebd., 388.
64 Ebd., 143, 183–188. In Wirklichkeit fand die Eröffnung der Wengernalpbahn am 20. Juni 1893 statt, und «Festlichkeiten gab es keine». Michel 1943, 55 f.

Als Romanautor verfügt Wiedmer über eine besondere Beobachtungsgabe und vermag mit reichem Wortschatz und gewandter Sprache das Geschehen in starke Bilder umzusetzen. Doch sind die Charaktere einzelner Personen bisweilen schwach konturiert und ihre Verhaltensweise oft inkohärent.

Dadurch verläuft die Handlung nicht immer geradlinig, gerät oft auf Abwege und verliert damit an Tempo. Mit ein Grund ist sicher die Erzählfreude und der unglaubliche Reichtum an eingebauten Anekdoten und Histörchen, mit denen der Leser entschädigt wird. Wenn zum Beispiel der Kneubachpeter zwei Gemeinderäte an sein Totenlager rufen lässt und sie bittet, sich zuerst links und rechts von seiner Bettstatt aufzustellen, um ihnen dann zu eröffnen, er wolle wie Christus am Kreuz zwischen zwei Bösewichten sterben.[65] Man fragt sich, wo der junge Autor alle diese Geschichten und Histörchen aufgeschnappt hat oder ob er sie selber erfunden hat.

Bemerkenswert ist auch die starke, bildhafte Sprache. So spottet der verdriessliche Knecht über seinen Meister, der habe «eine Laune, keine Sau fräss' sie. Nichts ist recht und immer schiesst er in allem herum wie besessen. Mit dem und zwei schwarzen Hunden könnte man den Teufel auf der Thuner Allmend zu Tod' sprengen. Zwanzig Jahr' habe ich die Sache zu Dank machen können; wenn ich nicht mehr gut bin, so gibt's noch andere Tische, wo ich meine Füsse drunter strecken kann.»

Viel Einfühlungsvermögen hingegen verrät eine idyllische Episode, die ganz unerwartet in den sonst doch realitätsbezogenen Handlungsverlauf eingeflochten ist. Dort führt nicht nur das Wasser Selbstgespräche, sondern es unterhalten sich Tiere und Pflanzen. Alle beklagen sich über die Bösartigkeit der ungehobelten Touristen, die gefangene Schmetterlinge auf Stecknadeln spiessen und ausgerissene Blumen zwischen Löschpapiere pressen.[66] Solche Idyllen entsprechen dem Genre der Maikäferkomödie Widmanns,[67] des Wiedmer gewogenen Feuilletonredaktors beim «Bund». Ebenfalls um die Jahrhundertwende entstanden die ersten Märchenbücher

---

65 Wiedmer, Flut 1905a, 128–130.
66 Ebd., 119–124.
67 Erstmals erschienen 1897 und dann immer wieder neu aufgelegt bei Huber, Frauenfeld, dem gleichen Verlag, der auch Wiedmers «Flut» edierte.

mit personifizierten Blumen und Schmetterlingen des Berner Malers Ernst Kreidolf (1863–1956).[68]

Widmann setzte sich übrigens – ganz im Sinne Wiedmers – schon früh für den Schutz der Bergwelt ein, wo «keine Lokomotiven und keine Fabrikschlote dampfen dürfen».[69] Der Autor bezog also Anregungen und erfuhr Unterstützung aus der Berner Literatur- und Künstlerszene.

Ohne Zweifel hatte Wiedmer mit seinem Roman eine Parabel im Sinn. Leicht erkennt man in der «Flut» den Touristenstrom als die biblische Sintflut und Strafe Gottes. Damit steht der Autor in der Tradition einer Literaturgattung, die sich schon früh kritisch mit dem Tourismus in den Alpen auseinandergesetzt hat;[70] allerdings drastischer als im Genre üblich sind die Wortwahl und das unversöhnliche Ende mit Schrecken. Trotz den erfundenen Ortschaften treten die lokalen Bezüge klar hervor. Jedenfalls sahen sich die Berner Oberländer und besonders die Tourismusindustrie in Wengen deutlich, ja sogar überdeutlich nachgezeichnet, und man muss sich fragen, ob Wiedmer nicht nur die Berge bei ihren echten Namen nannte, sondern auch die Ranküne der Alpenbewohner realiter und eben doch aus eigener Erfahrung beschrieb. Positive Charakterzüge der harten Bergler sind jedenfalls selten, bestenfalls sind sie fromm bis bigott.

Zwar spielt die Handlung im letzten Viertel des 19. Jahrhunderts, doch die beschriebene Missgunst der Oberländer «ist ihnen bis zum heutigen Tag nachgegangen», schreibt Wiedmer im Roman.[71] Ein Zitat, das verdeutlichen soll, dass sich der schlimme Charakterzug nach Meinung des Autors perpetuiert hat. Und trotz dem bösen Ende des Ortes Stägen am Schluss des Buches hiess es doch an dessen Anfang, auf der zweiten Seite, «unbekannte Dörflein werden berühmt und wo ehedem kaum einige genügsame Hirten ein spärliches Fortkommen fanden, prangen heute stolze Paläste», wie eben auch in Stägen beziehungsweise Wengen: Das ist eine deutliche Brücke in die Gegenwart, das heisst in die Zeit der Niederschrift des Romans.

Auch dieses Werk erfährt eine höchst vorteilhafte Besprechung im Feuilleton des «Bund».[72] Widmann gibt sich geradezu enthusiastisch, wenn er Wiedmer mit diesem Roman als respektablen Anwärter auf die Nachfolge

---

68 Engler 2017.
69 Michel 1943, 50f.
70 Charbon 2010, 87f.; Utz 2013, 184–186.
71 Wiedmer, Flut 1905a, 35.
72 Widmann 1905.

von Jeremias Gotthelf rühmt. Seine trefflichen Schilderungen von Charakteren wie dem Aaregger und dem Rain-Benz, die kräftige mit Humor unterlegte Sprache und auch die lebensnahen Themen würden Wiedmer zu einem echten bernischen Volksschriftsteller «von bleibender Bedeutung» machen. Dabei handle es sich um mehr als blosse Unterhaltungsbelletristik, wenn Wiedmer im Zeichen des «Heimatschutzes» seinen Blick so zugespitzt auf die Problematik des Tourismus in den Alpen richte.

Es ist auffällig, wie Widmann den jungen Wiedmer innerhalb eines Jahres zuerst als Archäologen und dann als Schriftsteller in der Öffentlichkeit propagiert. Auf welchem Gebiet Wiedmer auch tätig ist, für Widmann scheint er befähigt, Aussergewöhnliches zu vollbringen. Einen persönlichen Umgang der beiden verraten gewisse Formulierungen im Text der Besprechung: Die beiden verstehen sich.

Wenn man um das sichere Gespür Widmanns für schriftstellerische Talente weiss, so erhält seine Beurteilung der «Flut» grosses Gewicht. Und wer hat Wiedmer zum Einstieg in den renommierten Verlag Huber in Frauenfeld verholfen, wenn nicht sein literarischer Mentor Widmann, der im gleichen Verlag publizierte? Maria Waser stellte 25 Jahre später fest, dass Wiedmer sich mit diesem Werk einigen Respekt in der schweizerischen Literaturszene verschafft habe.[73]

Für die Bewohner des Oberlandes mag Wiedmer bedrohlich wirken, meint Widmann in seiner Rezension, weil diese nicht verstehen wollen, dass Dichter das Recht haben, von wirklichen Menschen gewisse Charakterzüge zu entlehnen, um sie dann als frei erfundene Lebensläufe in einen Roman zu integrieren. Solche theoretischen, literaturkritischen Erklärungen fanden im Oberland aber kein Verständnis. Nach den vorausgegangenen juristischen Streitereien mit den Gläubigern Frutiger und Rieser brachte die «Flut» für das Ehepaar Wiedmer-Stern das Fass offenbar zum Überlaufen; die Situation in Wengen wurde unhaltbar: Am 31. März 1905 verkaufte Wiedmer «Hotel-Pension Stern & Beausite» an Edwin Bühlmann in Monte Carlo (Abb. 21).

Der Eintrag zu dieser Handänderung im Grundbuchamt in Interlaken ist mit vierzehn Seiten ungewöhnlich lang und detailreich ausgefallen, da nicht nur Vor- und Nachbesitzer, sondern auch die Nachbarn reihum ihre Rechte

---

73 Waser 1930, 176.

Abb. 21: Der Verkauf von «Hotel-Pension Stern & Beausite» wird der verehrten Kundschaft auf drei verschiedenen Prospekten in den Sprachen Deutsch, Französisch und Englisch bekanntgegeben. Der Erlös war beträchtlich und bildete eine gute Grundlage für spekulative Geschäfte.

bis in die Details gesichert haben wollten.[74] Aus dem Vertrag geht hervor, dass die Partei Wiedmer-Stern bei Banken und Gläubigern mit 203 605.45 Franken tief in der Kreide stand. Da der Verkaufspreis mit Bühlmann auf 252 500 Franken angesetzt war, blieb noch immer ein stattlicher Gewinn von 48 894.55 Franken.[75]

Bildungsreise – Hochzeitsreise

Aus einem Brief an Jakob Heierli vom 19. Mai 1905 erfahren wir von einer Reise des Ehepaars Wiedmer-Stern in die süddeutsche Nachbarschaft.[76] Teils ist es eine archäologische Exkursion, teils scheint es eine Art Hochzeitsreise, auf der Marie ihren Ehemann in die Geschichte ihrer Familie und vielleicht auch in ihre eigene Vergangenheit einführen wollte (Abb. 22). Der Brief an Heierli wurde von Jakob Wiedmer in Bad Boll verfasst – und dies nicht aus Zufall.

Bad Boll am Fuss der Schwäbischen Alb war ein pietistischer Kristallisationspunkt, begründet in der seelsorgerischen Tätigkeit des dortigen Pfarrers Johann Christoph Blumhardt (1805–1880), der in jungen Jahren Lehrer am Missionshaus Basel war, wo Maries Vater seine Ausbildung erhalten hatte. Im Kurhaus Bad Boll leitete Blumhardt unterdessen eine Art Seelsorgezentrum, ein «protestantisches Lourdes», das vermögende Sympathisanten und Adeptinnen aus ganz Europa anzog, die sich oft für einige Zeit oder sogar lebenslang dort niederliessen.[77] Maries Grossmutter, Charlotte Zäslein-Falkeisen, verbrachte ihre letzten fast zwanzig Lebensjahre hier im Dunstkreis des verklärten Wunderheilers, wo sie 1883 verstorben ist.[78] Ihre Grabplatte aus rotem Sandstein mit verwitterter Schrift liegt auf dem ortseigenen Friedhof nur wenige Meter entfernt vom sarkophagartigen Monument Blumhardts.

Ein aus dem Rahmen fallender Gast in Bad Boll war der «genial pubertierende» Hermann Hesse, den die religiösen Eltern 1892 zur Kur geschickt

---

74 Grundbuch Oberland, Eintrag gefertigt am 1. Mai 1905.
75 Was dem Vierzehnfachen des Jahressalärs entspricht, das Jakob Wiedmer im gleichen Jahr als Vizedirektor am Bernischen Historischen Museum beziehen sollte (BHM, Archiv Verwaltung, Betriebsrechnung 1905/7; BHM, Protokolle Aufsichtskommission, 24. August 1905).
76 SGU, Nachlass Heierli.
77 Pietismus 2000, 235 und passim; Esche 2016.
78 Zur Verklärung Blumhardts Zündel 1942; Stern 2007, 268; Esche 2016, 56f., 192, Nr. 25.

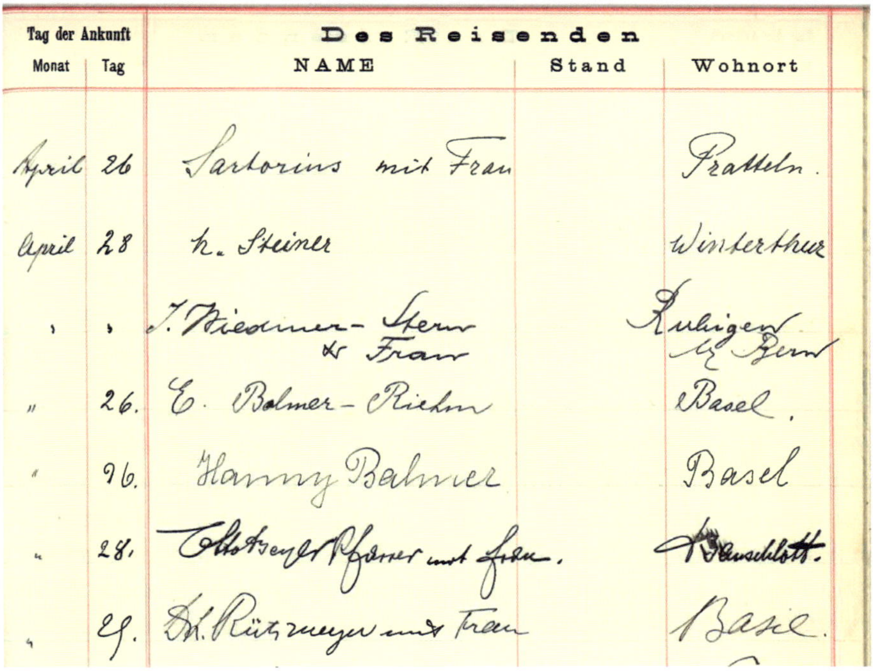

Tag der Ankunft		Des Reisenden		
Monat	Tag	NAME	Stand	Wohnort
April	26	Sartorius mit Frau		Pratteln
April	28	h. Steiner		Winterthur
"	"	J. Wiedmer-Stern & Frau		Kulligen b/ Bern
"	26.	E. Bolmer-Riehm		Basel
"	26.	Hanny Bahner		Basel
"	28.	Obtsweyer Pfarrer mit Frau		Bauschlott
"	29.	Dr. Rütimeyer mit Frau		Basel

Abb. 22: Gästebuch Bad Boll bei Stuttgart. Das Kurhaus, wo das Ehepaar Wiedmer-Stern am 28. April 1905 eintraf, war ein Zentrum der pietistischen Glaubensgemeinschaft. Schweizer Gäste sind zahlreich vermerkt. Hier hatte Marie Stern ihre Kindheit an der Seite ihrer Grossmutter verbracht, während ihre Eltern in Indien lebten.

hatten. Aber als der überdrehte Fünfzehnjährige aus Enttäuschung über eine unglückliche Liebesschwärmerei einen Revolver kaufte, um einen theatralischen Selbstmord zu inszenieren, riss der Geduldsfaden der Heimleitung schon nach wenigen Wochen, worauf der exaltierte Jüngling in eine «Heil- und Pflegeanstalt für Schwachsinnige und Epileptiker» abgeschoben wurde. Dort kam er dann allerdings bald zur Besinnung.[79]

Als Kind war Marie mindestens zu Besuch, wenn nicht sogar längere Zeit in der Obhut ihrer Grossmutter in Bad Boll; in den vorausgegangenen Generationen waren die Bande zwischen den Familien Blumhardt, Zäslein und Stern eng durch ihre Verbindung mit dem Basler Missionshaus. Auf

---

79 Decker 2012, 76–87; Esche 2016, 141–152.

ihrer Reise im Mai 1905 weilten Marie und Jakob Wiedmer-Stern nun in Bad Boll zu Gast beim Sohn Christoph Blumhardt (1842–1919), der die von seinem Vater gegründete Institution weiterführte, gleichzeitig aber einen neuen Weg vom religiösen zum politischen Sozialismus eingeschlagen hatte, was nicht überall Gefallen fand. Geradezu Entsetzen unter den evangelikalen Traditionalisten löste sein Eintritt in die Sozialdemokratische Partei Deutschlands aus, als deren Abgeordneter er 1900 in den württembergischen Landtag gewählt wurde.[80]

Wie stark Marie Stern und auch Jakob Wiedmer in den Jahren zuvor und später durch die religiös-soziale Bewegung von Blumhardt Vater und Sohn beeinflusst waren, wird sich noch zeigen. Es ist kaum vorstellbar, dass die Familiengeschichte Stern-Zäslein bei Marie keine Spuren hinterlassen hat; ihre zwei älteren Brüder Wilhelm und Theodor wurden jedenfalls Pfarrer; ihre Schwester Anna leitete Sonntagsschulen und Bibelstunden.[81] Auch war Marie im Besitz eines Bandes des Malers Ludwig Richter – möglicherweise eines seiner illustrierten, weitverbreiteten Märchenbücher. Richter stand dem Pietismus nahe, seit ihn die entscheidenden Erweckungsmomente nicht von ungefähr während seines Aufenthalts in Rom ereilt hatten.[82] Er verkehrte häufig in Bad Boll, wo sein gemütskranker Sohn Heinrich seine letzten Lebensjahre verbrachte, ehe dieser im Jahre 1890 verstarb.[83]

In den biografischen Werken Jakobs könnte pietistisches Gedankengut schon früh, also vor seiner Bekanntschaft mit Marie, Eingang gefunden haben, wenn man sich an die «seelischen Verdauungsstörungen» in Athen erinnert, hervorgerufen durch das «wahllose und gierige Verschlingen» von schwerverdaulichen Schriften.[84] Und erst recht ist kurze Zeit später der Erstlingsroman «Um neue Zeiten» durchdrungen von einer schwärmerischen Religiosität, verbunden mit einem enthusiastischen Sozialismus – ganz und gar im Sinne von Vater und Sohn Blumhardt.

Zu diesen Themen erfährt man in dem vierseitigen Brief aus Bad Boll an Heierli nichts, da hier die Archäologie ganz im Mittelpunkt steht. In Stuttgart traf Wiedmer den bekannten Paläontologen und Geologen Erhardt Fraas (1862–1915), ein «prächtiger Mutz, fast Genre Fellenberg […].

---

80 Meier 1979; Pietismus 2004, 649–651; Esche 2016, 68–80.
81 Stern 2007, 96f., 109–113.
82 BHM, Archiv Archäologie, Poesie, 11; Richter 1885, unter anderem 362f., 381, 388f.
83 Esche 2016, 126, 198.
84 Wiedmer, Erinnerungen 1925b, 78.

Ich habe hier schon fast Paläontologie getrieben, sogar eine Höhle entdeckt & gehe morgen in die Sammlung.» Schwer beeindruckt zeigte er sich von den Hallstattfunden im Landesmuseum – allen voran den spektakulären Goldfunden und griechischen Importen aus dem latènezeitlichen Kleinaspergle-Grabhügel, der einige Zeit zuvor in einem abenteuerlichen Stollenbau angegangen worden war.[85] Für die folgende Woche war ein Besuch bei Alfred Schliz in Heilbronn geplant, einem Forscher mit grosser Grabungserfahrung, der als «Schliemann im Unterland» galt und der an einer «Urgeschichte Württembergs» arbeitete, die 1909 erscheinen sollte.[86] Anschliessend sollte es einen Abstecher nach Mainz geben – vermutlich um dort das Römisch-Germanische Zentralmuseum zu besuchen –, und dann sollte die Heimreise über Basel führen. Am Rheinknie war vorgesehen, Leopold Rütimeyer (man hatte sich in Bad Boll kennengelernt, siehe Abb. 22) und die Vettern Fritz und Paul Sarasin kennenzulernen – alle drei angesehene Gelehrte mit weiten Interessengebieten in den Naturwissenschaften, in Ethnografie und Archäologie.[87] Mit den Basler Kollegen würde Wiedmer in ein paar Jahren wieder zu tun haben. Am Schluss des Briefes bittet er den bewährten Heierli um die Nennung von lohnenden «Museen und Archäologen in Mittel- & Süddeutschland», die er auch noch besuchen könnte.

Diese Reise ins Süddeutsche entpuppt sich als echte archäologische Bildungstour, wobei auffälligerweise Kollegen angegangen wurden, welche die eher naturwissenschaftliche Seite des Fachs vertraten.

Zurückgekehrt in die Schweiz, schrieb Jakob Wiedmer am 18. Juli 1905 aus Rubigen, wo das Ehepaar unterdessen Wohnsitz genommen hatte, in einem Brief an Heierli nach Zürich, dass sich die «Museumsgeschichte» gut anzulassen scheine.[88] Ein entscheidendes Bewerbungsschreiben ist wohl abgeschickt.

---

85 Kimmig 1988.
86 Schliz 1909; Jacob/Spatz 1999.
87 Leopold Rütimeyer (1856–1932), der Verfasser der nachmaligen und damals sehr geschätzten «Ur-Ethnographie der Schweiz» (1924); er ist nicht zu verwechseln mit seinem Vater Ludwig Rütimeyer (1825–1895), dem Begründer der Archäozoologie in der Schweiz. Zu den beiden Sarasin HLS 10, 2010, 777, 778 f.
88 SGU, Nachlass Heierli.

Gesucht: ein Museumsdirektor

Nach dem Tod von Hermann Kasser am 14. April 1905 galt es definitiv einen neuen Direktor für das Bernische Historische Museum zu finden. Die entscheidende Wahlsitzung der Aufsichtskommission fand am 24. August 1905, abends um 17 Uhr, im Museum unter der Leitung von Regierungsrat Gobat statt.[89] Albert Gobat (1843–1914), ein habilitierter Jurist, war als Regierungsrat, Nationalrat und Ständerat nicht nur ein «animal politique» mit autoritären Zügen, sondern auch Träger des Friedensnobelpreises. Er beeinflusste die Geschichte des Bernischen Historischen Museums von 1889 bis zu seinem Tod 1914 nachhaltig.[90] Im Wahlgremium sass neben Vertretern der Universität auch Stadtpräsident Adolf von Steiger. Bei der Abstimmung entfielen je drei Stimmen auf Heinrich von Niederhäusern-Gobat und auf Jakob Wiedmer-Stern; Kommissionspräsident Gobat enthielt sich der Stimme. Nach längerer Diskussion entschied man sich ohne neuerliche förmliche Abstimmung für Niederhäusern mit dem Wunsch, auch Wiedmer «für das Museum zu gewinnen», indem man ihm den Titel eines Vizedirektors und die Leitung der Archäologie anbot. Damit verbunden war der dringende Wunsch, dass der Gewählte im Museumsgebäude Wohnsitz nehme, was die übrigen Kandidaten ausgeschlagen hatten.

In der gleichen Sitzung wurde Rudolf Zeller aufgrund besonderer Verdienste zum Direktor *honoris causa* der ethnografischen Sammlung ernannt. Damit sollte von nun an das Bernische Historische Museum von zwei Direktoren und zwei Vizedirektoren geführt werden – im Rückblick eine eher ungünstige Ausgangslage für eine gedeihliche Zusammenarbeit. Den vierten im Bund, Franz Thormann, der sich ebenfalls um den Direktorenposten beworben hatte, bat die Kommission bereits im Vorfeld, seine Bewerbung zurückzuziehen. Seine Lohnvorstellungen seien völlig übertrieben und zudem eigne er sich nicht für das verantwortungsvolle Amt eines Direktors. Diese Funktion hatte er nach dem Rücktritt Kassers für ein paar Monate ad interim innegehabt; zudem war er bis anhin auch für die Archäologie und die Ethnografie zuständig, nach dem Wahltag nun nur noch für einen Teil der Historischen Abteilung und das Münzkabinett. Seine Verbitterung war vorhersehbar.

89 BHM, Protokoll Aufsichtskommission, 24. August 1905; JbBHM 1905 (1906), 2f.
90 HLS 5, 2006, 505f.

Ein völlig unbeschriebenes Blatt war der neu gewählte Direktor von Niederhäusern (1858–1925), dessen Befähigung für das Amt aus heutiger Sicht nicht ersichtlich ist; von Beruf war er Chemiker. Dem «Museum zu liebe» begnügte er sich mit der Hälfte des angebotenen Gehalts.[91] Am 21. August 1905, das heisst vier Tage vor der Wahl, beantragte er das Burgerrecht der Stadt Bern (Gesellschaft zu Schuhmachern).[92] Seine Ehefrau Jeanne, geborene Gobat, war im Februar gleichen Jahres verstorben. Ihre Namensgleichheit mit dem Präsidenten der Aufsichtskommission Gobat mag Mutmassungen wecken, lassen sich aber nicht erhärten: Eine enge verwandtschaftliche Beziehung ist nicht nachweisbar.[93] Der Name Gobat ist im Jura weit verbreitet.

Ganz anders sieht es mit den Qualifikationen Wiedmers aus, was das Archäologische betrifft. Als letzter und vermutlich auch einziger Schüler von Fellenbergs war er prädestiniert, dessen Nachfolge anzutreten, was schon Widmann in seinem Feuilletonartikel gefordert hatte. Dies wiederum war in den einschlägigen Kreisen vermutlich nicht ungehört geblieben. Er besass Grabungserfahrung wie sonst niemand in Bern, obwohl er drei Jahre vorher bei der Ausgrabung Burgäschisee noch von seinem nun zurückgestutzten Kollegen Thormann beaufsichtigt worden war. Durch seine Schenkungen und Athener Vermittlungen gelangte das Museum zu einer stattlichen Antikensammlung.[94] Besonderes Ansehen in der Öffentlichkeit erwarb er sich durch seine breite Publikationstätigkeit auf den verschiedensten Ebenen, mit der er sich dem Museum geradezu aufdrängte. Als Erster nach Pfarrer Kasser besass Wiedmer keine akademischen Weihen, was nichts über seine Fähigkeit aussagt, aber künftige Reaktionen im Kollegium erklären kann. Jedenfalls handelte es sich um eine unheilvolle Konstellation, wie sich schon bald herausstellen sollte.

Mit dem Stellenantritt am 1. September übernahm die Familie Wiedmer-Stern die Amtswohnung im Museum, und zwar im nordwestlichen Teil des Westflügels mit separatem Eingang durch den Park am Helvetiaplatz.[95]

91 Thormann und Wiedmer waren höher besoldet; Zeller arbeitete als Direktor honoris causa unentgeltlich (BHM, Archiv Verwaltung, Betriebsrechnung 1905–1907). Niederhäusern verfügte über ein beachtliches Vermögen.
92 BBB, Burgeraufnahmeakten, VA BK 511 (24); Burgerbuch 1906 und 1930.
93 Freundliche Mitteilung von Anne Beuchat, Mémoires d'Ici. Patrimoine historique et culturel du Jura bernois, Saint-Imier.
94 Was Kasser im JbBHM 1902 (1903), 37, ansatzweise zu würdigen wusste.
95 Zimmermann 1994, 382; Biland 1994, 34.

Die Miete für die nicht eben luxuriöse Zimmerflucht und Küche wurde mit 1000 Franken pro Jahr verrechnet bei einem Jahresgehalt von 3500 Franken.[96]

Ein intimes Detail sei hier erwähnt: Exakt neun Monate nach der Wahl zum Vizedirektor und dem Wohnungsbezug im Museum wird Tochter Maria Regina am 28. Mai 1906 zur Welt kommen.

Neue Wirkungsfelder von Orpund bis Bagdad

Erst wenige Tage im Amt, nahm der frisch gebackene Konservator eine Anregung auf, die Josef Widmann in seiner Besprechung der «Archäologie im Oberaargau» im «Bund» geäussert hatte, nämlich den Schutz der archäologischen Funde, die bei den Flusskorrektionen und beim Kiesabbau nun ständig zum Vorschein kamen. Zweifellos hatte Wiedmer von Anfang an hinter diesem Votum gestanden; im besprochenen Artikel Widmanns war der Urheber noch kein Thema.

Zwei Schreiben gingen sofort nach Stellenantritt an den Verwaltungsausschuss der Aufsichtskommission, an Präsident Albert Gobat (die Amtswege sind kurz) und an die kantonale Baudirektion.[97] Im konkreten Fall ging es um die Kiesgruben bei Orpund, wo die anfallenden Antiquitäten von den Arbeitern unter der Hand an Private verkauft worden waren. Da es sich um staats- und gemeindeeigene Gruben handelte, mussten die Arbeiter schon von Gesetzes wegen angehalten oder gar gezwungen werden, die Funde dem Museum zu übergeben, selbstverständlich gegen eine angemessene Entschädigung. Die Eingabe Wiedmers zeigte Wirkung: Aus Orpund liegt eine stattliche Sammlung von archäologischen Funden quer durch die Ur- und Frühgeschichte im Museum.[98]

In einem zweiten Fall ging es um hallstattzeitliche Grabhügel, die Wiedmer bekanntlich besonders am Herzen lagen. In Grossaffoltern gingen Privatleute gerade daran, «12 sehr schöne Grabhügel» zu öffnen und die Funde zu verschachern, was theoretisch möglich war, da das Gesetz zur Er-

---

96 BHM, Protokolle Aufsichtskommission, 24. August 1905.
97 BHM, Archiv Archäologie. Korrespondenz JWS 1902–1910, 14. September 1905 (Absender Wohnort Rubigen; die Wiedmers sind noch gar nicht umgezogen); BHM, Ausgehende Korrespondenz Direktion, 5. Oktober 1905.
98 Gegen 280 Fundnummern bei Osterwalder 1980.

haltung von Kunstaltertümern von 1902 praktisch wirkungslos blieb, wenn die Hügel – wie in diesem Fall – auf privatem Grundstück lagen. Wiedmer eilte sofort auf den Platz und versuchte dem Treiben Einhalt zu gebieten. Da mit mehreren Konkurrenten zu rechnen sei, bestehe der einzige Ausweg darin, sich möglichst rasch in einem Vertrag mit dem Grundbesitzer zu einigen, hält er in dem Schreiben an die vorgesetzten Behörden fest. Eine systematische Untersuchung unterblieb dann allerdings aus unbekannten Gründen.[99]

Eine weit aufregendere Sache bahnte sich mit einem Brief an, der im Oktober 1905 im Museum eintraf. Ein imposanter Briefkopf mit Kamel und Palme zeigt den Turm von Babel, die Ruinen von Babylon und eine Ansicht von Bagdad. Absender war Rudolph Hurner, amerikanischer Vizekonsul in Bagdad.[100]

Rudolf Hürner alias Rudolph Hurner berichtet, dass «unsere Ausgrabungen» in der sumerischen Stadt Adab bei Bismaja gerade eingestellt worden seien und die «Expedition nach Egypten übersiedelte». Vielleicht würden die Ausgrabungen aber im benachbarten Nippur weitergehen. Das Museum solle doch mitteilen, was es sich wünsche: Tontafeln, Vasen, Marmorstatuen, Ziegel mit Inschriften, Rollsiegel, Sarkophage oder «allerlei Gold und eiserne Schmucksachen, Bronzeartikel». Er werde alles, was in seiner Macht stehe, tun, um es zu beschaffen. Um billig an beschriftete Tontafeln zu kommen, könne man sich auch an Professor Hilprecht in Jena wenden, der erst kürzlich in Bagdad zu Besuch war. Noch einfacher wäre es, direkt bei seiner Exzellenz Hamdi Bey, dem Direktor des Nationalmuseums in Konstantinopel, anzufragen. Dieser würde ganz bestimmt helfen, wenn man sich auf ihn, Hurner, berufe. Hamdi Bey stehe wegen anderer Geschäfte nämlich in seiner Schuld.

Der erwähnte Hermann Volrath Hilprecht (1859–1925), ein deutschamerikanischer Assyriologe, war von Beginn weg an den Ausgrabungen in Nippur beteiligt und galt zu seiner Zeit als ausgewiesener Keilschriftexperte.[101] Osman Hamdi Bey (1842–1910) war Sohn des Grosswesirs an der Hohen Pforte, in Paris ausgebildeter Jurist und einflussreicher Diplo-

---

99 Tschumi 1953, 229–231 mit Abb. 143.
100 Der ganze Briefwechsel dauert vom 22. November 1904 bis 25. Januar 1906. Er ist verteilt auf BHM, Archiv Archäologie, Korrespondenz JWS 1902–1910, und BHM, Ein- und Ausgehende Korrespondenz Direktion.
101 Der neue Pauly 15/2 (2002), 226.

mat. Er gründete 1891 das Archäologische Nationalmuseum in Konstantinopel, förderte archäologische Ausgrabungen in allen Teilen des Reichs und war ein nicht unbedeutender Kunstmaler.[102]

Wiedmer witterte Grossartiges. Er schrieb sofort nach Bagdad, dass in Bern umgehend «die Schaffung einer assyrischen Sammlung» in Angriff genommen werde. Zwar fehlten einstweilen die finanziellen Mittel – in Bern genauso wie am Goldenen Horn –, aber man werde mit einer Tauschanfrage an das Nationalmuseum in Konstantinopel – Pfahlbaufunde gegen sumerische Altertümer – gelangen. Am schönsten wäre natürlich eine eigene Ausgrabung, für deren Bewilligung ja ebenfalls Hamdi Bey zuständig wäre ... Wiedmer dachte eben gross! Ganz nebenbei bat er Hürner auch um Briefmarken, um seine Sammlung zu vermehren. Schliesslich lud Wiedmer den umtriebigen Vizekonsul zu einem Besuch ein, falls er einmal auf der Durchreise in Bern einen Halt einlegen wolle; an Unterhaltungsstoff würde es ihnen beiden nicht mangeln, da er selber ja mehrere Jahre als Kaufmann im griechischen Orient gewirkt und nebenbei auch Anschaffungen für das Museum getätigt habe.

Wie die Sache weiterging, liegt heute im Dunkeln. Vermutlich war sie eben doch zu gross gedacht und der Vizekonsul Hurner eine eher windige Figur. Jedenfalls endete mit dem Berner Briefwechsel 1906 auch Hurners Mandat als Vizekonsul in Bagdad.[103] Das einzige mir sonst noch bekannte Lebenszeichen, das auf diesen Mann Bezug nimmt, ist eine Kurzmitteilung, dass der junge Berner Rudolf Hürner kurz nach 1875 als tüchtiger Associé beim Zürcher Unternehmer Otto Wartmann in Bagdad angeheuert habe.[104] Das war offenbar am Anfang seiner Orientunternehmen gewesen.

Trotz allem: Bei Wiedmer fiel die Saat auf fruchtbaren Boden; kaum war er in Bern im Amt, lockte der Orient schon wieder.

---

102 https://de.wikipedia.org/wiki/Osman_Hamdi_Bey, abgerufen am 16. April 2018; Kreiser/Neumann 2003, 345.
103 http://politicalgraveyard.com/bio/hurn-hutchin.html, abgerufen am 5. Juli 2018.
104 Oehler 1956, 81.

Wohnen im Kirchenfeld

Das Gebäude des Bernischen Historischen Museums, Wiedmers neues Wirkungsfeld, bildete einen wichtigen Orientierungspunkt in der systematischen Quartierplanung im Kirchenfeld, dessen Überbauung nach dem Brückenschlag über die Aare 1883 in Angriff genommen worden war. Die kulissenhafte Front des ursprünglich als schweizerisches Nationalmuseum gedachten und geplanten Gebäudes erhebt sich von der Altstadt aus gesehen genau in der Blickachse der Brückenbahn. Städtebaulich war es der repräsentativste Standort, den die Bundesstadt einem öffentlichen Bauwerk zu bieten hatte, heute ist er allerdings beeinträchtigt durch das Welttelegrafendenkmal mitten auf dem Helvetiaplatz. Dieses Postkartenmärchenschloss wurde Wiedmers Arbeits- und Wohnort für die nächsten Jahre (Abb. 23).

Die frisch bezogene Wohnung im Westflügel konnte das junge Ehepaar durch den vorgelagerten Park betreten; nach hinten, gegen Süden, waren die Räume zum Hof ausgerichtet. Noch war das Kirchenfeld nur locker überbaut; es war genügend freier Raum vorhanden, sodass der Fussballclub Bern auf der Rückseite des Museums ein Spielfeld einrichten konnte, wo regelmässig Wettkämpfe ausgetragen wurden (Abb. 24). Besonders emotional verliefen jeweils die Stadtrivalenkämpfe zwischen Young Boys Bern und FC Bern.[105] Das konnte zur Beeinträchtigung der wiedmerschen Wohnqualität führen, wie ein Briefwechsel zwischen November 1905 und Juni 1906 zeigt. Unhaltbare Zustände während der Spiele führten dazu, dass Steine gegen das Museum geworfen wurden, wofür sich der Clubpräsident im Nachhinein in aller Form entschuldigen musste.[106]

Am 28. Mai 1906 erblickte Tochter Maria Regina, deren Rufname Regina wurde, das Licht der Welt. Zeitweise führte die glückliche vierzigjährige Mutter ein Tagebuch, in dem sie die Entwicklung des Mädchens ausführlich festhielt.[107] Nach Jakobs Anstellung am Museum waren die Wiedmers im grossbürgerlichen Berner Milieu angekommen. Man hielt sich standesgemäss ein Kindermädchen, das sich um die Kleine kümmerte (Abb. 25).[108]

---

105 Der Bund, 19. Mai 2017, 13.
106 BHM, Ausgehende/Eingehende Korrespondenz Direktion, 16./20. November 1905; BHM, Archiv Archäologie, Korrespondenz JWS 1902–1910, 7. Juni 1906.
107 BHM, Archiv Archäologie, Poesie.
108 BHM, Archiv Archäologie, Poesie, S. 2, 8.

Abb. 23: Postkartenansicht des Bernischen Historischen Museums, wo Jakob Wiedmer seine erste Stelle am 1. August 1905 antrat. Das junge Ehepaar wohnte im Westflügel; der private Eingang liegt hinter der Baumgruppe rechts im Bild. Die Wohnverhältnisse waren allerdings beengt und wenig komfortabel.

Hin und wieder stellten sich Besucher ein, zum Beispiel Onkel Thed[109] oder die Grosseltern Wiedmer aus Niederönz, wovon eine reizende Fotografie zeugt (Abb. 26). Aufgenommen wurde das Bild im Hof des Museums etwa im Juni 1907, wie man an der Grösse Reginas auf dem Schoss der Mutter abschätzen kann. Angesichts des Grosselternpaars in der Mitte hinter dem Tisch fühlt man sich sofort an den «düsteren Emmentaler mit seiner freundlichen, kleinen Frau» erinnert, wie die beiden von Maria Waser in ihren Jugenderinnerungen so treffend beschrieben worden sind.[110] Vizedirektor Wiedmer gibt sich pfiffig. Was war der Grund für die aufgeräumte Stimmung?

109 BHM, Archiv Archäologie, Poesie, S. 18. Womit zweifellos Theodor Stern, Maries Bruder, gemeint ist, Stern 2007, 95, 109–111.
110 Waser 1930, 164.

Abb. 24: Hinter dem Historischen Museum befand sich das Spielfeld des Fussballclubs Bern: Für die Wiedmers im Westflügel (links im Bild) ist der Lärm oft eine Zumutung und Anlass für verschiedene Reklamationen beim Präsidenten des Clubs.

Zuweilen wurden die Wiedmers von Freunden, Bekannten und Nachbarn zu Abendbesuchen eingeladen. Die im Verhältnis zur märchenhaften Museumsfassade eher bescheidene Wohnung im Westtrakt war aber ein Schwachpunkt, der das Sozialleben doch stark beeinträchtigte, Märchenschloss hin oder her. Zwar erwarben sich die Wiedmers einen «netten Bekanntenkreis [...], aber in diesem Logis ist es eben nicht möglich, die Leute auch wieder einzuladen», klagte Marie.[111] Diesen Zustand, der mittlerweile nicht mehr so richtig zur Selbsteinschätzung der Familie passte, galt es zu beheben.

Marie unternahm lange Spaziergänge mit Regina im gefederten Korbwagen, bisweilen in Begleitung einer Nachbarin oder der Amme (siehe

---

111 BHM, Archiv Archäologie, Poesie, S. 13.

Abb. 25: Mit dem Eintritt ins Historische Museum vollzog sich der Aufstieg in die gehobene Berner Gesellschaft. Ein Zeichen des neu gewonnenen Status ist die Amme, die sich um die 1906 geborene Maria Regina kümmert, der luxuriöse Kinderwagen – und nicht zuletzt die Montage der Fotografie selber.

Abb. 25). Dabei traf sie einmal auf Wolfgang von Mülinen, einen stattlichen Mann mit dunklem Rauschebart, der eine gute Figur machte, wenn es galt, bei historischen Festumzügen einen berühmten Vorfahren zu mimen, wie zum Beispiel bei den Zentenarfeiern der Stadtgründung Berns im Jahre 1891.[112] Er war zu Fuss auf dem Heimweg von einem Besuch bei seiner Schwester Helene, der berühmten Frauenrechtlerin, die auf der Wegmühle in Bolligen wohnte.[113] Die beiden Männer von Mülinen und Wiedmer verkehrten freundschaftlich miteinander, trafen sich bisweilen zu einem Bier; auch Marie verstand sich gut mit ihm.[114] Jakob hatte vielleicht ja schon als Jugendlicher in Herzogenbuchsee an von Mülinens Lippen gehangen und damals vom Fachspezialisten für seinen literarischen Erstling in der

---

112 BHM, Archiv Archäologie, Poesie, S. 9; Niederhäuser 2010, 58 f.; Fluri et al. 1917.
113 Niederhäuser 2010, 60 f.
114 BHM, Archiv Archäologie, Poesie, S. 9, 13.

Abb. 26: Familienidylle im Hof des Bernischen Historischen Museums mit der Tochter Maria Regina und den angereisten Eltern Wiedmer. Die gehobene Stimmung widerspiegelt vermutlich die Wahl Jakob Wiedmers zum Direktor im Juni 1907.

«Buchsizeitung» profitiert. Von Mülinen war unterdessen zum Professor an der Universität sowie zum Direktor der Stadt- und Universitätsbibliothek aufgestiegen und zu einer allseits geachteten Persönlichkeit in der Stadt geworden.[115]

Möglicherweise kam es auf der Strasse oder dem Helvetiaplatz auch zu einer Begegnung der besonderen Art. Zwischen 1906 und 1909 wohnte das Ehepaar Albert Einstein und Mileva Marić an der Aegertenstrasse 53, wenige Hundert Meter hinter dem Museum.[116] Der Arbeitsweg über die Kirchenfeldbrücke ins Patentamt beim Bahnhof führte den jungen Physiker unweigerlich am Museum vorbei. Fast sicher kreuzten sich Wiedmer und

---

[115] Nekrologe in: Blätter für bernische Geschichte, Kunst und Altertumskunde 13, 1917, 1–55.
[116] Mit einem Jahresgehalt von 4500 Franken als Beamter II. Klasse. Flückiger 1974, 134, 200; Hentschel/Grasshoff 2005, 24–26. Ungefähr gleich viel verdiente Wiedmer-Stern ab 1907 als Direktor des Museums. BHM, Archiv Verwaltung, Betriebsrechnung 1905–1907.

Einstein irgendwann einmal auf der Strasse, die zwei Genies unterschiedlicher Grössenordnung, und vielleicht nickten sie sich freundlich zu: Hatten sie sich nicht schon mal gesehen, damals 1897 oder 1898 in den Vorlesungen von Albert Heim in Zürich?

Marie Wiedmer-Stern beschäftigte sich viel mit der kleinen Regina, mit der sie oft unterwegs war, nicht nur über Land oder in der Stadt und in den Warenhäusern Loeb und Kaiserhaus. Viel Raum bot auch das grosse Museumsgebäude mit seinen Annexen und dem weiten Umschwung. Schon ein kurzer Gang führte in Papas Büro, aber ein Besuch bei ihm bedurfte besonderer Vorsichtsmassnahmen, da zu viele «wertvolle Sachen von Ausgrabungen» herumlagen.[117] Vor der Haustür stand eine eigene geräumige «Laube» zur Verfügung (das heutige Bistro «Steinhalle»), wo man auch bei schlechtem Wetter mit dem Kind an der frischen Luft sein konnte.[118]

Mehrere Einträge in Maries Tagebuch beklagen die wiederholte Abwesenheit Jakobs. Schuld waren geschäftliche Angelegenheiten, einmal, im Oktober 1908, auch eine Reise nach London.[119] Hier ist allerdings nicht klar, um welche Art «Geschäfte» es sich handelte und ob diese in einem Zusammenhang mit dem Museum standen, wofür es allerdings keine stichhaltigen Gründe gibt. Gemeinsame Ferien verbrachte die Familie gerne im Häbernbad bei Huttwil. Die Heilkraft seines Wassers für rheumatische Leiden sei «im Volksmund fast sprichwörtlich»; das Etablissement versprach «eine gediegene Küche mit reichlich Mahlzeiten, eigene Milch und im Keller Rebenblut der besten Sorte».[120] Durch wiederholte Aufenthalte zu verschiedenen Jahreszeiten entwickelte sich im Laufe der Jahre zwischen dem Wirtepaar Schär und den Wiedmers ein sehr freundschaftlicher Umgang.[121]

Zu Maria Waser scheint der Kontakt nie abgebrochen zu sein. Unterdessen war sie Redaktorin bei der renommierten Literatur- und Kulturzeitschrift «Die Schweiz» in Zürich; ihre schriftstellerische Laufbahn

---

117 BHM, Archiv Archäologie, Poesie, S. 8 und 20f.
118 BHM, Archiv Archäologie, Poesie, S. 24; Stern 2007, Abbildung S. 105.
119 BHM, Archiv Archäologie, Poesie, S. 1, 5, 10, 19. Ab 1900 stellte die Polizeidirektion die Reisepässe aus; die Anträge wurden unterdessen vernichtet (Auskunft Staatsarchiv Bern, 5. Dezember 2018).
120 Sonntagsblatt des Schweizer Bauer 18. Juli 1909, Nr. 29, S. 228–230; BHM, Archiv Archäologie, Poesie, S. 19; Koch 1844, 42. Unterdessen ist der Betrieb eingestellt.
121 BHM, Archiv Archäologie, Korrespondenz JWS 1902–1910, 17. März 1910.

hatte noch kaum begonnen.[122] Durch die Redaktionsarbeit lernte sie ihren Ehemann kennen, Otto Waser; 1905 wurde geheiratet, zwei Jahre später kam ihr erster Sohn Hansi zur Welt. Der Ehemann Otto Waser (1870–1952) hatte 1900 in Berlin und 1903 in Zürich im Fach klassische Archäologie habilitiert; 1919 wurde er zum Extraordinarius in Zürich berufen. Wiedmer und Waser waren zwei Archäologen, wie sie unterschiedlicher nicht sein konnten. Der Akademiker Waser besass überhaupt keine praktische Erfahrung in der Bodenforschung und bereiste erst 1922 zum ersten Mal Griechenland; dafür verfügte er über «eine umfassende Kenntnis der antiken Literatur; er war noch ein Vertreter der alten Schule im besten Sinne, einer der letzten wohl». Sein Ausstoss an Fachpublikationen blieb allerdings bescheiden. Hingegen bemühte er sich sehr um die Vergrösserung der universitären Antikensammlung und deren Vermittlung an eine interessierte Öffentlichkeit.[123] In diesem letzten Punkt trafen sich Waser und Wiedmer – im Geiste – durchaus, und ganz besonders eignete ihnen beiden eine ausgesprochene Liebe zu Griechenland.

In frühen Ehejahren engagierten sich die in Zürich wohnenden Maria und Otto Waser im sogenannten Hottinger Lesekreis, damals eine kulturelle Institution ersten Ranges in der Stadt.[124] Dieser Verein pflegte eine kultivierte Geselligkeit mit Vorträgen, Literaturabenden und Konzerten, aber auch mit Ausflügen und legendären Bällen. Es war zweifellos Maria zu verdanken, dass Jakob in dessen illustren literarischem Klub auftreten durfte, wo vor und nach ihm Kapazitäten wie Carl Spitteler, Hermann Hesse und Gerhart Hauptmann, aber auch Josef Widmann und Ferdinand Hodler referierten.[125] Am Samstag, 19. Januar 1907, las «Jakob Wiedmer aus Bern, der Dichter der ‹Flut›, eigene erzählende Prosa».[126] Oft soll bei solchen Anlässen die anschliessende Diskussion etwas harzig verlaufen sein. Umso lockerer gedieh das zwanglose Geplauder während des geselligen zweiten Aktes in der «Kronenhalle» oder im «Seehof»,[127] und gewiss

---

122 Gamper 1945, 218–223.
123 Waser Otto, Nekrologe 1952, 18; Isler 1988.
124 Ulrich 2000.
125 Bleuler 1907, 191–195; SLA, Nachlass Maria Waser, B-1-FMA, Brief an das Elternhaus nach Herzogenbuchsee am 19. Januar 1907, «Diesen Abend liest Köbi Wiedmer im Litterarischen Club».
126 Neue Zürcher Zeitung, 19. Januar 1907, Nr. 19, zweites Morgenblatt, Feuilleton.
127 Bleuler 1907, 100.

wusste sich Jakob Wiedmer in einem solchen Kreis hervorragend in Szene zu setzen.

Der Auftritt in Zürich verdeutlicht, dass sich Wiedmer auch im Jahre 1907 ebenso sehr als Archäologe wie als Schriftsteller verstand.

Grabenkämpfe und ein Geistesblitz

Schon bald nach dem Stellenantritt sah sich der frisch gebackene Vizedirektor in Auseinandersetzungen mit dem Schweizerischen Landesmuseum verwickelt. Dass es zu einem solchen Konflikt kommen musste, ist in der Logik der föderalistisch organisierten Kulturpolitik der Schweiz angelegt. Das Landesmuseum wurde 1898 gegründet, um Kulturgüter von nationaler Bedeutung zu sichern. Standen zuerst die sogenannten Pfahlbaufunde im Vordergrund, die durch den internationalen Antiquitätenhandel gefährdet waren, so ging es bald um die Erhaltung von Zeugnissen der schweizerischen Geschichte in einem weiten Sinn.[128] Die kantonalen Museen verfolgten dasselbe Ziel, nur eben auf das Territorium ihres Kantons bezogen, um – wie im Fall von Bern – eine lückenlose Kulturgeschichte von den Anfängen der Menschheit bis in die Gegenwart darstellen zu können.[129] Die sich überschneidenden Leitbilder und Pflichtenhefte der Institutionen führten zwangsläufig zu Reibereien, wenn es galt, solche Geschichtszeugen für die eigenen Ausstellungen zu requirieren.

In einem im Frühling 1906 aufkeimenden Fall ging es um ein bronzezeitliches Schwert aus dem Flusslauf der Alten Zihl bei Port im Kanton Bern.[130] Das Landesmuseum hatte die Waffe bereits vier Jahre zuvor den privaten Findern in aller Eile abgekauft, ohne dass Bern sein gesetzmässiges Vorkaufsrecht hatte geltend machen können. Das Gleiche geschah schon früher mit keltischen Eisenwaffen aus der Alten Zihl, die auf ähnliche Weise nach Zürich abgewandert waren.[131]

Am 26. März 1906 formulierte Wiedmer in einem ausführlichen Schreiben an den Direktor des Schweizerischen Landesmuseums, Hans Lehmann, den Berner Standpunkt mit klaren Worten. In seiner Erklärung führt er

---

128 Flutsch 1998.
129 Germann 1994.
130 Vermutlich handelt es sich um das extrem lange Schwert Nr. 531 bei Schauer 1971, 178.
131 Wyss et al. 2002, 11–19.

eine feine Klinge, indem er ebenfalls betont, dass die wissenschaftliche Zusammenarbeit mit dem für die Archäologie im Landesmuseum zuständigen David Viollier gut funktioniere, und schlägt sogar vor, die beiden Häuser könnten gelegentlich eine gemeinsame Ausgrabung durchführen, um eine gedeihlichere Zusammenarbeit in die Wege zu leiten.[132]

Die wegen des Bronzeschwerts ausgebrochenen Querelen legten sich aber nicht. Allerdings dauerte es weitere neun Monate, nämlich bis zum 10. Dezember 1906, bis Wiedmer in einem gross aufgemachten Artikel im «Bund» an die Öffentlichkeit trat und mit aller Deutlichkeit auf die Sache zurückkam, indem er mit Blick auf das Landesmuseum an die Einhaltung des Anstands und der Gesetze im Umgang mit den kantonalen Museen appellierte.[133] Von gegenseitigem Eivernehmen war nicht mehr die Rede.

Auf diese dicke Post folgte ein heftiger Briefwechsel zwischen den Direktionen, bis Heinrich von Niederhäusern mit klaren Worten forderte (der Satz ist in seinem Brief dick unterstrichen): «Es ist aber dazu unumgänglich nothwendig, dass das Landesmuseum mit der [...] Tradition der Rücksichtslosigkeit, den andern Museen gegenüber, vollständig breche.»[134]

Dass es so weit kommen konnte, hat seinen Grund in einer ähnlich gelagerten Geschichte, welche die Stimmung in der Zwischenzeit zusätzlich angeheizt hatte und die zu einem kaum weniger heftigen Notenwechsel zwischen den Direktionen des Schweizerischen Landesmuseums und des Bernischen Historischen Museums geführt hatte.

Seit Juli 1904 kamen beim Kiesabbau am «Rain» südlich von Münsingen immer wieder Menschenknochen und einzelne Schmuckstücke aus der keltischen Latènezeit zum Vorschein. Eine kleine Sondierung des Historischen Museums am 10. August 1905 blieb erfolglos, aber am 11. und 12. Mai des Folgejahres wurden drei Gräber mit zum Teil reichen Beigaben freigelegt.[135] Als der Landbesitzer Baumgartner etwa gleichzeitig dem Landesmuseum und dem Historischen Museum Schmuckstücke zum Kauf anbot, gerieten die zwei Kontrahenten erneut aneinander.[136] Rasch schloss Wiedmer einen Vertrag mit dem Landeigner und organisierte eine Grabung, die nur wenige Tage später bereits begann und bis Mitte Oktober dauern sollte. Bis zum

---

132 SNM, Archiv Archäologie, A-A-K-3-1906-12.
133 Wiedmer, Bronzeschwert 1906g.
134 BHM, Ausgehende Korrespondenz Direktion, 14. Dezember 1906.
135 Wiedmer, Münsingen 1908a, 286f.
136 BHM, Aus- und eingehende Korrespondenz Direktion, 22. Mai bis 5. Juni 1906.

Schluss kamen rund 220 Grabeinheiten zum Vorschein. Damit bescherte die Freilegung des Gräberfeldes Münsingen-Rain dem Bernischen Historischen Museum ein einmaliges Ensemble an keltischen Grabfunden und der Wissenschaft Forschungsmaterial erster Güte (Abb. 27). Die Publikation erfolgte zwei Jahre später, 1908.

Kaum war die Ausgrabung begonnen, gingen wie üblich die ersten Erfolgsmeldungen an Jakob Heierli, dem in aller Eile mitgeteilt wurde, «dass momentan 4 neue Grabfunde (Arm- & Beinringe zu Kilo, Fingerringe im Dutzend) eingegangen sind. Neue Gräber sind bereits constatiert & folgen diese Woche [...], Wann kommen Sie hierher?»[137] Und es wurde im weiteren Verlauf des Monats immer mehr: «Wir sind noch lange nicht zu Ende. Könnten Sie z. B. nächsten Samstag dabei sein? Wir haben bis jetzt ca. 230 Fibeln, 30 Armringe, 7 Gürtelketten, 8 Armringe aus Glas, Halsschmuck, 7 Fingerringe aus Gold, 25 in Silber, 23 in Bronze, Fussringe en masse, 6 Schwerter, 5 Lanzen, 1 Schildbuckel etc. etc. [...] Kommen Sie, das ist das Beste!»[138]

Da wir das Kommunikationstalent Wiedmers kennen, ist bereits absehbar, was nun folgt: Im Feuilleton des «Bunds» entfachte er mit einer Abhandlung über eine Schädeltrepanation aus einem der Münsinger Gräber ein mediales Feuerwerk, das über das ganze Jahr hinweg anhielt.[139] Es erschienen Artikel nicht nur in den Berner Regionalblättern, in der «Neuen Zürcher Zeitung» und in den «Basler Nachrichten», sondern auch in der «Gazette de Lausanne» und im «Journal de Genève». Vorträge hielt er unter anderem vor dem Historischen Verein in Bern, aber auch im Bären in Kleindietwil und im Café Bieri in der Länggasse.[140] Bei dieser unglaublichen «Medienpräsenz» (wie man dem heute sagen würde) ist es nicht verwunderlich, wenn sogar die Berner Regierung sowie die drei Bundesräte Forrer, Müller und Zemp zum Schauplatz pilgerten:[141] Welcher Archäologe in der Schweiz hat schon solch hohen Besuch auf seiner Ausgrabung erlebt?

Einen ziemlich ausführlichen Bericht mit zahlreichen Abbildungen konnte Wiedmer in der «Schweiz» unterbringen, wo Maria Waser die Re-

---

137 SGU, Nachlass Heierli, 16. Mai 1906.
138 SGU, Landesdokumentatio, Münsingen, 29. Juli 1906.
139 Wiedmer, Trepanation 1906b.
140 Mehr als zwei Dutzend Vortragsanzeigen, Vortragskurzfassungen und Zwischenberichte der Ausgrabungen sind sorgfältig ausgeschnitten und eingeklebt in Wiedmer, Subingen/Münsingen, S. 106–386.
141 Emmentaler Blatt, 5. September 1906, Nr. 71; Der Bund, 3. Juli 1906, Nr. 306.

Abb. 27: Ausgrabung im keltischen Friedhof von Münsingen, 9. Juni 1906. Rechts im Vordergrund mit weissem Strohhut und einer Blume im Knopfloch Jakob Wiedmer, hinter ihm Eduard von Rodt, Mitglied der Aufsichtskommission des Museums. Links Dorflehrer Jakob Lüdi und Rudolf Baumgartner, der Landbesitzer.

daktion innehatte.[142] Der ganze Rummel trieb aber auch die seltsamsten literarischen Blüten: Ein Essay im Feuilleton der «Neuen Zürcher Zeitung» entwirft das romantische Lebensbild einer Helvetierin aus Münsingen, die nach dem Tod in ihrem Brautschmuck in Grab 82 beigesetzt worden war.[143] Der Autor war kein Geringerer als Ferdinand Vetter, Mitglied der Aufsichtskommission des Bernischen Historischen Museums und Professor für Literaturgeschichte an der Universität Bern, den die Skelettreste offenbar anregten, über Frauenschicksale in vorgeschichtlicher Zeit nachzudenken. Und auch Josef Widmann geriet ins Sinnieren, als er eines schönen Samstags «im Beisein bernischer Professoren und anderer Altertumsfreunde» beobachten durfte, wie im «vorsichtig ausgeschaufelten Grabe allmählich die Knochengestalt des vor mehr als zweitausend Jahren hier Bestatteten sich deutlich abzuzeichnen» begann.[144] Das Grab eines Waffen tragenden Kelten animierte einen sonst unbekannten Autor namens Hans Brugger zu lyrischen Höhenflügen.[145]

Bei alledem behielt Wiedmer klaren Kopf. Bereits während der Ausgrabung, spätestens aber Anfang November 1906, erkannte er in den Funden von Münsingen einen «wissenschaftlichen Schatz ersten Ranges» und – noch viel entscheidender – stellte fest: «Der älteste Teil des Totenfeldes liegt gegen Norden, der jüngste südwärts; das Ganze bildet ein gestrecktes Oval.»[146] Die Erkenntnis, dass sich der Friedhof im Laufe der Zeit in einer Richtung, nämlich von Norden nach Süden, ausgedehnt hatte und dass sich daraus eine zeitliche Abfolge der Grablegungen und der Schmuckstücke ergibt, das entsprang tatsächlich einem genialen Geistesblitz Wiedmers. Da die Ausgrabung in der Mitte des Feldes begann, um sich nach allen Seiten auszudehnen, und da die Fundmengen riesig waren, gehörte zu dieser Erkenntnis eine gehörige Portion archäologischen Scharfblicks, Vorstellungsvermögen und Intuition. Die Folgen sollten sich in der Veröffentlichung von 1908 offenbaren.

Das Problem der juristisch nicht geklärten Grabungsrechte in der Schweiz wurde in diesem Jahr 1906 mit dem Schwert von Port und den Gräbern in Münsingen offenkundig, und ein weiteres, ähnliches Kapitel

---

142 Wiedmer, Gräberfeld 1906c.
143 Vetter 1906.
144 Widmann 1906.
145 Siehe Anhang 3.4.
146 Wiedmer, Münsingen 1906a.

wurde noch im Oktober gleichen Jahres aufgeschlagen, als Otto Hauser, Antiquitätenhändler aus Basel, versuchte, sich in die Grabungen von Münsingen einzumischen. Er hatte bereits einen vom Grundbesitzer Bigler unterzeichneten Vertrag in Händen, der es ihm erlaubte, im «Buchliacker», also knapp neben dem «Rain», Grabungen durchzuführen.[147] Wiedmer bot umgehend Paroli in einem unmissverständlichen Schreiben zuhanden Hausers, in dem er als «Mitglied der Kantonalen Expertenkommission zum Schutz der Altertümer und Kunstdenkmäler» signierte.[148] Damit berief er sich auf das entsprechende «Gesetz über die Erhaltung der Kunstaltertümer und Urkunden» von 1902,[149] das sich in der Praxis allerdings als wenig griffig erwiesen hatte. Zu diesem Zeitpunkt waren die Arbeiten im «Rain» jedoch bereits abgeschlossen und zum Glück dehnte sich der Friedhof nicht bis in die Nachbarparzelle «Buchliacker» aus. Im schlimmsten Fall wären die Funde aus dem jüngsten Teil des Gräberfeldes in private Hände geraten und wohl für die Wissenschaft verloren gewesen.

Aber das Thema Grabungsrechte und Otto Hauser war damit nicht vom Tisch. Es sollte Wiedmer noch einige Zeit in Anspruch nehmen.

Im Zenit

Die gehobene Stimmung auf Abb. 26, die sich auf den Gesichtern als heitere Zufriedenheit, verhaltene Skepsis und spitzbübische Freude ausdrückt, entsprang möglicherweise einem besonderen Ereignis. Ganz genau können wir die Fotografie nicht datieren; aufgenommen wurde sie aufgrund der Grösse der kleinen Regina wahrscheinlich ungefähr im Juni 1907. Anlass der allseitigen Freude könnte sein, dass Jakob Wiedmer am 7. Juni zum Direktor des Bernischen Historischen Museums ernannt worden war.[150]

Die vorausgegangene Kündigung von Niederhäuserns kam wohl nicht ganz unerwartet. Sie geschah, so die offizielle Verlautbarung, auf Anraten seines Arztes. Offenbar zehrten das ungewohnte Arbeitsumfeld und die kaum reibungsfreie Zusammenarbeit mit den insgesamt drei Mitdirektoren

---

147 BHM, Archiv Archäologie, Korrespondenz JWS 1902–1910, 22. Oktober 1906. Zur Flur «Buechli» siehe Müller 1998b, Abb. 1, unten links.
148 BHM, Ausgehende Korrespondenz Direktion, 26. Oktober 1906.
149 Gesetze, Dekrete und Verordnungen des Kantons Bern 1902, Bd. 2, Bern 1902, 59–63, 133–135.
150 BHM, Protokolle Aufsichtskommission, 7. Juni 1905.

an der Gesundheit des knapp fünfzigjährigen Chemikers. In der Aufsichtskommission war die Nachfolge Wiedmers unbestritten und «eine vortreffliche Wahl», wie die «Buchsizeitung», das Leibblatt sämtlicher Einwohner von Herzogenbuchsee, am 12. Juni euphorisch vermeldete:[151] Wiedmer stand mit dreissig Jahren im Zenit seiner Museumslaufbahn. Und kaum war er im Amt, bescherte ihm sein Finderglück einen neuen Zuwachs an Prestige: «Der Goldfund von Jegenstorf» betitelte der «Bund» am 22. November 1907 das gerade zur rechten Zeit eingetroffene Ereignis.[152]

Mit dem Goldfund war ein zweiteiliges Kleinod gemeint, das es wahrlich in sich hat (Abb. 28). Das Kügelchen besteht aus einem mit Granulat besetzten, papierdünnen, 0,1 Millimeter starken Goldblech und wiegt nur gerade 1,1 Gramm; das Teil aus Filigrandraht ist gar weniger als ein Gramm schwer.[153] Man wagt den äusserst delikaten Anhänger, falls es einem erlaubt ist, kaum anzufassen aus Furcht, ihn zwischen den Fingern zu zerdrücken. Die handwerkstechnische Meisterschaft – eventuell auch das Motiv von Sonne und Mond – deutet auf eine Herstellung südlich der Alpen, allenfalls spricht sie für einen einheimischen Handwerker, der mit der etruskischen Goldschmiedekunst des 7./6. Jahrhunderts v. Chr. bestens vertraut war. Herkunft und Bedeutung dieses einmaligen, zarten Bijous – wurde es doch von Wiedmer in einem Hügel im «Hurst» zusammen mit einem Dolch und einer «ziemlich grossen Pfeilspitze aus Eisen», also wohl in einem Männergrab – entdeckt, regten den Ausgräber allerdings nicht zu grossen Inspirationen an. Einzig auf dem Korrespondenzweg entspann sich mit dem berühmten französischen Gelehrten Joseph Déchelette eine interne Diskussion über die Symbolik des Schmuckstückes, die dann ihren Niederschlag in Déchelettes 1913 publiziertem «Manuel d'Archéologie» fand.[154] Auch die Befunddokumentation ohne Plan und ohne Beschreibung im Detail ist, nach allem, was wir sonst von Wiedmer kennen, ungewohnt dürftig ausgefallen.[155] Es entsteht der Eindruck, der selber etwas überraschte Entdecker sei von andern Geschehnissen abgelenkt gewesen: Von der Publikationsvorbereitung der Gräber von Münsingen oder ganz

---

151 Berner Volkszeitung, 12. Juni 1907, Nr. 47.
152 Der Bund, 22./23. November 1907, Nr. 552.
153 Binggeli 2003, Müller 1999, 20; Müller 2009, 72.
154 ACJD, Schreiben Wiedmers an Déchelette, 5. August 1908; BHM, Archiv Archäologie, Korrespondenz JWS 1902–1910, Postkarte von Déchelette an Wiedmer, 14. Mai 1910; Déchelette 1913, 892–898.
155 JbBHM 1907 (1908), 26–29; Drack 1959, 16–21.

Abb. 28: Der von Wiedmer im November 1907 in einem Grabhügel bei Jegenstorf gefundene Goldschmuck. Das filigrane Geschmeide von nur gerade zwei Gramm könnte aus einer etruskischen Werkstatt stammen.

einfach von den neu anfallenden, ungewohnten Administrationsaufgaben eines Museumsdirektors?

Das Gold tat seine Wirkung und lockte auch Regierungsrat Gobat trotz diesigem Herbstwetter auf die Felder von Jegenstorf (Abb. 29). Eines der Gesprächsthemen der beiden Hauptfiguren mitten in der Ausgrabung war vielleicht ein Brief aus Vendlincourt in der Ajoie, der erst kürzlich auf dem Tisch des Regierungsrats gelandet war. Darin ist die Rede von einer Preziose der neueren Berner Geschichte, deren Entdeckung ebenfalls in den Beginn der Direktionszeit Wiedmers fiel und die anfänglich ebenfalls kaum für Aufsehen gesorgt hatte. In zwei Schreiben berichtet der Abbé von Vendlincourt, dass ein Einwohner des Dorfes in der Burg Morimont eine Messingplakette von einem Baum gerissen habe, die für das Museum in Bern eventuell von Bedeutung sein könnte (Abb. 30).[156]

---

156 BHM, Eingehende Korrespondenz Direktion, 25. Oktober, 12. Dezember 1907; JbBHM 1907 (1908), 88.

Abb. 29: Der Kommissionspräsident des Museums, Regierungsrat Gobat (mit Uhrenkette), eilte nach Bekanntwerden des Goldschmucks auf die Grabungsstätte in Jegenstorf. Direktor Wiedmer erklärt die Fundsituation. Das Verhältnis zwischen dem Präsidenten und dem Direktor ist da noch ungetrübt.

Morimont liegt in Frankreich, knapp jenseits der Schweizer Grenze. Laut der gut lesbaren Inschrift haben dort im Juli 1826 die vier jurassischen Patrioten Xavier Stockmar, die Brüder Louis und Auguste Quiquerez und Olivier Seuret einen heiligen Eid geschworen, den Jura von der Berner Patrizierherrschaft zu befreien, «au risque de la vie et de la liberté». Ihre Verschwörung richtete sich gegen die neu erstarkten restaurativen Kräfte in Bern. Nach der Revolution 1830 in Paris und mit der Aussicht auf eine liberale Verfassung haben sie ihren Schwur im Jahre 1830 erneuert und als Zeichen ihrer Ernsthaftigkeit das Erinnerungsmal an eine Eiche im Burghof von Morimont genagelt. Alle vier Männer waren oder wurden Mitglieder des Grossen Rats beziehungsweise bernische Beamte, Stockmar (1797–1864) sechs Jahre später sogar Mitglied des Berner Regierungsrats. Erst im Verlauf des Freiheitskampfs um einen eigenen Kanton Jura im 20. Jahrhundert gediehen die Ruinen von Morimont zum wahrhaftigen

Abb. 30: Der geschichtsträchtigste Neueingang während der Amtszeit Wiedmers: Messingplakette mit der Schwurformel von vier jurassischen Patrioten, ihre Heimat von der Berner Patrizierherrschaft zu befreien und eine liberale Verfassung einzuführen.

«Grütli jurassien» und die vier Verschwörer zu Gründungsheroen des künftigen Kantons.[157]

Die Plakette mit der Inschrift, ein wichtiges Zeugnis für die Berner Geschichte der Neuzeit, kam dann tatsächlich ins Bernische Historische Museum.[158]

Ebenfalls in diesen Herbstmonaten war Wiedmer stark in Anspruch genommen von den Gründungsvorbereitungen der Schweizerischen Gesellschaft für Urgeschichte, einer gesamtschweizerischen Angelegenheit, die ihn länger als das Berner Museum beschäftigen sollte. Die konstituierende Sitzung der Gesellschaft fand am 6. Oktober 1907 in Brugg statt.[159]

---

157 Stockmar 1902; Bandelier/Prongué 1984, 220–223; Girard 1999.
158 Sie trägt die Inventarnummer H/6205.
159 Sauter 1982, 34 f.

Neben all diesen Tätigkeiten kostete die Leitung des Museums eine gehörige Menge Energie, zumal die Zusammenarbeit im Kollegium wenig gedeihlich verlief. Dem jungen Direktor mangelte es wohl auch an Führungserfahrung. Aus seinem Kuraufenthalt im Häbernbad bei Huttwil erteilte er Anweisungen an den Kollegen Franz Thormann nach Bern und liess im gleichen Schreiben zuhanden von «Dr. Zeller» verlauten, dass dieser «nun doch endlich anfangen muss, das übernommene Amt auch selber zu verwalten».[160]

Zweifellos verlief die Ablösung seines Vorgängers nicht in bestem Einvernehmen, was zu einem Nachspiel führte. Mit einer Serie von Beschwerdebriefen in höchst verdriesslichem Ton riss von Niederhäusern einen kleinlichen Streit vom Zaun. Er habe niemals behauptet, wie im veröffentlichten Verwaltungsbericht von 1907 vermerkt sei, die bei seiner Durchsicht der Waffensammlung ausgeschiedenen drei Stücke seien die einzigen Fälschungen in dieser Sammlung. Falls sich ein Spezialist der Sache annähme, so würde er, von Niederhäusern, sich schön blamiert haben und «als ein Esel angesehen» werden. Denn sehr wohl könnten im vorhandenen Bestand noch weitere Falsifikate auftauchen. Von Niederhäuserns Angriffe zielten namentlich auf Wiedmer, der als Direktor den Verwaltungsbericht zu verantworten hatte.[161] Eine unprätentiöse Richtigstellung erfolgte im Jahresbericht darauf.[162]

Ein erfreulicherer Moment war sicher der Auszug der Familie Wiedmer aus der Museumswohnung, die besonders Marie als beengend empfunden hatte. Der Umzug an die Rabbentaltreppe 10 in Bern fand vermutlich auf den 1. Juni 1908 statt,[163] gemäss verschiedenen Hinweisen wohnten die Wiedmers sicher ab der Mitte des Jahres an dieser Adresse. War das Kirchenfeld schon damals das vornehme Botschaftsquartier, so lebten im Rabbental die arrivierte Boheme und Intelligenzija von Bern,[164] womit dem Ehepaar Wiedmer auf der sozialen Stufenleiter ein weiterer Schritt nach oben gelungen war.

---

160 BHM, Eingehende Korrespondenz Direktion, 10. September 1907.
161 BHM, Eingehende Korrespondenz Direktion, 21. November 1908, 10. März 1909; JbBHM 1907 (1908), 3.
162 JbBHM 1908 (1909), 3 f.
163 Der Eintrag im handgeschriebenen Folianten der Einwohnerregister (SAB, E2.2.1.0.143) ist an dieser Stelle verdorben.
164 Landolf 2008.

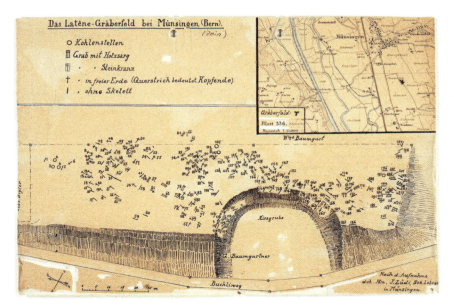

Abb. 31: Der originale Gräberplan des keltischen Friedhofs von Münsingen-Rain, den Lehrer Lüdi im Auftrag von Wiedmer erstellte. Jedes Grab ist genau eingemessen und mit einer Nummer versehen. Dies sollte für die archäologische Auswertung von höchster Bedeutung werden. Entdeckt wurde das Gräberfeld bei der Anlage der Kiesgrube am Rain.

Ein wissenschaftlicher Schatz ersten Ranges

Bereits im Frühjahr 1908 erschien die massgebliche Publikation des keltischen Gräberfelds von Münsingen. Ihre 90 Seiten und 35 Tafeln sind bemerkenswert für ihre Zeit, was Umfang und Ausstattung betrifft. Von grundlegender Bedeutung ist der beigefügte Plan mit den durchnummerierten Gräbern 1 bis 217 «Nach d. Aufnahme dch. Hrn. J. Lüdi, Sek.Lehrer in Münsingen» (Abb. 31).[165] Ebenso wichtig sind die detailreichen Aquarelle und Beschreibungen jedes einzelnen Grabes im Grabungstagebuch aus Wiedmers Hand (Abb. 32);[166] sie waren auf dem Weg der wissenschaftlichen

---

165 Wiedmer 1908a. Zum genaueren Erscheinungsdatum siehe Anhang 3.5.
166 Wiedmer, Subingen/Münsingen.

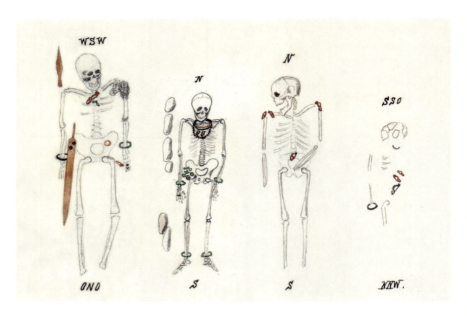

Abb. 32: Münsingen-Rain. Wiedmer dokumentierte jedes freigelegte Skelett detailgetreu: Die Waffen der Männer und der Schmuck der Frauen und Mädchen sind genau positioniert, ihr Material in entsprechender Farbe aquarelliert. Sogar die Knochenwucherung an der Schulter des grossgewachsenen Kriegers ist wiedergegeben.

Erkenntnis entscheidend, konnten damals in der gedruckten Version aber nicht verwendet werden.

Bereits früh erkannte Wiedmer, dass der 150 Meter lange Friedhof von einem kleinen Kern im Norden im Verlauf von Generationen immer in der gleichen Richtung nach Süden erweitert worden ist. Dadurch ermöglichen die Grabinventare «aus nahezu drei Jahrhunderten Beobachtungen über den Wechsel oder vielmehr die Aufeinanderfolge von charakteristischen Gegenständen und deren chronologische Einordnung in unzweifelhafter Weise».[167] Mit dieser Feststellung war geboren, was man unterdessen in der archäologischen Fachsprache als «Horizontalstratigrafie» bezeichnet. Ob Wiedmer allerdings die Tragweite seiner Idee erfasst hat, nämlich dass er damit eine allgemeingültige Datierungsmethode entdeckt hatte, bleibt fraglich. Die Einbindung in die damals bereits bekannten Datierungssys-

---

167 Wiedmer 1908a, 281.

teme behandelte er denn auch eher zurückhaltend.[168] Einer der wenigen, welche die Bedeutung von Münsingen-Rain sofort erkannten, war Paul Reinecke in Mainz, der Wiedmer bescheinigte, «der Fund von Münsingen sei der wissenschaftlich wertvollste, den man gegenwärtig habe».[169] Paul Reinecke (1872–1958) hat das nach ihm benannte Chronologiesystem der Bronze- und Eisenzeit entworfen, das bis heute in Europa verwendet wird.[170] Er war zu seiner Zeit *die* Kapazität auf diesem Gebiet. Für die von ihm kreierten Zeitstufen kamen die Erkenntnisse Wiedmers aber just zu spät, sonst hätten sie erheblich verfeinert werden können, was inzwischen von der Forschung nachgeholt worden ist. Ebenfalls klar ist unterdessen, dass der Friedhof von etwa 420 bis 180 v. Chr., also während rund zehn Generationen, belegt worden ist.[171]

Bestärkt durch solche positiven Rückmeldungen war sich Wiedmer seiner Sache innert Kürze sehr sicher, sonst hätte er wohl nicht gewagt, seine Publikation «concernant le fameux cimetière gaulois à Münsingen» Joseph Déchelette in Roanne in dieser Formulierung zu überreichen.[172] Déchelette (1862–1914) war zu dieser Zeit der französische Archäologe mit dem grössten Überblick über die eisenzeitliche Archäologie Europas und Verfasser eines wichtigen, zum damaligen Zeitpunkt im Entstehen begriffenen Überblickswerks. In seinem Band über die Latènezeit wird Münsingen denn auch wiederholt thematisiert.[173]

Trotz allem vergingen Jahrzehnte, bis Wiedmers isolierte Erfahrung eine instrumentalisierte Anwendung erfuhr, vermutlich erstmals durch Emil Vogt im Jahre 1944 bei der Feindatierung der ebenfalls eisenzeitlichen Nekropole von Arbedo-Cerinasca im Tessin.[174] Unterdessen ist die horizontalstratigrafische Methode ein geläufiges Arbeitsinstrument geworden; sie scheint dermassen trivial, dass kaum ein Archäologe sich Gedanken darüber macht, dass sie auch einmal erfunden werden musste.

Bis heute hat Münsingen-Rain seine wissenschaftstheoretische Bedeutung nicht verloren, was wiederum mit Frank Roy Hodson zusammenhängt, der das Münsinger Gräberfeld mit einem kombinationsstatistischen

168 Ebd., 338 f., 356 f.
169 Siehe Anhang 3.5.
170 Reinecke 1965.
171 Chronologie 1986, 91–95.
172 ACJD, Schreiben Wiedmers vom 29. Juli 1908 an Déchelette.
173 Déchelette 1914, passim.
174 Stöckli 1998.

Verfahren im Jahre 1968 überarbeitet hat.[175] Hodson lehrte am University College London. Was Wiedmer eher intuitiv erfasst hatte, wurde von Hodson mit einer davon unabhängigen, mathematischen Methode vollkommen bestätigt. Das Resultat ist die auf zwei Wegen gewonnene, doppelte Bestätigung einer archäologischen Hypothese, wie sie meines Wissens bei keinem andern Gräberfeld in dem Masse abgesichert werden konnte.

Mit Verbreitungskarten, die man über den Münsinger Gräberplan legt, kann man das Aufkommen und Verschwinden von einzelnen Schmuckgattungen (Abb. 33), aber auch die stilistische Entwicklung einzelner Schmucktypen im Laufe der Zeit darstellen. Besonders aussagekräftig sind die Fibeln (Gewandhaften), deren formale Entwicklung bei immerhin 400 Exemplaren aussergewöhnlich gut nachvollziehbar ist. Das bedeutet, dass eine andernorts isoliert gefundene Fibel, deren Alter theoretisch unbekannt ist, durch einen formalen Vergleich in die Münsinger Serie «eingehängt» werden kann. Die Münsinger Sequenz wird dadurch zum geeichten Zeitmassstab, an dem die entsprechenden Typen mindestens des schweizerischen Mittellands gemessen beziehungsweise datiert werden können. Für gewisse Typen gilt das im gesamten europäischen Raum von Irland bis Bulgarien und von Böhmen bis Oberitalien.[176] Münsingen-Rain hat als eine der wenigen Fundstellen der Schweiz in alle einschlägigen archäologischen Handbücher und Lexika Eingang gefunden.[177]

Die solide chronologische Basis des Münsinger Gräberfelds bot sich der Forschung an als Experimentierfeld für Studien in den unterschiedlichsten Wissenschaftszweigen, etwa zur keltischen Sozialstruktur, zu Trachtsitten und Kunststilen, zur physischen Anthropologie und zu Genderfragen, zu chirurgischen Eingriffen an den Schädeln, zu Ernährungs- und Migrationsverhalten sowie zu populationsgeschichtlichen Fragen im schweizerischen Mittelland – um nur einige Themen anzusprechen.[178] Es liessen sich auch neue Belegungsmodelle an Münsingen selber testen, die neue, unerwartete Aspekte lieferten.[179] Bereits Wiedmer ist aufgefallen, dass die Einwohner-

---

175 Hodson 1968.
176 Müller 1998a, passim.
177 Unter anderem Forrer, Reallexikon (1908!), 505; Filip, Handbuch 2, 1969, 868 f.; RGA 20, 2002, 314–317; LKA 2, 2012, 1325–1327. Ferner Champion 1982, 175 (Stichwort Horizontale Stratigraphie), oder Kruta 2000, 744–746.
178 Sankot 1980; Martin-Kilcher 1973; Müller 1998c; Alt et al. 2006; Göhlich 2004; Moghaddam et al. 2015; Moghaddam et al. 2016; Kaenel 1998, 49–59.
179 Jud 1998.

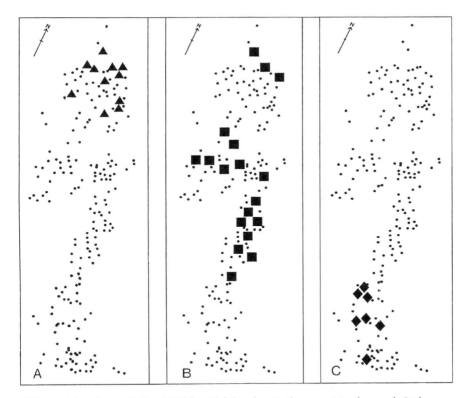

Abb. 33: Münsingen-Rain: Zeitliche Abfolge der Gräber von Norden nach Süden, von 420 bis 180 v. Chr. Der Schmuck der Frauen veränderte sich im Verlauf der Generationen. Zuerst waren Halsringe in Mode (A), dann vierteilige Sets von Beinringen (B) und schliesslich Armringe aus Glas (C). Ein Beispiel der von Wiedmer entdeckten sogenannten Horizontalstratigrafie.

schaft einer zugehörigen Siedlung bei 200 Todesfällen während der (von ihm veranschlagten) 300 Jahre nicht gross gewesen sein kann.[180] Jüngere, auf demografischen Analysen basierende Untersuchungen schliessen sogar auf eine noch kleinere Einheit als ein «Dorf», nämlich auf eine Familie oder einen verwandtschaftlich verbundenen Personenkreis, der zwischen einem und höchstens zwei Dutzend schwankte, was für weitere Spekulationen gesorgt hat. Ich selber halte den «Rain» für die Grablege einer politisch

180 Wiedmer 1908a, 357.

tonangebenden Oberschicht, wie sie Julius Cäsar im «Bellum Gallicum» als gallische *nobilitas*, als keltischen Adel, anspricht.[181]

Ein weiteres Zeugnis der Schaffenskraft Wiedmers ist die wohl im gleichen Jahr 1908 abgeschlossene Auswertung der zwölf Grabhügel im solothurnischen Subingen, die er 1903 und 1904 untersucht hatte. Die Publikation sollte im Folgejahr 1909 erscheinen.[182] Damit brachte er innert kürzester Zeit zwei in der Tat bemerkenswerte Werke zum Abschluss.

Mit seinen Erfahrungen in Ausgrabung, Dokumentation und Veröffentlichung von Nekropolen hätte Wiedmer eigentlich gewappnet sein müssen für neu anfallende Grossprojekte dieser Art. Aber weit gefehlt: Das nächste Unternehmen geriet zu einem veritablen Desaster. Vor den Toren der Stadt Bern, in den Flussschlingen der Engehalbinsel, liegen ein keltisches Oppidum und ein römischer Vicus, die beide schon damals seit längerem bekannt waren und dem Museum reiche Funde beschert hatten. Beim Kiesabbau auf dem Rossfeld kam immer wieder ganz erhaltene römerzeitliche Tonware aus dem Boden, von der man annehmen musste, sie stamme aus Gräbern. Im Sommer 1908 konnte sich Wiedmer des noch unversehrten Areals annehmen und dabei gegen 200 Körper- und Brandbestattungen freilegen. Ganz gewissenhaft wurde, wie gehabt, ein Plan mit den durchnummerierten Gräbern angefertigt und zusammen mit den besten Einzelfunden ohne Aufschub publik gemacht.[183] Und obwohl, ebenfalls wie gehabt, ein Journal geführt wurde, gerieten die einzelnen Grabensembles schon sehr bald durcheinander. Jahre später, nachdem Wiedmer das Museum bereits verlassen hatte, versuchte man «anhand des Ausgrabungstagebuches von A. Hegwein sämtliche Funde nach Gräbern zu ordnen, soweit dies überhaupt möglich war».[184]

Auffälligerweise enthalten die handgeschriebenen Einträge in den Eingangsbüchern des Museums eine Vielzahl von Korrekturen, Änderungen und Nachträgen aus verschiedenen Händen, die nicht nachvollziehbar sind und oft im Widerspruch stehen zu einer separat angelegten «Kartothek». Zudem sind heute nicht wenige Verluste zu beklagen, besonders was die Münzen betrifft, welche wertvolle chronologische Fixpunkte geliefert

---

181 Müller et al. 2008.
182 Wiedmer, Subingen 1908b.
183 JbBHM 1908 (1909), 29–48.
184 JbBHM 1913 (1914), 11.

hätten.[185] Da das erwähnte Grabungsjournal heute ebenfalls verloren ist, ist das reiche Material vom Rossfeld für eine sinnvolle wissenschaftliche Auswertung verloren.

Es scheint, als habe Wiedmer zu einem gewissen Zeitpunkt das Interesse an der Sache verloren. Da wir unterdessen sein sprunghaftes Wesen und seine weitgespannten Interessen kennen, muss man annehmen, dass er sich keinen Moment auf die Ruhebank setzte. Weitere Ausgrabungsprojekte während seiner Amtszeit waren zwar kleineren Umfangs,[186] haben aber Aufmerksamkeit und Arbeitszeit beansprucht. Daneben hat er sich auch in die beiden wichtigsten römischen Fundplätze des Kantons eingearbeitet: Studen-Petinesca und Bern-Engehalbinsel.[187] Es ist deshalb doch einigermassen verblüffend, mit welchen Themen sich Wiedmer neben diesem bereits dichten archäologischen Programm noch zusätzlich beschäftigt hat.

Am 20. Dezember 1908, im Jahr der Ausgrabung Rossfeld, reichte er beim Eidgenössischen Amt für geistiges Eigentum ein Patent ein mit dem Titel «Neuerung an Buchdruckfarbwalzen».[188] Um dessen Inhalt zu verstehen, braucht es zweifellos ein gehöriges Mass an Kenntnis der drucktechnischen Vorgänge nach der Jahrhundertwende, als Farbdrucke noch gar nicht geläufig waren. Die Erfindung besteht aus einer «in der Hauptsache aus chlorhaltigem Metallsalz und Stärke bestehenden Walzenmasse, dadurch gekennzeichnet, dass die Walzenmasse einen Zusatz von Paraffinöl aufweist, zum Zwecke, sie gegen zu starkes Eindringen von Feuchtigkeit, wie gegen Entzug von Feuchtigkeit zu schützen». Das gleiche Patent reichte er ein Jahr später in Paris ein. Was daraus wurde, werden wir später noch sehen.

Im Dezember 1908 unterrichtete Albert Einstein als Privatdozent an der Universität Bern, wohnte noch immer an der Aegertenstrasse hinter dem Museum und verdiente sein Geld als Beamter II. Klasse am Patentamt.[189] Man stelle sich vor, wie sich das grosse Genie prüfend über die Patenteingabe des kleinen Genies beugt, um sich über die Behandlung

---

185 Müller 1996, 54 f.
186 Zum Beispiel Trimstein (Wiedmer, Trimstein 1905b); Worb-Richigen (Wiedmer, Richigen 1906d und 1907c); Worb-Vilbringen (Wiedmer, Vilbringen 1906f); Bolligen-Papiermühle (JbBHM 1908 [1909], 48 f.; Tschumi 1953, 209); Bäriswil (Wiedmer, Bäriswil 1909a; Tschumi 1953, 182–184).
187 Wiedmer-Petinesca 1907b; Wiedmer, Engehalbinsel 1909b.
188 Siehe Anhang 2.
189 Flückiger 1974, 134, 200.

von Buchdruckfarbwalzen mittels Paraffinöl im Klaren zu werden – rein theoretisch ...

Gründungspräsident

Obwohl mit dem Amt eines Direktors, mit Ausgrabungen am laufenden Band, mit gewichtigen Publikationsvorhaben, mit Literaturlesungen und sogar mit sachfremden Erfindungen hinreichend ausgelastet, fand Wiedmer ab 1907 noch Zeit, sich für ein gesamtschweizerisches Vorhaben einzusetzen, das für die Archäologie in der Zukunft von einiger Tragweite werden sollte, nämlich für die Gründung der Schweizerischen Gesellschaft für Urgeschichte. Einer der Auslöser war nicht ganz zufällig Otto Hauser, mit dem Wiedmer bereits bei der Ausgrabung in Münsingen zusammengestossen war; aber eigentlich reicht die Vorgeschichte bis ans Ende des 19. Jahrhunderts zurück.

Otto Hauser (1874–1932) wuchs in Wädenswil am Zürichsee auf, wo er als Kind infolge einer Hüftgelenksentzündung jahrelang das Bett hüten musste. Eine starke Prägung durch seine Mutter, die ihm während der Krankheit aus Büchern über Schliemann und Troja vorlas, bewirkte laut der psychologisierenden Interpretation seines Biografen Rudolf Drössler einen Hang zum Narzissmus.[190] Nicht zufällig führte sein Studium den jungen Hauser zuerst nach Basel und von 1894 bis 1898 nach Zürich in die Vorlesungen von Albert Heim und Jakob Heierli, mit welchem er aber innert kürzester Zeit auf Kriegsfuss stand. Obwohl Heierli bereits Anfang der Neunzigerjahre im römischen Legionslager von Vindonissa bei Brugg zu forschen begonnen hatte, hinderte das den Studiosus Hauser nicht, im Mai 1897 mit einem dortigen Landbesitzer einen Vertrag abzuschliessen, um in den Ruinen des Amphitheaters sofort Ausgrabungen anzusetzen, und das mit einigem Erfolg. Neuerliche Vertragsabschlüsse, die das Areal des Legionslagers betrafen, und Verkaufsausstellungen im Gasthaus Sonne schürten den Widerstand von lokalen Vereinigungen unter der Führung Heierlis und von überregionalen Institutionen.[191] Monatelange Auseinandersetzungen vergifteten die Atmosphäre, was Hauser schliesslich bewog,

---

190 Drössler 1988, 14–18.
191 In genau diese Zeit fällt Wiedmers Brief an Heierli vom 15. Juni 1897 (Anhang 3.1).

klein beizugeben und seine Unternehmungen in der Schweiz abzubrechen;[192] er suchte und fand seine nächste, grosse Aufgabe in der Dordogne in Südwestfrankreich. Die dort entdeckten altsteinzeitlichen Funde im Tal der Vézère verschafften ihm bei einigen Fachleuten zwar Ansehen, sein Vorgehen festigte aber gleichzeitig seinen Ruf als gewissenloser Antiquitätenhändler.[193]

Hausers neuerliche Übersiedlung in die Schweiz, nach Basel im Jahre 1906, mag in der Schweizer Archäologie ein ungutes Gefühl ausgelöst haben, das im Oktober des gleichen Jahres noch verstärkt wurde, als Hauser den «Buchliacker» unmittelbar neben Wiedmers Grabungsplatz im «Rain» in Münsingen pachtete. Diese unschönen Vorgeschichten machten einerseits deutlich, wie unzureichend in der Schweiz archäologische Fundobjekte geschützt waren, andererseits förderten sie das Bestreben, eine Institution zu gründen, um die nationalen Interessen zu verteidigen; kantonale archäologische Fachstellen wie heute gab es damals noch keine.

Nach vorausgegangenen Einzelgesprächen luden Heierli, Tatarinoff und Wiedmer auf den 6. Oktober 1907 zu einer Gründungsversammlung nach Brugg, um die «Schweizerische Gesellschaft für Urgeschichte» aus der Taufe zu heben.[194] Dreissig Personen aus elf Kantonen folgten ihrem Ruf. Sowohl der Tagungsort Brugg wie die Besichtigung des Amphitheaters von Vindonissa (dem vormaligen Tätigkeitsfeld Hausers) am Schluss des Anlasses waren mit Bedacht gewählt. Als treibende Kraft des Unternehmens erkennt man unter den Dreien leicht Jakob Heierli. Sehr konkret waren die Aufgaben einer künftigen «Zentralstelle» beziehungsweise des designierten Sekretärs und Archivars Heierli in den Gründungsakten umschrieben. Sie betrafen eine archäologische Landesaufnahme mit entsprechen Karten und das Sammeln von Fundmeldungen aller Art. Durch Vorträge und Kurse sollte wissenschaftliches Vorgehen bei Grabungen gefördert werden, um nicht nur «schöne Funde zusammenzuraffen», sondern um Befunddokumentationen und Pläne anzufertigen, die «auf den Centimeter genau» stimmten.[195]

In den Vorstand der künftigen Gesellschaft wurden anlässlich der Gründungsversammlung in Brugg gewählt:

192 Drössler 1988, 35–62.
193 Ebd., 63–87.
194 JbSGU 1, 1908 (1909), 3–8.
195 Ebd., 7.

Präsident: Direktor Wiedmer-Stern, Bern
Vizepräsident: Prof. Dr. Tatarinoff, Solothurn
Sekretär und Archivar: Dr. J. Heierli, Zürich
Quästor: Konservator E. Bächler, St. Gallen
Beisitzer: Direktor Dr. Lehmann vom Landesmuseum, Zürich
Dr. Paul Sarasin, Basel
Prof. W. Wavre, Neuenburg

Nicht weiter überraschend, fand die erste offizielle Jahresversammlung der Schweizerischen Gesellschaft für Urgeschichte am Sonntag 22. März 1908 in Bern statt.[196] Die sechzig angekündigten Teilnehmer verursachten einige Betriebsamkeit im wiedmerschen Haushalt. Es mussten Menukarten in Auftrag gegeben werden für das Festessen im Restaurant Bubenberg und Räumlichkeiten im Zoologischen Institut gefunden werden für die Vorträge. Bei einer Führung im Historischen Museum bot sich die beste Gelegenheit, um mit den Funden aus Münsingen und Jegenstorf zu renommieren, und in aufgeräumter Stimmung liess sich Marie mit der kleinen Regina auf dem Arm den geladenen Herrschaften in den Ausstellungsräumen vorstellen. Aber in ihrem Tagebuch machte sich Marie auch ein klein wenig lustig über die Versammlung der Société d'horlogerie suisse.[197]

Diese Jahresversammlung war sicher ein weiteres Ruhmesblatt für Jakob Wiedmer. Trotzdem vermochte – für Eingeweihte nicht ganz überraschend – Präsident Wiedmer die in ihn gesetzten Erwartungen auf Dauer nicht zu erfüllen. Offenbar liess seine Präsenz zu wünschen übrig. Mit einer Postkarte entschuldigte Marie Wiedmer ihren Mann beim Vizepräsidenten Tatarinoff für die nun bereits bevorstehende nächste Hauptversammlung vom 10. Oktober 1909; sie selber habe Heierli doch ausdrücklich und rechtzeitig um Verschiebung des Anlasses gebeten.[198] «Trotz wiederholten Gegenbefehls» wurde dann die Versammlung in Luzern ohne Wiedmer abgehalten und Tatarinoff zum neuen Präsidenten gewählt, Paul Sarasin zum Vizepräsidenten.[199]

---

196 Ebd., 8f. Bis Ende des Jahres stieg die Mitgliederzahl auf 115. Zu den Glanzzeiten der Gesellschaft 1983 sollten es 2624 werden. JbSGUF 67, 1984, 249.
197 BHM, Archiv Archäologie, Poesie, S. 1f. Zu deutsch «Gesellschaft der schweizerischen Uhrenindustrie».
198 ZBSO, Nachlass Eugen Tatarinoff, NL TAT_E 3.2.3 (1909), 8. Oktober 1909.
199 JbSGU 2, 1909 (1910), 6, 16.

Eher überraschend klingt die Begründung für das Fernbleiben von Präsident Wiedmer, wenn die Gattin das Entschuldigungsschreiben an Tatarinoff mit den Worten eröffnet: «Da m. l. Mann noch in Constantinopel ist …»!

Eine Reise mit Folgen

Der Schlüssel zum Verständnis dieser unerwarteten Mitteilung und dazu, was sich zwischen Sommer 1909 und Frühling 1910 abspielte, liegt in den Protokollen der Aufsichtskommission des Bernischen Historischen Museums verborgen.

In der Kommissionssitzung vom 1. Oktober fragte Präsident Gobat leicht verstimmt, wo denn eigentlich der Direktor stecke. Anfang August habe er seine vertraglichen drei Ferienwochen bei ihm eingegeben, seither aber nichts mehr von sich hören lassen. Unterdessen seien zwei Monate vergangen.

«Man weiss nur, dass er in Privatgeschäften in Konstantinopel weilt, deren Abwicklung sich stets verzögert habe, und seine Frau stellt die Rückkehr jeden Tag in sichere Aussicht», verrät das Sitzungsprotokoll.[200] Aber auch zehn Tage später, zur Versammlung der Gesellschaft für Urgeschichte in Luzern, war Wiedmer noch nicht wieder zurück, wie wir aus dem Entschuldigungsschreiben Maries an Tatarinoff schon wissen.[201] Welchen privaten Geschäften er in Konstantinopel nachging, bleibt vorerst im Dunkeln; ihr Abschluss zog sich jedenfalls in die Länge. Irgendwann zwischen Oktober und November wird der vermisste Direktor wohl wieder im Museum aufgetaucht sein.

Aber bereits am 13. Dezember ist von einer bevorstehenden weiteren Reise nach «Anatolien» die Rede, wo er hoffentlich «recht interessante Funde machen» werde, wünschte Edouard Bally-Prior, Besitzer der Schuhfabrik und eines Privatmuseums in Schönenwerd, in einem Brief an Wiedmer.[202] Und seinem Freund Eugen Tatarinoff vertraute Wiedmer an, er müsse «einige Tage vor Neujahr […] nochmals für 2–3 Wochen in die Türkei».[203] Allerspätestens Ende Februar 1910, so kann man rekonstruieren,

---

200 BHM, Protokolle Aufsichtskommission, 1. Oktober 1909.
201 ZBSO, Nachlass Eugen Tatarinoff, NL TAT_E 3.2.3 (1909).
202 BHM, Archiv Archäologie, Korrespondenz JWS 1902–1910, 13. Dezember 1909.
203 ZBSO, Nachlass Eugen Tatarinoff, NL TAT_E 3.2.3 (1909), 9. Dezember 1909.

war er dann auch von dieser zweiten Türkeireise wieder zurück.[204] Dies war möglich, da sich seit seiner ersten Reise nach Athen die Schiffsreisezeiten stark verkürzt hatten. Auf dem Landweg gab es mit dem Orientexpress unterdessen eine Zugverbindung durch den Simplon über Zagreb, Belgrad, Sofia und Adrianopel nach Konstantinopel. Die Zugfahrt dauerte knapp zwei volle Tage, während der Dampfer Triest–Konstantinopel noch immer sechs Tage benötigte.[205] In zwei bis drei Wochen war die Reise nach Konstantinopel und zurück also zu schaffen.

Wenige Tage nach Wiedmers Rückkehr von dieser zweiten Türkeiexkursion kam es dann aber zum Eklat.[206] Vizedirektor Franz Thormann hatte seine Kündigung eingereicht mit der Begründung, der Direktor habe ohne Rücksprache mit irgendjemandem Alfred Zesiger angestellt, um die Waffensammlung zu katalogisieren. Daraufhin erwog die Kommission, Direktor Wiedmer einen Verweis zu erteilen, und liess ihm in abgemilderter Form schriftlich mitteilen, er solle die eigenmächtige Anstellung sobald wie möglich rückgängig machen. Wiedmer seinerseits drohte ebenfalls mit seinem Rücktritt in absehbarer Zeit, da er «bei einem Syndikat für ein grosses Geschäft in der Türkei eine derart lohnende Stellung in Aussicht habe», dass er auf die Beschäftigung im Museum ruhig verzichten könne.

Mit einer sich anbahnenden, unangenehmen Doppelvakanz Thormann/Wiedmer und angesichts der misslichen Situation im Museum überhaupt schlug Gobat vor, von Niederhäusern, den vor kurzem ausgeschiedenen Direktor, in die Aufsichtskommission zu wählen. Gerade er sei am besten in der Lage, die Direktion zu beaufsichtigen und an der Leitung des Museums mitzuwirken. Gegen dieses Ansinnen erhoben andere Kommissionsmitglieder allerdings schwere Bedenken, weshalb man die Sache vorläufig auf sich beruhen lassen wollte.

In der folgenden Sitzung vierzehn Tage später der nächste Paukenschlag:[207] Gobat verkündete im ersten Traktandum, der Regierungsrat habe (ohne Zweifel auf seinen Vorschlag hin) von Niederhäusern als Vertreter des Kantons in die Aufsichtskommission beordert: ein unfreundlicher

---

204 BHM, Archiv Archäologie, Korrespondenz JWS 1902–1910, 6. März 1910.
205 Baedeker 1905, XIVf. 18; Baedeker 1914, XVf., 25. Offizielle Schweizerische Kursbücher sind einsehbar bei SBB Historic in Windisch.
206 BHM, Protokolle Aufsichtskommission, 4. März 1910 (ohne Beisein eines Direktionsmitglieds).
207 BHM, Protokolle Aufsichtskommission, 17. März 1910.

Schachzug und eine Desavouierung der Kommission.[208] Umgehend legten Wiedmer und Thormann auf den 31. März ihr Amt nieder und stellten in Aussicht, ihre Büros binnen zweier Wochen zu räumen. Gerüchten, denen zufolge er die Verantwortung für die Demission des Direktors trage, trat Gobat entgegen, habe Wiedmer doch das Museum wissenschaftlich und finanziell bedeutend gefördert. Um nun aber den Schaden möglichst klein zu halten, sei von Niederhäusern bereits (also noch vor seiner offiziellen Einführung in die Kommission, die sich in der vorausgegangenen Sitzung ja skeptisch gezeigt hatte) mit dem Adjunkten des Landesmuseums Rudolf Wegeli in Verhandlung getreten, und dieser habe zugesagt, nach Bern zu kommen, allerdings unter der Bedingung, dass er «der einzige Direktor» sei. Gobat schlug vor, Wegeli sofort zu berufen. Darauf forderte die übergangene Kommission, dass die Stelle zuerst ausgeschrieben werden müsse, «wie es bisher gehalten wurde», was denn auch beschlossen wurde.

Dieser unschöne Abgang muss für Wiedmer eine bittere Pille gewesen sein. Während zehn Jahren oder länger hatte er seine starke Bindung an das Museum bewiesen, dem er sich mit selbstlosem Einsatz und grösstem Arbeitseifer gewidmet hatte. Alle Teile der Sammlung hatte er mit Neueingängen, meist in Form von grosszügigen Schenkungen, bereichert. Eben erst hatte er von seiner letzten Reise aus Konstantinopel eine Serie Waffen mit nach Hause gebracht, welche die Ethnografische Sammlung in idealer Weise ergänzte. «Wir sind Herrn Wiedmer, der ja die schwachen Seiten unserer Sammlung genügsam kannte, sehr zu Dank verpflichtet. Durch die Revolution und die damit verbundene Absetzung der bisherigen Machthaber war in der Türkei aus Privatbesitz manch gutes Stück auf den Markt gekommen, und den günstigen Augenblick erfassend, hat Herr Wiedmer für unser Museum eine Sammlung zusammengestellt und zum grössten Teile gleich geschenkt, wie sie unsere Anstalt aus eigenen Mitteln nie hätte erwerben können. Der Name des Donators bleibt für alle Zeiten auch mit dieser Abteilung des Historischen Museums in Verbindung».[209] Bei dieser Schenkung handelt es sich um gegen 50 Objekte, inventarisiert mit den Herkunftsbezeichnungen Osmanisch/Istanbul und Iran/Isfahan, nämlich um Helme und Kettenpanzer, Stich- und Schusswaffen, Pulverhörner und

---

208 Im Bericht des Folgejahres wird bereits wieder der Austritt von Niederhäuserns aus der Kommission vermerkt, JbBHM 1911 (1912), 5.
209 JbBHM 1910 (1911), 54f.

Kugelbüchsen sowie einen Schild und einen Reflexbogen samt Pfeilen – zum Teil reich verzierte, sehr qualitätsvolle Stücke.

Eine Anzahl weiterer Waffen blieb in Wiedmers Privatbesitz, wie der Helm und das Kleidungsstück, die er auf dem Porträt von 1921 trägt (siehe Abb. 43); sie gelangten 1932, vier Jahre nach Wiedmers Tod, auf verschiedenen Wegen ins Bernische Historische Museum.[210]

Der Abgang nun verlief überstürzt und wohl auch in gereizter Stimmung. Dies mag ein Grund dafür sein, dass die Korrespondenzbücher der Direktionszeit Wiedmers im Museumsarchiv teils fehlen, teils lückenhaft sind und dass einzelne zurückgelassene Schreiben auch privaten Inhalts sind.[211]

Ganz unschuldig an dieser plötzlichen Trennung war Wiedmer zweifellos nicht, da in seiner Brust ja mehr als nur zwei Seelen wohnten, wie wir unterdessen wissen. Allerdings bleibt vorläufig im Dunkeln, was sein unstetes Wesen nach Konstantinopel getrieben hat, und auch sein Umkreis war oft im Ungewissen darüber, ob es sich um Archäologisches oder doch eher um irgendetwas anderes, etwas «Geschäftliches», handelte. Aber Wiedmer hatte noch Pfeile im Köcher, und an Risikofreude hat es ihm ja nie gemangelt.

Konstantinopel – oder gar Lahore?

Einschlägigen Kreisen waren Wiedmers Eskapaden im «Orient» offenbar nicht entgangen, so zum Beispiel Robert Julian Hodel (1881–1948), einem Mann mit vielerlei Interessen und wertvollen Verbindungen. In einem Brief an Wiedmer vom 1. März 1910 nimmt er Bezug auf einen vorausgegangenen Besuch bei ihm und empfiehlt nun einen befreundeten Ingenieur namens Lemaire für das bevorstehende Unternehmen in Konstantinopel, «an dem Sie beteiligt sind».[212] Hodel war Journalist, gab sich aber auch als Schriftsteller, und mehr als nur ein Faden verbindet ihn mit Maria Waser. Er hatte in Bern bei Walzel und Tobler studiert und 1907 promoviert wie ehemals

---

210 Mindestens ein Helm (Abb. 43), zwei Rundschilde und eine Armschiene (E/1932.221.1370–1372; Donator Notar Berle «ex collection Wiedmer-Stern») und das Brokatgewand E/1932.280.0239 (Ankauf von Frau Wiedmer-Stern).
211 Wie zum Beispiel Anhang 3.6.
212 BHM, Archiv Archäologie, Korrespondenz JWS 1902–1920, 1. März 1910.

Maria Krebs,[213] wurde ebenfalls zu einer Lesung von eigenen Dichtungen in den literarischen Klub des Hottinger Kreises eingeladen.[214] Er konnte auch Gedichte in der von Waser redigierten «Schweiz» unterbringen[215] Etwa zur gleichen Zeit wie Wiedmer galt er in der schweizerischen Literaturszene als hoffnungsvolles Schriftstellertalent. Mit seinem einnehmenden Stil, einem gediegen aufgemachten Buch über seine Reiseerlebnisse am Mittelmeer und mit seiner angeborenen Risikofreude und Abenteuerlust ist er Wiedmer wesensverwandt.[216] Schon als Gymnasiast gründete er zusammen mit Walter Weibel, mit dem er später gemeinsam Werke unterzeichnete, die Zeitschrift «Der Ambrone», die allerdings nach zwei Jahrgängen wieder einging.[217] Die 24 kleinformatigen Nummern sind eher ein Primanerjux als ein ernstgemeintes Feuilleton. Die Ambronen waren ein keltisch-germanischer Volksstamm; ihr Name steht in der Antike gleichbedeutend für verdorbenes Gesindel. Die beiden Herausgeber und Autoren des Blättchens hatten nicht viel zu sagen, taten dies aber äusserst wortgewandt. Der junge Hodel wohnte zu jener Zeit, im Jahre 1902, an der Bubenbergstrasse 5 in Bern (heute Mottastrasse, ganz in der Nähe des Historischen Museums).[218] Als späterer Korrespondent der «Neuen Zürcher Zeitung» von 1925 bis 1948 in Rom erwarb er sich als unverhohlener Sympathisant des italienischen Faschismus und Mussolinis einen zweifelhaften Ruf.[219]

Im gleichen Brief mit der Empfehlung des Ingenieurs Lemaire kommt Hodel auf eine «Lahoreexpedition» zu sprechen, an der er sich sehr gerne beteiligen würde, falls diese zustande käme. War dabei wirklich Lahore im heutigen Pakistan (damals Indien) gemeint? Oder handelte es sich um ein Missverständnis, entstanden im vorausgegangenen Gespräch? Oder hatte Wiedmer beim Treffen mit Hodel wieder einmal grösser gedacht …? Wir wissen es nicht. Hodels Brief muss ein oder zwei Tage vor der ominösen Sitzung der Aufsichtskommission mit dem Eklat und den Kündigungen in Wiedmers Briefkasten gelandet sein. Sein Inhalt blieb kaum ohne Wirkung auf den Umtriebigen. Die Empfehlung Lemaires, eines Ingenieurs mit

---

213 Hodel 1915; Küffer 1971, 10, 35.
214 Bleuler 1907, 192 (27. Februar 1904).
215 Die Schweiz 6, 1902, 64; Die Schweiz 10, 1906, 372.
216 Hodel 1906. Ferner Brümmer 1913, 240, und Waser 1927b, 187.
217 Der Ambrone. Ein Blatt aus Zeit und Streit 1, 1900, und 2, 1901; RGA 1 (1973), 252.
218 Der Ambrone. Ein Blatt aus Zeit und Streit 2, 1901, Nr. 10, S. 76; Weber 1976, 47.
219 Luchsinger 1955, 30f.; Maissen 2005, 309–312, 340.

Türkeierfahrung, ist ein Hinweis, dass es sich diesmal in Konstantinopel nicht um eine Unternehmung archäologischen Inhalts handelte.

Ein zweiter, möglicherweise für Wiedmer noch folgenreicherer Brief datiert vom 20. März 1910. Er ist signiert von Henri Brack, Ingenieur in Luzern.[220] Darin bietet Brack Hilfe an bei der Anbahnung von Geschäften in Konstantinopel, wo er während mehrerer Jahre Erfahrungen gesammelt und gute Beziehungen zum Arbeitsminister Haladjian Effendi aufgebaut habe. Auch Andeutungen über gemeinsame «Finanzfreunde» werden in dem Schreiben gemacht.

Heinrich Brack (1848–1935) hatte zu diesem Zeitpunkt bereits eine bewegte Karriere hinter sich.[221] Als Gemeindeingenieur von Aussersihl machte er sich 1892 ebenso unbeliebt[222] wie auf dem Posten eines einflussreichen Direktors der Schweizerischen Nordostbahn, den er nach einem unschönen Vorspiel im Jahre 1901 mit ziemlichem Getöse quittierte.[223] Die von ihm erwähnten Tätigkeiten in der Türkei müssen ins folgende Jahrzehnt, also in die Zeit zwischen 1901 und dem Brief an Wiedmer 1910, fallen. Später dann trat er in der Schweizer Tagespresse als kritischer Eisenbahnexperte mit grobem Geschütz gegen die Generaldirektion der Bundesbahnen und den Bundesrat auf.[224] Alles in allem entsteht bei Brack das Bild eines Querulanten und ewigen Kritikasters. Für unsere Beurteilung der Lage im März 1910 und im Zusammenhang mit Wiedmer ist allerdings seine Kompetenz in Eisenbahnfragen aufschlussreich.

Möglicherweise bestanden schon viel früher Verbindungen zwischen Wiedmer und Brack. Oder ist es blosser Zufall, dass der junge Jakob 1897 an der Glärnischstrasse in Zürich in einem Gebäude wohnte (siehe Abb. 5), das der Nordostbahn gehörte,[225] zu einem Zeitpunkt, als Brack

---

220 BHM, Archiv Archäologie, Korrespondenz JWS 1902–1910, 20. März 1910. Siehe Anhang 3.6.
221 SALU, Einwohnerkontrolle, Häuserverzeichnis, B3.22/B13: 261; SALU, Teilungsbehörde, Erbschaft, B3.36/A1.130/1935.
222 Neue Zürcher Zeitung, Nr. 97, 6. April 1892; Nr. 104, 13. April 1892; Nr. 105, 14. April 1892; Nr. 110, 19. April 1892.
223 SBB Historic, Vereinigte Schweizerbahnen, Abfindung Direktor Brack, VGB_GEM_2001/001_006_04, Dossier 03-07.
224 Neue Zürcher Zeitung, 17. März 1922, Nr. 354; Tages-Anzeiger, Nr. 37, 13. Februar 1929; Nr. 38, 14. Februar 1929; Neue Zürcher Zeitung, Nr. 517, 18. März 1929. Ferner ein von der Generaldirektion SBB intern in Auftrag gegebenes Gutachten zum strittigen Thema: SBB Historic, Generaldirektion 1853–1998, GD_GS_SBB01_043_14.
225 Freundliche Mitteilung von Esther Fuchs, Baugeschichtliches Archiv der Stadt Zürich, 10. Juli 2017.

in deren Direktorium sass? Wir wissen, wie gesagt, nicht, welchem Beruf Wiedmer damals nachging, und so lässt sich nichts beweisen; es muss bei der Andeutung bleiben.

Vier Wochen nach Eintreffen des Briefs von Brack trat Wiedmer seine dritte Reise nach Konstantinopel an. Auch diesmal war ein Reisevisum nötig, das auf der türkischen Botschaft eingeholt werden musste.[226]

Kurz vorher, am 13. April 1910, kam es zu einer weiteren Posse bei der Wahl des neuen Direktors des Bernischen Historischen Museums.[227] Auf die ausgeschriebene Stelle hatten sich elf Bewerber gemeldet; in der engeren Wahl stand neben Eugen Tatarinoff aus Solothurn und weiteren durchweg geeigneten Kandidaten wie erwartet Rudolf Wegeli aus Zürich. Vor dem Beginn des Wahlverfahrens erhob das Kommissionsmitglied Professor Vetter Zweifel, ob ein Ostschweizer wie Wegeli sich in die Berner Verhältnisse einzuordnen wisse, und stellte darum seine eigene Kandidatur in Aussicht, sobald sein Rektoratsmandat an der Universität im kommenden Herbst abgelaufen sei. Er beantragte deshalb die Verschiebung der Wahl. Darauf replizierte Präsident Gobat, dass auch Ostschweizer Schweizer seien und nun sofort «Ordnung ins Museum kommen müsse», zumal Wiedmer und Thormann bereits nicht mehr im Amt seien. Auch stehe die Kommission in der Verantwortung. Es wurde zur Abstimmung geschritten und Wegeli gewählt. Darauf erhob sich Vetter, trat von seinen Ämtern zurück, «spricht's und geht», wie das Sitzungsprotokoll vermerkt.

Offenbar am selben Tag reiste Wiedmer nach Konstantinopel ab.[228] Zehn Wochen später meldete Marie den Schwiegereltern in Niederönz, dass Jakob sicherlich mit Erfolg gekrönt heimkommen werde, es stehe alles zum Besten und «es geht ihm gesundheitlich sehr gut».[229] Offenbar bestanden über beides bei der Abreise Zweifel. Und die Ängste der Eltern Wiedmer waren nicht unbegründet.

---

226 Baedeker 1905, XV; Baedeker 1914, XIX. Die Einsicht in entsprechende Bücher auf der türkischen Botschaft in Bern wurde aus «datenschutzrechtlichen Gründen» verweigert (Mail vom 7. Juni 2017).
227 BHM, Protokolle Aufsichtskommission, 13. April 1910.
228 Postkarte von Marie Wiedmer an Tatarinoff vom 27. April 1910, «Mein l. Mann ist seit 14 Tagen abwesend». ZBSO, Nachlass Eugen Tatarinoff, NL TAT_E 3.2.3 (1910), 27. April 1910.
229 BBB, Nachlass Agathon Aerni, AK 1800, 27. Juni 1910.

Die Sache mit dem Rheumatismus

Was niemand öffentlich zu sagen wagte, wird sehr viel später in einer vertraulichen Akte aus dem Jahre 1927 angetönt. Darin wird erwähnt, dass bei der Kündigung Wiedmers verschiedene Gründe mitgespielt hätten, ihn jedoch vor allem sein Gesundheitszustand gezwungen habe, seine Stelle aufzugeben.[230] Tatsächlich musste er wegen starker, als Rheumatismen bezeichneter Anfälle bisweilen der Arbeit am Museum fernbleiben. Erstmals sind diese Leiden in einem Brief an François-Alphonse Forel im Frühling 1909 aktenkundig, wo die Schmerzen als ein schreckliches Martyrium bezeichnet werden.[231] Vermutlich setzten die Beschwerden bereits früher ein, was erklären würde, weshalb die Familie Wiedmer ihre Ferien oft in Badeorten verbrachte, wo man sich Linderung der beschriebenen Gelenkschmerzen erhoffen durfte. Namentlich die Wässer von Bad Boll und vom Häbernbad bei Huttwil galten als wirksam bei rheumatischen Leiden.

Die Eltern waren bei Jakobs Abreise nach Konstantinopel also nicht ohne Grund besorgt um seine Gesundheit. In der besagten vertraulichen Akte wird aber auch daran erinnert, Jakob Wiedmer sei «mit einem unheilbaren Leiden behaftet, das noch ein Andenken an die Jugend im Balkan sei». Diese Beurteilung ist nicht überraschend, erinnert sie doch an ähnlich lautende Erklärungen Maria Wasers, dass die bei einem Weinbauern in Korinth auskurierte schwere Krankheit «vielleicht bereits den Keim zu seinen späteren Martern» in ihn gelegt habe, nachdem er seine Gesundheit «der Wallung einer heissen und stolzen Stunde» geopfert hatte.[232] «Jung, unerfahren und unbemittelt», habe er sich «gefährlichen Strapazen und unbekannten Krankheiten fremder Länder ausgesetzt».[233] Von Rheumatismus war damals in diesem Zusammenhang nie die Rede. Nun erst offenbaren diese Sätze ihre ganze Tragweite. Alles zusammengenommen, lenken die beschriebenen Symptome sowie die vagen Andeutungen aus Wiedmers Umkreis den Verdacht auf eine ansteckende Geschlechtskrankheit wie zum Beispiel die Syphilis.

Schon vor seiner Abreise nach Konstantinopel pflegte Wiedmer einen offenbar engen Kontakt mit Dr. med. August Santi, wie der unbefangene

---

230 SAB, Fürsorgedossier «Widmer-Stern Maria», SAB_1036_1_2265_Akte 8603, 2.
231 ACV, Archive François-Alphonse Forel, PP 177/779 (10. April 1909).
232 Waser 1939, 174, 182.
233 Waser 1930, 203.

Austausch von Postkartengrüssen zwischen den beiden nahelegt.[234] Santi praktizierte damals an der Bundesgasse 40 in Bern, nachdem er in jungen Jahren eine Ausbildung als Assistenzarzt im «Ausserkrankenhaus» des Inselspitals bei Adolf von Ins genossen hatte, der auf dem Gebiet der Haut- und Geschlechtskrankheiten unterrichtete.[235] Da Venerologen ihres Spezialgebiets wegen in der Öffentlichkeit eher zurückhaltend auftraten, ist Santi im Adressbuch der Stadt Bern nicht als Facharzt aufgeführt.[236] Nachfolger seines Lehrers von Ins am Inselspital wurde 1892 Edmund Lesser, der ein «Lehrbuch der Haut- und Geschlechtskrankheiten» verfasste, das ihm höchste Anerkennung verschaffte, sodass er 1912 an die Charité nach Berlin berufen wurde, wo er besonders über Syphilis wissenschaftlich arbeitete.[237] Der Inhalt seines mehrfach aufgelegten Standardwerks gehörte unter der Berner Ärzteschaft zweifellos zum Grundwissen, und gleichzeitig ist es für uns eine erstklassige Quelle, um sich ein Bild über den Kenntnisstand in diesem Spezialgebiet am Beginn der 20. Jahrhunderts zu machen.

Syphilis ist eine Viruskrankheit mit ganz unterschiedlichen Symptomen und sehr individuellem Verlauf. Ein sicherer diagnostischer Nachweis gelang erst 1906.[238] Aber selbst dann blieb für die Erkennung ausschlaggebend, vor wie langer Zeit die Infektion erfolgte und wie schwerwiegend sie war. Ebenso entscheidend waren das Wissen und die Erfahrung des behandelnden Arztes. Der medizinische Ausbildungsstand in Athen um 1900, wo die Ansteckung offenbar erfolgte, ist schwierig abzuschätzen, während er in Bern durch die Lehrtätigkeit Lessers unter Fachärzten relativ hoch angesetzt werden kann. Der mit Wiedmer befreundete Santi genoss während seiner Assistenzenzeit bei von Ins in diesem Fachbereich sogar eine Spezialausbildung. Ob die Krankheit in Athen hätte erkannt werden können, ist zu bezweifeln.

Trotz der schwierigen Diagnose der Krankheit ergeben sich erhellende Übereinstimmungen mit den biografischen Daten Wiedmers. Nach einer Inkubationszeit von meist drei Wochen machen sich bei Syphilis erste schmerzlose Pusteln an den Genitalien bemerkbar. Sie können aber so unscheinbar ausfallen, dass sie unbemerkt bleiben und nach wenigen Tagen

---

234 BBB, Nachlass Agathon Aerni, AK 3021, 16. Juli 1910.
235 Bernischer Staats-Kalender 1887, 56; Boschung/Braathen 2001, 1051.
236 Adressbuch Bern 1910/11, 327.
237 Boschung/Braathen 2001, 1051; Lesser 1914.
238 Lesser 1914, 515.

oder Wochen ohne Behandlung abheilen.²³⁹ Eine oder mehrere Wochen danach, im sogenannten Sekundärstadium, treten ernsthaftere, unübersehbare Beschwerden auf: ein «reduzierter Allgemeinzustand mit Schwäche», Fieber, Schwellungen der Lymphknoten, Entzündungen der Magenschleimhaut und in wenigen Fällen auch Hepatitis. Dieses Stadium dauert wenige Wochen oder Monate.²⁴⁰ Das erinnert an die schlimme Krankheit, die Wiedmer in seinen Athener Jahren um 1900 bei dem Weinbauer in Korinth auskurieren musste. Ob ihm in diesem Moment die Ursache und die Art seiner Beschwerden bewusst waren, ist mehr als fraglich.

Selbst danach können alle Symptome wieder vollständig abklingen; etwa zwei Drittel der unbehandelten Patienten verbleiben lebenslang im Stadium der Spätlatenz. Anzeichen des Tertiärstadiums machen sich nach den Erfahrungen Lessers nach drei bis zehn Jahren bemerkbar; es können aber auch zwanzig Jahre und mehr vergehen, bis die ganz ernsten Erkrankungen ausbrechen.²⁴¹ Sie äussern sich in schweren Fieberschüben, starken Kopfschmerzen, verhärteten knotenartigen Geschwülsten («Gummen») der Haut, hässlichen Verstümmelungen, aber auch in rheumatoiden Schmerzen in Gelenken, Muskeln und Sehnenscheiden.²⁴² Wiedmer klagte spätestens seit dem Frühjahr 1909 über angeblichen Rheumatismus; etwa zur gleichen Zeit pflegte er Umgang mit dem Venerologen August Santi: Offenbar reifte dem Patienten spätestens zu diesem Zeitpunkt ein Verdacht, woher seine Krankheit rührte. Laut Lesser, der bestens vertraut war mit der Sache, «wird eine jede Prostituierte mit Syphilis infiziert und zwar meistens bereits im Beginn ihrer Tätigkeit».²⁴³ Diese aus dem Berner Milieu gezogenen Erfahrungen galten für den Athener Tingeltangel, vor dem Wiedmer warnend berichtet hatte, wohl erst recht.

Seit dem Jahre 1910 war mit Salvarsan erstmals ein taugliches Medikament auf dem Markt und wurde in Bern sicher verschrieben. Es versprach aber nur Erfolg, wenn die Behandlung unmittelbar nach der Ansteckung einsetzte.²⁴⁴ Dafür war es aber in diesem Fall zehn Jahre zu spät. Falls das Mittel von Santi doch verordnet worden wäre, dann mit voraussehbar ge-

---

239 Geusau 2012, 310.
240 Ebd., 311–314.
241 Lesser 1914, 487; Geusau 2012, 316f.
242 Lesser 1914, 400f.
243 Ebd., 570.
244 Ebd., 528; Turrian 2004. Das viel effizientere Penicillin wurde erst 1929 entdeckt und 1945 auf den Markt gebracht. Turrian 2004, 179.

ringer Wirkung. Da der Krankheitsverlauf bei Syphilis aber auch für den Facharzt schwer abschätzbar blieb, bestand für Wiedmer noch immer die leise Chance eines spontanen Abklingens, wenngleich sich diese mit der Zeit zunehmend verringerte.

Unterdessen konnte in der Öffentlichkeit die These «Rheumatismus» aufrechterhalten werden. Oder machten sich etwa bereits peinliche Symptome der schlimmen Krankheit am Körper bemerkbar? Die nach aussen doch etwas leichtfertig wirkende Kündigung beim Museum und die spontane Abreise nach Konstantinopel erscheinen in diesem Licht wie der Versuch einer Flucht vor der dräuenden Wahrheit.

Bankrotteur und Erfinder, 1910–1928

Investor in Konstantinopel

Ende April 1910, zwei Wochen nach Wiedmers Abreise, musste Marie ihren Mann schon wieder für eine Vorstandssitzung der Gesellschaft für Urgeschichte entschuldigen. Sie schreibt dem an seiner Stelle neu gewählten Präsidenten Eugen Tatarinoff nach Solothurn: «Mein l. Mann […] befindet sich gegenwärtig in Constantinopel. Adresse Hotel de Londres».[1] Zu diesem Zeitpunkt war Wiedmer bereits an seinem Ziel eingetroffen und vermutlich im gleichen Haus abgestiegen wie schon bei seinen vorausgegangenen Reisen.

Das Hôtel de Londres gehörte zu dem halben Dutzend Gasthöfen «ersten Ranges» im Stadtteil Pera. Zusammen mit den beiden Hotels Royal und Bristol war es im Besitz des Griechen L. Adamopoulos – womit für den Neuankömmling aus Bern bereits eine der Sprachbarrieren in der türkischen Grossstadt fürs Erste überwunden war. Die noble Herberge verfügte über 80 Zimmer und bot «europäischen Komfort» mit Fahrstuhl und Bädern (Abb. 34).[2] Pera und Galata waren die einzigen Viertel der osmanischen Metropole, wo Fremde wohnen durften und wo sich alle Botschaften und Residenzen der ausländischen Vertretungen konzentrierten. Seit alters verdichtete sich hier der kultivierte, europäische Lebensstil mit «Luxusrestaurants neben Cafés, Nachtclubs, Spielhallen und ganzen Strassenzügen von Freudenhäusern». Bereits 1875 wurde der «Tünel» eröffnet, eine dampfbetriebene unterirdische Zahnradbahn von der Galata-Brücke zum Galata-Turm hinauf, und damit eine der ersten U-Bahnen der Welt überhaupt.[3]

---

1 ZBSO, Nachlass Eugen Tatarinoff, NL TAT_E 3.2.3 (1910), 27. April 1910.
2 Baedeker 1905, 72; Baedeker 1914, 123.
3 Odenthal 1992, 306; Gietl 2016, 127.

Abb. 34: Im Sommer 1909 steigt Wiedmer im Grand Hôtel de Londres in Konstantinopel ab. Er tritt dort als Finanzier der neu elektrifizierten Trambahn auf. Bis dahin verkehrten in der türkischen Metropole Kutschen und Pferdebahnen.

Das Hôtel de Londres mit seinem viel gerühmten Ausblick auf das Goldene Horn, auf das alte Stambul und den Bosporus lag gegenüber dem europäischen Theater und den eleganten Stadtgärten der Petits Champs. Heute ist das Panorama durch Neubauten und Hochhäuser verstellt; das Theater und die Gärten sind einem betonierten Parkplatz, einer sechsspurigen Schnellstrasse und einem Fussballstadion zum Opfer gefallen. Aber das Hotelgebäude selber ist auf wundersame Weise fast in seinem ursprünglichen Zustand erhalten geblieben. Selbst einige Räume und Ein-

GRAND HÔTEL DE LONDRES. — SALLE A MANGER

Abb. 35: Das noch heute existierende Grand Hôtel de Londres gehörte damals zu den besten Häusern von Konstantinopel im vornehmen Quartier von Pera, das Europäern vorbehalten war. Ein heute im Hotel aufbewahrtes Fotoalbum dokumentiert die Glorie von damals, wie sie Wiedmer genossen hat.

richtungen wecken Erinnerungen, wie es zur Zeit Wiedmers vor mehr als hundert Jahren hier ausgesehen hat (Abb. 35).[4]

Aus einer eher beiläufigen, sehr viel späteren Bemerkung geht hervor, dass Wiedmer sich sechs Monate in der türkischen Hauptstadt aufhielt, und zwar «um eine Bahn zu elektrifizieren».[5] Unter diesen Voraussetzungen

---

4 Einziges Dokument aus der Geschichte des Hauses ist ein opulentes ledergebundenes Album der bekannten Fotografen Jean Sebah und Policarpe Joaillier aus der Zeit nach 1900, das mir die Hoteldirektion im Juni 2017 vorzeigte.
5 SAB, Fürsorgedossier «Widmer-Stern Maria», SAB_1036_1_2265_Akte 8603,2.

machen die Henri Brack eingeräumten Kompetenzen in Sachen Eisenbahn, die von ihm angepriesenen Verbindungen zum türkischen Arbeitsminister Haladjian Effendi und die Erwähnung der gemeinsamen Finanzfreunde durchaus Sinn. Auch der von Robert Hodel empfohlene Ingenieur Lemaire fände in einem solchen Zusammenhang seinen Platz. Welche Rolle Wiedmer selber dabei spielte, bleibt vorerst unklar. Angesichts seiner vielseitigen Begabungen – er war ja auch Erfinder – hätte er sich vielleicht konkret in das Werk einbringen können. Aber viel eher trat er mit seinen «Finanzfreunden» als Investor auf; ein Grundkapital, das er und seine Frau beim Verkauf des Hotels in Wengen herausgeschlagen hatten, war ja vorhanden. Und die Zeichen standen günstig, um Geld in der Türkei mit Gewinn anzulegen.

Das Regime Abdülhamids II., des letzten absolutistisch regierenden osmanischen Sultans, neigte sich dem Ende zu. Trotz zaghafter Modernisierung seines Reiches verhinderte der ängstliche Herrscher in einer seltsamen Paranoia alles, was mit Elektrizität zu tun hatte, weshalb die Einführung von Strassenbahnen, öffentlichen Beleuchtungen, privaten Telefonanlagen und überhaupt von jeglichen elektrischen Apparaten unterblieb.[6] Trotz oder wegen der autokratischen Herrschaft erzwangen im Sommer 1908 rebellierende Offiziere zusammen mit der jungtürkischen Reformbewegung die Wiedereröffnung des seit vierzig Jahren geschlossenen Parlaments, was die politische Situation aber keineswegs zu stabilisieren vermochte.[7] Im August des folgenden Jahres 1909 stürzte Abdülhamid vom Thron; das jungtürkische Parlament, verflochten mit hohen Militärs, machte sich unverzüglich an die Liberalisierung des Landes.[8] Das war genau zum Zeitpunkt, als Wiedmer seine erste Reise nach Konstantinopel antrat.

Da der notorisch hoch verschuldete Staat nicht in der Lage war, wirtschaftliche Reformen mit eigenen finanziellen Mitteln anzugehen, wurden ausländische Kreditinstitute und Grossunternehmen ins Land gerufen, an welche Lizenzen für die Errichtung und den Unterhalt von Betrieben vergeben wurden.[9] Zur Behebung der infrastrukturellen Mängel Konstantinopels wurde 1910 André Auric, ein französischer Ingenieur aus Lyon, in die türkische Metropole berufen. Seine weitreichenden Befugnisse betrafen

---

6 Gül 2009, 63.
7 Günay 2012, 89–98.
8 Kreiser/Neumann 2003, 357–360; Günay 2012, 99; Kreiser 2010, 92.
9 Günay 2012, 88.

die Planung der städtischen Strassen, Brücken und Kanalisationen sowie der Wasser-, Gas- und Elektrizitätswerke – und eben auch den Aufbau einer elektrischen Trambahn.[10] Erste Pläne zur Elektrifizierung der vorhandenen Pferdebahnen wurden offenbar bereits um 1905 ins Auge gefasst.[11] Aber nun erst übernahmen Stadt und Staat die nötigen Garantien, um ausländische Investoren anzulocken, die auf einmal sehr gefragt waren.

Konstantinopel besass für den innerstädtischen Verkehr zu Lande eine weniger vorteilhafte Topografie als andere Metropolen seiner Zeit. Vor allem der Transport von Menschen und Waren vom Goldenen Horn über die Steilhänge ins alte Stambul und ans jenseitige Ufer das Galata-Viertel hinauf war beschwerlich. Aber nordwärts entwickelte sich die Stadt nun rasch: einerseits über Pera hinaus, andererseits dem Ufer des Bosporus entlang bis fast zum Schwarzen Meer. Pferdebahnen beförderten allein auf diesen Strecken im Jahre 1910 gegen 10 Millionen Fahrgäste.[12] Der Ausbau einer elektrischen Trambahn war angezeigt.

Am 1. Juli 1909 wurde von der Schweizerischen Kreditanstalt in Zürich eine Kapitalanlagegesellschaft gegründet mit der Absicht, Aktien im Wert von 1,875 Millionen Franken von der Société des Tramways de Constantinople zu erwerben. Diese Gesellschaft wiederum war eingebunden in ein Consortium Constantinople, in welchem die Schweizerische Kreditanstalt mit acht Prozent beteiligt war; die restlichen Anteile hielten deutsche, französische und belgische Finanzgruppen.[13]

Wiedmers dritter Aufenthalt in Konstantinopel hat offenbar sehr lange gedauert. Abgereist ist er Mitte April 1910. Im September des gleichen Jahres feierten seine Schwiegereltern Marie und Alexander Stern-Zäslin ihre Goldene Hochzeit. Zum Fest hatte sich die ganze Grossfamilie vollzählig eingefunden, «nur unser Schwiegersohn, Hr. Direktor Wiedmer, war durch Geschäfte in Konstantinopel verhindert», wie der Jubilar Stern nicht ohne Genugtuung bemerkte.[14] Spätestens im Herbst oder Winter 1910 fand sich der umtriebige Schwiegersohn wohl wieder in Bern ein.

Im Mai des folgenden Jahres wurde der Gesamtvertrag über Lieferung, Bau und Inbetriebsetzung der elektrischen Trambahn für Konstantinopel

10   Gül 2009, 58, 66 f.
11   Baedeker 1905, 73.
12   Brugsch 1912, 643.
13   Türkoglu 1949, 55 f.; Witschi 1987, 115 f.
14   BHM, Archiv Archäologie, Unterlagen Zimmermann, Zur Erinnerung an Frau Marie Stern-Zäslin 1911, 8 f. Sinngemäss Stern 2007, 427.

unterzeichnet.[15] Eine Visitenkarte des «Grand Hôtel de Londres, Constantinople» mit Datum 1911 liegt bei den im Bernischen Historischen Museum aufbewahrten Unterlagen Wiedmers.[16] War der glückliche Investor zum feierlichen Abschluss der Verträge im Mai 1911 ein weiteres, ein viertes Mal nach Konstantinopel gereist?

Geraume Zeit verstrich, bis die ersten Teilstrecken von 30 Kilometern Länge im August 1913 eröffnet werden konnten. Der Wagenpark bestand aus 110 Triebwagen und 50 Anhängern, deren Inneres mittels eines verschiebbaren Vorhangs für türkische Frauen in ein «Haremabteil» unterteilt werden konnte. Die Preise auf den Fahrscheinen waren französisch gedruckt.[17] Anstelle von Pferdebahn und Droschken vor dem Grand Hôtel de Londres (siehe Abb. 34) verkehrte nun eine elektrische Trambahn im Vierminutentakt durch die Geschäftsstrasse von Pera.[18]

Das neue Verkehrsmittel erfreute sich sofort grosser Beliebtheit, sodass die an der Börse gehandelten Aktien bereits während des Baus der Bahn eine «ungewöhnliche Steigerung» erfuhren.[19] Auch in den ersten beiden Betriebsjahren erzielte die Trambahn noch hohe Gewinne, aber nach 1915 konnten infolge des Krieges bis 1922 keine Dividenden mehr ausgeschüttet werden.[20]

Die drei – vielleicht vier – Reisen Wiedmers nach Konstantinopel, «um eine Bahn zu elektrifizieren», fallen genau in die Zeit der oben geschilderten internationalen Finanzaktivitäten in der Türkei und am Bosporus. Ob allerdings Henri Brack und Haladjian Effendi die optimalen Türöffner waren, ist zweifelhaft. Am Ausbau der ottomanischen Eisenbahnen, an welche die Trambahn Konstantinopels finanziell angebunden war, nahmen zwei Schweizer, Edouard Huguenin (1856–1926) und Jakob Müller (1857–1922), Schlüsselstellen ein;[21] Ulrich Gross aus Zurzach verwaltete die Eisenbahnbeteiligungen der Schweizerischen Kreditanstalt am Bosporus.[22] Diese drei waren höchst einflussreiche Persönlichkeiten im Cercle Helvetia, einer losen Vereinigung der in Konstantinopel lebenden Schweizer, aber

15 Köttgen 1913; Köttgen 1914.
16 Wiedmer, Subingen/Münsingen, S. 391.
17 Köttgen 1914, 268; Baedeker 1914, 126.
18 Köttgen 1913, 682.
19 Köttgen 1914, 266.
20 Türkoglu 1949, 56 f.; Lüönd 2018, 76.
21 David 1993; Lüönd 2018.
22 Lüönd 2018, 44–47.

vermutlich eben doch zu grosse Nummern, um mit einem Berner «Kleinanleger» namens Wiedmer direkt Geschäfte einzugehen.[23]

Alles in allem scheint es glaubwürdig, dass Wiedmer an dieser Trambahn beteiligt war und in den ersten paar Jahren von einer finanziellen Hausse profitierte. Allerdings stellt sich die Frage, was unseren «Kleinanleger» zwang, sich monatelang vor Ort aufzuhalten. Machte sich der Mann auf diese Weise unsichtbar vor Bekannten und Verwandten in der Schweiz? Konnte er auf diese Weise einer unangenehmen Frage ausweichen?

Die letzten Kapitel in Archäologie

Für die Nachfolge Wiedmers am Historischen Museum setzte der neue Direktor Rudolf Wegeli sehr rasch auf Otto Tschumi (1878–1960).[24] Der ausgebildete Berner Gymnasiallehrer mit einer historischen Dissertation zum 19. Jahrhundert wurde im Jahre 1901 in Sankt Petersburg Erzieher der beiden Söhne des Grafen Tolstoi aus dem weitverzweigten russischen Adelsgeschlecht. Dimitri Tolstoi bekleidete hohe Ämter am Zarenhof und leitete das weltberühmte Museum der Ermitage. Tschumis Anwesenheit in Sankt Petersburg und sein direkter Einblick in das sich zusammenbrauende politische Unwetter in Russland schlugen sich in Reportagen nieder, die er für den Berner «Bund» und die «Neue Zürcher Zeitung» schrieb. Auch nach der Oktoberrevolution, als sich die Tolstois nach Europa abgesetzt hatten, blieb Tschumi eng mit der Familie verbunden.

Nach Bern zurückgekehrt, unterrichtete er Deutsch und Geschichte am Städtischen Gymnasium; einer seiner Schüler war Michael Stettler, der eine Generation später Direktor des Bernischen Historischen Museums werden sollte. Ab 1911 wirkte Tschumi als Assistent am Historischen Museum; 1917 habilitierte er sich an der Universität Bern, wo er 1924 zum ausserordentlichen Professor für mittelalterliche und Frühgeschichte ernannt wurde – und Historiker blieb er eigentlich zeitlebens.

Zwei bisher noch nie beachtete biografische Sachverhalte scheinen mir hier von besonderer Bedeutung. Otto Tschumi drückte in der gleichen Gymnasialklasse I A die Schulbank wie Maria Waser, deren Schulschatz

---

23 David 1993, 71–76.
24 Rennefahrt 1959; Stettler/Laur-Belart 1960.

Otto Müller und Hermann Rennefahrt, der für seinen ehemaligen Schulkameraden Tschumi zum 80. Geburtstag dann eine Gratulationsnote veröffentlichen wird.[25] Der zweite Punkt betrifft eine Mutmassung. In den Monaten April bis Juli 1910 unternahm Tschumi mit Freund Edouard Tièche[26] und Heinrich Casparis aus Chur eine Studienreise nach Italien, Griechenland und Kleinasien.[27] In Athen machten die drei Bekanntschaft mit dem deutschen Archäologen Wilhelm Dörpfeld, durchquerten anschliessend die Peloponnes («Leute sind überall freundlich [...]. Käse und Wein unappetitlich», der Führer zum Apollon-Tempel von Bassae «ein vollkommener Gauner»), setzten später nach Troja über und gelangten im Mai nach Konstantinopel. Dort stiegen sie im Hôtel de Paris an der Grande Rue de Pera ab,[28] wo Wiedmer eine Häuserzeile entfernt zur gleichen Zeit im Grand Hôtel de Londres residierte. Bestimmt hatten sich die drei Berner Wiedmer, Tschumi und Tièche schon vorher in der Heimat kennengelernt, höchstwahrscheinlich hat man sich nun in der Fremde gründlich ausgetauscht, und es ist auch denkbar, dass Tschumi auf dieser Reise seine Liebe zur Archäologie entdeckt oder jedenfalls vertieft hatte: Nach seiner Rückkehr ist er im Folgejahr bei Wegeli in den Dienst des Bernischen Historischen Museums getreten, um die archäologische Sammlung zu betreuen, also Wiedmers Nachfolger zu werden.

Wiedmer und Tschumi verstanden sich gut. Für seine erste selbständige archäologische Unternehmung an Grabhügeln im Forstwald bei Bern liess sich Tschumi sicher von seinem kompetenten Vorgänger beraten.[29] Dieser sandte zum Jahreswechsel für 1912 eine Postkarte mit den besten Wünschen und der Hoffnung, sein Kollege möge im Forst die Grablege eines hallstattzeitlichen «Kommerzienrats» entdecken (Abb. 36): Zum ersten Mal blitzt für uns Wiedmers Zeichentalent für Karikaturen auf.

Da sein Sachverstand bei Ausgrabungen dem Museum fehlte, nahm man Wiedmers Dienste nach dessen Abgang gerne weiterhin in Anspruch. Allerdings zwang man ihm einen ausführlichen, äusserst rigiden Rahmenvertrag auf, der unterschrieben war von Präsident Gobat, wohl aufgrund

---

25 Rennefahrt 1959.
26 HLS 12, 2013, 388.
27 Tschumi 1947.
28 SLA, Nachlass Otto Tschumi, Ms Aq 56. 120.1, S. 97–99, 171 f. Das Hôtel de Paris ist weder in Baedeker 1905 noch in Baedeker 1914 aufgeführt.
29 JbBHM 1913 (1914), 17–19; Tschumi 1953, 223.

Abb. 36: Wiedmer als Karikaturist. Mit den Neujahrsgrüssen für 1912 wünscht er seinem Kollegen und Archäologen Otto Tschumi die Entdeckung eines eisenzeitlichen «Kommerzienrats» unter einem Grabhügel. Tschumi wurde sein Nachfolger am Historischen Museum in Bern.

der Erfahrungen mit seinem administrativen Schlendrian als Direktor.[30] Dass Wiedmer die diktierten Bestimmungen annahm, ist wohl einzig seiner Passion als Ausgräber zuzuschreiben. Kaum weniger unrühmlich ist seine nunmehrige Nennung im Jahresbericht unter der Rubrik «Wissenschaftliches Hilfspersonal», womit auch Tschumi betitelt wurde.[31] Laut Vertrag hatte Wiedmer die geborgenen Funde «stets beförderlich […] in seinem Domizil» zu konservieren und zu beschriften und anschliessend dem Museum zu überstellen. Fundberichte seien termingerecht abzugeben. Befremdend wirkt die Verpflichtung, den Tausch von Doubletten mit andern Museen zu fördern, wo Wiedmer doch selber durch die Erfahrungen mit Münsingen zum Schluss gekommen war, wie hochwichtig solche Doubletten für die

30 BHM, Archiv Verwaltung, Personal Korrespondenz 1902–1911, 23. Februar 1911.
31 JbBHM 1911 (1912), 2.

Forschung seien.[32] Offenbar waren die Museumsverantwortlichen auf dem wissenschaftlichen Stand von vorgestern stehen geblieben.

Zuerst griff Wiedmer in eine Ausgrabung oberhalb Twann ein, die vom Kunstmaler Otto Geiger[33] und vom Bildhauer Karl Hänny[34] begonnen worden war (Abb. 37). Das Felsendach «Abri sous roche» unter der sogenannten Windsäge wurde von Wiedmer flugs «Reginenstein» benannt, wohl zu Ehren seiner unterdessen fünfjährigen Tochter Regina. Die Deutung der angetroffenen Schichtpakete blieb aber eher im Ungewissen. Ein Dutzend Silexgeräte liess sich Wiedmer von Paul Sarasin in Basel als jungsteinzeitlich bestimmen.[35] Stratigrafisch tiefer gelegene Knochen vom Rentier wiesen auf ein noch höheres Alter.[36] Der vertraglich eingeforderte Fundbericht fiel bescheiden aus. Was ihm Eugen Tatarinoff über die Twanner Ausgrabungen erzählte, die er offenbar besucht hatte, nannte Jakob Heierli «deprimierend».[37] Es entsprach überhaupt nicht den Vorstellungen, wie er sie für die Statuten der Gesellschaft für Urgeschichte vier Jahre zuvor formuliert hatte.

Schon mehr Interesse weckte bei Wiedmer eine kleine Grabhügelgruppe in Lyssach bei Burgdorf, wo er ein letztes Mal auf Ausgrabung ging. Zwei Hügel mit hallstattzeitlichen Funden wurden im Winter 1911/12 angegangen und vollständig ausgegraben; einen weiteren nahm sich anschliessend Tschumi vor.[38] Noch immer hatte sich die Erkenntnis unter den Ausgräbern nicht durchgesetzt, dass sich menschliche Knochen im Hügelaufwurf vollständig zersetzen können, sofern sie nicht durch Metalloxide der Schmuckstücke konserviert werden. Eine von ihm wiederholt festgestellte Beobachtung zwang Wiedmer mit der ihm eigenen Logik zum folgenden skurrilen Schluss: «Wurde der Vorderarm abgetrennt und bestattet, und zwar ohne die Hand [...]? Diese Annahme drängt sich immer wieder bei der Konstatierung dieser seltsamen Funde auf. Auch hier haben wir es mit einer im weiten Umkreis nachweisbaren Sitte zu tun und es wäre zu begrüssen, wenn ihren Spuren alle Aufmerksamkeit geschenkt würde, sind

---

32 Wiedmer, Subingen 1908b, 298.
33 1911 wohnhaft in Bern und Twann. KLS 1, 1958–1961, 340f.
34 1879 in Twann geboren und seit 1907 in Bern ansässig. KLS 1, 1958–1961, 407f.
35 BHM, Archiv Archäologie, Fundakten «Twann Reginenstein».
36 Der Bund, 14. November 1911; JbBHM 1911 (1912), 18–20; Tschumi 1953, 375.
37 ZBSO, Nachlass Eugen Tatarinoff, NL TAT_E 3.2.3, 18. November 1911.
38 JbBHM 1911 (1912), 20–25; JbBHM 1914 (1915), 12–14; Tschumi 1953, 284; Drack 1960, 22–25.

Abb. 37: Ausgrabung eines steinzeitlichen Fundplatzes unter einem Felsdach oberhalb von Twann im Jahre 1911. Wiedmer (rechts im Bild) benannte den Ort kurzerhand, wohl zu Ehren seiner Tochter, «Reginenstein». Vermutlich ebenfalls auf dem Bild sind die befreundeten Otto Geiger und Karl Hänny, Kunstmaler und Bildhauer.

diese Feststellungen doch geeignet, uns über einen ganzen Vorstellungskreis der Hallstattleute möglicherweise Aufklärung zu geben».[39]

Die eingebrachten Funde werden vertragsgemäss restauriert. Am 7. und 8. Januar 1912 klebt Papi Wiedmer unter Mithilfe der kleinen Regina die Lyssacher Urnen und «Häfeli» zusammen, im Beisein von «Hr. Dr. Tschumi», den eine besondere Freundschaft mit der Kleinen verbindet. Am 28. März wanderte Familie Wiedmer in Begleitung von Otto Tschumi zur Tiefenau auf der Engehalbinsel, um die Grabenprofile für die Fundamente des neuen Spitals zu inspizieren und eventuelle archäologische Funde aufzuspüren.[40]

Im Berichtsjahr 1911, nachdem er nochmals halbwegs in die Archäologie eingestiegen war, übernahm Wiedmer erneut die Präsidentschaft der

---

39 JbBHM 1911 (1912), 24.
40 BHM, Archiv Archäologie, Jahr für Jahr, 1912.

Schweizerischen Gesellschaft für Urgeschichte.[41] Das Trio an der Spitze harmonierte erstaunlich gut, offenbar verbunden durch eine übereinstimmende Ideologie in archäologischen Fragen und im Willen, Bodenfunde unter Schutz zu stellen. Heierli war Doyen und wissenschaftliche Autorität, der sich in der Funktion als Sekretär nie scheute, in der Öffentlichkeit Stellung zu beziehen. Wiedmer eignete sich ideal für wirksame Auftritte und zum Auftreiben von Geldern in Bundesbern, während sich Tatarinoff als unermüdlicher Schaffer im Hintergrund auszeichnete.[42]

Der Schwelbrand mit Otto Hauser, der ja eigentlich Anlass gewesen war, die Gesellschaft zu gründen, loderte nun erneut auf. Hauser lebte unterdessen in der Dordogne, wo er Ausgrabungen an gepachteten Fundstellen durchführte, anschliessend die paläolithischen Altertümer verkaufte, um neue Forschungen zu finanzieren. Ein auf internationalem Parkett geführter Streit drehte sich zuerst um fachliche Fragen, wurde aber durch persönliche Animositäten befeuert, die auch auf die Schweizerische Gesellschaft für Urgeschichte übergriffen, nicht zuletzt aufgrund von Heierlis dezidierten Stellungnahmen in der Presse. In der Schweiz nahmen Jakob Nüesch und Emil Bächler für Hauser Partei; beide waren in der paläolithischen Forschung tätig, der eine im Kanton Schaffhausen, der andere von St. Gallen aus im Kanton Appenzell.[43] Mit Nüesch hatte Heierli bereits in der Vergangenheit einen öffentlichen Disput geführt, weil Nüesch seine in der Station Schweizersbild ausgegrabenen Funde dem Schweizerischen Landesmuseum verkauft hatte. Dort wurden diese ausgestellt, als wäre «eine junge Dame mit ebenso viel Liebe als geringer Sachkenntnis» am Werk gewesen.[44] Heierli hatte sich in seinem Artikel in der «Neuen Zürcher Zeitung» auf die französische Autorität Abbé Henri Breuil berufen, einen erklärten Gegner Hausers.[45] Wiedmer stand als Präsident der Gesellschaft für Urgeschichte und Direktor des Bernischen Historischen Museums mitten in den Auseinandersetzungen.

Aber erst recht geriet Feuer ins Dach, als Hauser nach einem ähnlichen Gezänke in der Tagespresse Heierli wegen Verleumdung vor ein Zürcher

---

41 JbSGU 4, 1911 (1912), 11, 17.
42 Später spielte Tatarinoff eine wichtige Rolle im Solothurner Bildungswesen und vor allem als Bataillonskommandant während des Landesstreiks 1918 in Grenchen. Hiltbrunner 2012, 68, 102, 155.
43 Drössler 1988, 88–90, 186, 227 und passim.
44 Neue Zürcher Zeitung, 20. Juni 1908, Nr. 170.
45 Drössler 1988, unter anderem 88 f., 133, 137.

Gericht gezerrt hatte.[46] Wiedmer und Tatarinoff versuchten, so gut es ging, beruhigend einzuwirken, was Letzterem später gleichwohl die Titel «armseliger Wicht» und «armer Wurm» vonseiten Hausers eintrug;[47] man kämpfte mit harten Bandagen. Ruhe trat ein, als Heierli noch während des Zürcher Prozesses am 18. Juli 1912 verstarb, während sich Hauser durch seine polemischen Querelen und abenteuerlichen Finanzeskapaden zur gleichen Zeit in den Bankrott steuerte.[48]

Nach Heierlis Tod übernahm sofort Tatarinoff das Sekretariat; Wiedmer trat im selben Jahr als Präsident zurück, erscheint nur noch im Folgejahr als Vorstandsmitglied, ehe er aus den Annalen der Gesellschaft verschwindet. Damit hatte er sich definitiv von der Archäologie verabschiedet.

Goldgräberstimmung

Was Wiedmer-Stern mittlerweile stärker in Bann schlug als Archäologie und Schriftstellerei, erfahren wir aus einer tagebuchartigen Agenda, die seine Frau Marie führte.[49] Die täglichen Eintragungen umfassen die Monate Januar bis Anfang Mai 1912, allerdings mit mehreren Leerstellen. Die beherrschenden Themen sind die Entwicklung der mittlerweile sechsjährigen Tochter Regina sowie eigene Tätigkeiten der Tagebuchschreiberin und die Unternehmungen ihres Gemahls. Da die Einträge oft kurz sind, vieles abgekürzt wiedergegeben wird, entsteht ein Puzzle mit vielen fehlenden Teilen; so sind die zahlreich auftretenden Personen – es handelt sich um gegen sechzig – bei weitem nicht alle identifizierbar oder in irgendeinen Zusammenhang zu bringen. Eines wird aber deutlich: In diesem Jahr bahnen sich wichtige Ereignisse an, welche den künftigen Lebenslauf Jakob Wiedmers nachhaltig beeinflussen werden.

In mindestens drei Fällen betreffen die Eintragungen geschäftliche Unternehmungen des Ehemanns Jakob. Es gibt aber auch Nebenschauplätze – so zum Beispiel ein Projekt im Tessin –, die nur beiläufig angedeutet sind und über die man später nichts mehr erfährt. Alles spielte sich in relativ kurzer Zeit ab und ging in nahezu euphorischer Stimmung über die Bühne.

---

46 Ebd., 227. Prozessakten finden sich in SGU, Nachlass Heierli.
47 Siehe Korrespondenz ZBSO, NL TAT_E 3.2.9 (1912/13); Drössler 1988, 284f.
48 Drössler 1988, 185–204, 233–239.
49 BHM, Archiv Archäologie, Jahr für Jahr.

Beim ersten Geschäft heisst das Stichwort «St. Dié». Zu gegebenem Anlass reiste Jakob Wiedmer am 8. Februar 1912 nach Nancy, wo er Verhandlungen mit den Herren Dr. Bizet und «Gaiffe von Paris-Oron» führte und einen Vertrag «unter zl. günstigen Bedingungen» abschloss, der allseits Befriedigung hervorrief. Auf Wiedmers Seite waren die Mitbeteiligten die Berner Eduard von Waldkirch (Rechtsanwalt)[50] und Rudolf von Dach (Notar),[51] die sich schon vorgängig zu einer Besprechung bei Wiedmers zu Hause eingefunden hatten; zu ihnen gesellte sich Dreyfus[52] aus Basel. Kurze Zeit später fand eine weitere, angeblich sehr wichtige Besprechung – offenbar in Bern – mit Gaiffe statt, an der auch ein Dr. Müller aus Zürich teilnahm. Mehr an Inhalt verraten die Tagebucheintragungen nicht, weshalb unklar bleibt, auf welche Spekulationen sich Wiedmer und seine Teilhaber hier eingelassen haben; klar ist jedoch, dass es sich um ein Geschäft in Saint-Dié-des-Vosges im Elsass handelte. Im ersten Drittel des 20. Jahrhunderts lebte die Stadt Saint-Dié von einer Textilfabrik und kleineren metallverarbeitenden Betrieben. Das benachbarte Val d'Argent mit Sainte-Marie-aux-Mines, auf der andern Seite des Vogesenkamms gelegen, war bekannt für seine Silber- und Bleivorkommen.[53]

Hinter dem Kurzeintrag zur Person «Gaiffe von Paris – Oron», einem von Wiedmers französischen Gesprächspartnern in Nancy, verbirgt sich allerdings eine obskure Geschichte.[54] Beim dort genannten Monsieur Gaiffe handelt es sich zweifellos um Daniel Gaïffe. Berühmt war sein Vater Adolphe Gaïffe (1830–1903), der als französischer Staatsbürger bei der Internierung der Bourbaki-Armee in die Schweiz im Winter 1871 eine entscheidende diplomatische Rolle gespielt hatte. Im Jahr zuvor hatte er das Schloss Oron am Oberlauf der Broye im Kanton Waadt erstanden, wo die Familie die Sommermonate verbrachte, während Paris der Hauptwohnsitz blieb.

Sein Sohn Daniel Gaïffe (geboren 1871), Erbe von Schloss Oron, war eine schillernde Figur. Als Hauptmann der französischen Armee beteiligte er sich an der Eroberung Madagaskars, verkehrte mit dem Sultan von Marokko und war als angeblich Sachverständiger am Bau der Bahn

---

50 Adressbuch Bern 1912/13, 433.
51 Ebd., 199.
52 Vermutlich Jules Dreyfus (1859–1942), Ingenieur und Bankier. HLS 3, 2004, 799f.
53 Baumont 1937.
54 Die ausführlichste Quelle dazu ist www.swisscastles.ch/Vaud/Oron/Orgaif.html, abgerufen am 30. Juli 2018.

von Djibouti nach Addis Abeba in Äthiopien beteiligt. Wohl durch diese Vorkenntnisse hatte er auch beim Ausbau der Bahnlinie Freiburg–Bulle die Hand im Spiel. In finanzielle Nöte geriet der Hansdampf offenbar, als er sein nicht unbeträchtliches Vermögen in den Zwanzigerjahren in den Bau der Turiner Metro steckte[55] – und verlor. Der Verlust war so hoch, dass er sich peinlicherweise gezwungen sah, einer Lohnarbeit nachzugehen. Im Zusammenhang mit seinem finanziellen Debakel fiel auch der Name Stavisky ohne weitere Ausführung. Alexandre Stavisky war ein Hochstapler, der mit Millionenbetrügereien die französische Politik und Finanzwelt schwer erschütterte und direkt oder indirekt viele private Gläubiger mit in den Konkurs riss.[56] In seiner Not musste Daniel Gaïffe das Schloss Oron 1936 an die Association pour la conservation du château d'Oron zum Preis von 140 000 Franken veräussern.

Es stellt sich die Frage, was genau Wiedmer-Stern mit den undurchsichtigen Machenschaften des französischen Lebemanns und Schlossbesitzers zu tun hatte. Jedenfalls erweckt Gaïffe Sohn aus heutiger Sicht nicht den Eindruck eines soliden Geschäftspartners.

In der zweiten Sache trat ein gewisser Don Bruno Coco aus Catania auf, der sich mehrmals zu Besuchen und Besprechungen bei den Wiedmers einfand. Am 2. April 1912 sass man «bis Abends zl. spät» beisammen, weiss das Tagebuch zu berichten. Coco war «sehr liebenswürdig u voll guter Hoffnungen», bevor er anderntags abreiste. Es folgte ein in Maries Tagebuch vermerkter Briefwechsel mit Coco in Rom, bis sich am 16. April ein Herr aus Freiburg für das «Asphaltgeschäft» als Mitinteressent einstellte.

Geraume Zeit später beglückwünschte Tschumi mit einer Postkarte Wiedmer zum wohlverdienten Erfolg in «Ragusa».[57] Kombiniert man die disparaten Einzelteile richtig, so geht es bei diesem Fall um Asphaltminen in Sizilien, genau genommen in der Gemeinde Ragusa südlich von Catania, dem Wohnort von Don Bruno Coco.[58] Dort, in den Monti Iblei, wurden seit dem 19. Jahrhundert natürliche Asphaltvorkommen abgebaut; Asphalt

---

55 https://it.wikipedia.org/wiki/Metropolitana_di_Torino#Progetti_anni_'20, abgerufen am 30. Juli 2018.
56 https://de.wikipedia.org/wiki/Alexandre_Stavisky, abgerufen am 24. September 2018. Eine populäre Version: Arnau 1964.
57 BBB, Nachlass Agathon Aerni, AK 3050, 2. Juli 1913.
58 Eine Bestätigung des Sachverhalts liefert BHM, Eingehende Korrespondenz Direktion, 11. August 1998, Nachlassstundung, 13. Juni 1921.

wurde seitdem als Dichtungs- und Isoliermaterial sowie nun mit aufkommendem Autoverkehr zunehmend als Strassenbelag verbaut.

Ironie der Geschichte: Freund Josef Widmann war ein entschiedener Gegner dieser neumodischen «Strassenpest», welche mit ihrem «ekelerregenden Geruch» Menschen, Tiere und Pflanzen und die ganze Stadt Bern vergifte. Die Fenster seines Büros in der «Bund»-Redaktion an der Monbijoustrasse könne er des üblen Gestankes wegen, den der Asphalt verbreite, nicht mehr öffnen.[59]

Eine unvoreingenommene Analyse der wirtschaftlichen Ausgangslage in Sizilien verschafft uns der königlich-preussische Geologe Heinrich Lotz, der sich 1902 vor Ort begab.[60] Asphalt von Ragusa war von so hoher Qualität, dass die Berliner Bauverwaltung für ihre Vorhaben meist die Verwendung des sizilianischen Materials explizit vorschrieb, was wohl auch der Grund für die Inspektionsreise von Lotz war. Es seien französische, englische und italienische Gesellschaften am Werk, schreibt er. Auffällig schienen Lotz das enorme Wachstum der Produktion und das gleichzeitige Sinken des Preises. Allerdings traute er den von der Bergbaubehörde gelieferten Statistiken nicht, und er erwähnte auch Schwierigkeiten bei der Verständigung mit den sizilianischen Gesprächspartnern. Negativ für den allgemeinen Geschäftsgang seien die abnorm vielen ortsüblichen Feiertage, sodass nur gerade 180 Tage im Jahr gearbeitet werde.

Offenbar suchte man unterdessen in Sizilien abermals Investoren und fand sie in Wiedmer, dem in Maries Tagebuch genannten anonymen «Herrn aus Freiburg» und wiederum Dreyfus aus Basel, dessen Name in diesem Zusammenhang noch einmal auftaucht. Es ist kaum anzunehmen, dass Wiedmer den damals zehn Jahre alten Artikel mit den Vorbehalten von Lotz kannte, aber auch unwahrscheinlich, dass er ihn beherzigt hätte.

Jedenfalls zog sich das Geschäft hin, und einmal mehr bot sich Wiedmer anschliessend eine Gelegenheit für eine Reise, von der er dann allerdings im September 1913 mit einer ernsten Magenverstimmung aus Italien zurückkehrte, wie er in einem Brief an Tatarinoff schrieb.[61] Dass diese Italienreise Sizilien betraf, kann man vermuten, zumal er später aus eigener Erfahrung

---

59 Widmann 1911a; Widmann 1911b.
60 Lotz 1903.
61 ZBSO, TAT_E 3.2.9 (1913), 28. September 1913.

bekundete, wie erbarmungslos man in Süditalien Haustiere behandelt – schlimmer noch als in Griechenland.[62]

Ein schwergewichtiges Projekt wird in den ersten Maitagen 1912 angestossen, das Maries Tagebuch etwas ausführlicher beschreibt. Auch diesmal ging es um Minen, und zwar um Silberminen[63] in Nevada in den Vereinigten Staaten von Amerika. Dazu reiste ein Mr. Hill aus London an, und auch ein Ehepaar namens Warner war in Bern zugegen. Um für gute Stimmung zu sorgen, wurden den Gästen ein Ausflug auf den Gurten und ein «Blustbummel» nach Münsingen und Belp geboten. Im Gegenzug kaufte Mr. Hill der kleinen Regina im Kaufhaus Kaiser eine Puppe (die dann eine Woche später, nach der Abreise des Besuchs, zum Umtausch zurückgebracht wird). An drei Abenden speiste man im Restaurant «Bubenberg» am Bubenbergplatz, damals eine der besten Adressen in Bern.[64]

Am 7. Mai 1912 beugen sich der angereiste Warner, Prof. Hugi und Dr. Trösch über die geologische Karte von Nevada. Die beiden Berner wurden offenbar als Sachverständige beigezogen. Emil Hugi lehrte als Professor für Petrografie und Mineralogie an der Universität Bern.[65] Alfred Trösch war promovierter Geologe;[66] von ihm lassen sich ein paar einschlägige Titel in der Universitätsbibliothek Bern finden. Anlässlich einer Abendeinladung im kleinen Kreis wusste er schon früher von seinen Expertisen und Reisen in Österreich zu berichten.[67] Auch der bereits im Zusammenhang mit Saint-Dié erwähnte Dr. Müller trat wieder auf; er «ist entschlossen, nach Nevada zu gehen als Experte, was sehr wertvoll ist». Während dreier Tage, erfährt man aus dem Tagebuch, arbeitete Wiedmer an einem «Prospekt f. Nevada». Offenbar wurden potenzielle Anleger gesucht, die mit einem sogenannten Emissionsprospekt über die finanziellen Grundlagen und die künftigen Gewinnaussichten des Unternehmens informiert werden sollten. Ein solches Vorgehen musste nach schweizerischem Recht gewählt werden, um eine Aktiengesellschaft zu gründen.[68]

---

62 Wiedmer, Erinnerungen 1925b, 45.
63 BHM, Eingehende Korrespondenz Direktion, 11. August 1998, Nachlasssendung, 13. Juni 1921.
64 Bubenbergplatz 8/12; abgebrochen 1974. Weber 1976, 46; Biland 1985, 89 Bild unten.
65 Huttenlocher 1937.
66 Adressbuch Bern 1911/12, 407.
67 BHM, Archiv Archäologie, Jahr für Jahr, 12. Januar 1912.
68 Aufklärung über die Sachlage verdanke ich Dagmar Schönig, Zürich (23. Oktober 2017). Solche «Prospekte» finden sich in den Zeitungen von damals häufig inseriert.

Nevada trägt nicht vergebens den Beinamen «Silver State». In der zweiten Hälfte des 19. Jahrhunderts löste die Entdeckung von reichen Silbervorkommen einen rasanten wirtschaftlichen Aufschwung aus.[69] Für die Extraktion von Silber ist eine grössere Infrastruktur nötig als zum Beispiel für Gold; das Kapital für entsprechende Installationen in Nevada lieferten neben amerikanischen nicht selten englische und europäische Investoren, die unter Umständen sagenhafte Gewinne einstrichen.[70] Nun bescherte die Wende zum 20. Jahrhundert dem jungen Staat neue Vorkommen mit einer neuen Welle von Euphorie. Boomtowns schossen über Nacht ebenso schnell aus dem Boden, wie sie in die Bedeutungslosigkeit absackten, wenn die erhoffte Bonanza ausblieb.[71] Märchenhafte Aufstiege von Magnaten, wie zum Beispiel den Guggenheims, ebenso wie kolossale Abstürze kennzeichneten das Geschäft. Laut dem amerikanischen Historiker Michael Green war Nevadas Stern um 1910 bereits wieder im Sinken begriffen, wenngleich sich einige Minen und Firmen noch bis 1920 zu halten vermochten. Spätestens dann aber war der grosse Rausch vorbei.[72] Aus heutiger Perspektive war im Jahre 1912 die Berner Investition im immer noch wilden Westen von Amerika zweifellos ein Hochrisikogeschäft.

Marie notierte am 5. Mai in ihrem Tagebuch, Dr. Müller sei fest entschlossen, nach Nevada zu reisen, um sich ein Bild vor Ort zu machen. Hat ihn Wiedmer womöglich begleitet? Jedenfalls ist er – auch aus der Sicht seiner Gattin – im folgenden halben Jahr sehr viel unterwegs, bis er Freund Tatarinoff am 28. November anscheinend leicht abgespannt mitteilt, nun sei er «wieder etwas daheim».[73] Einmal mehr muss man sich fragen, ob die lange Abwesenheit ein Vorwand war, um sich einem andern Problem nicht stellen zu müssen. Auch dazu können Maries Tagebucheintragungen Auskunft geben, wie im Folgenden zu zeigen sein wird.

69 Green 2015, 108–130.
70 Ebd., 126 f.
71 Ebd., 161–197.
72 Ebd., 177 f.
73 BBB, Nachlass Agathon Aerni, AK 1738, 14. November 1912 (Marie Wiedmer an ihre Schwiegereltern in Niederönz); ZBSO, TAT_E 3.2.9 (1912), 28. November 1912 (Wiedmer an Tatarinoff).

Er wird nervös ...

Die Tagebucheintragungen schildern nicht nur die geschäftlichen Aktivitäten ihres Ehemannes, sondern liefern auch weitere aufschlussreiche Stichworte, über deren Konsequenzen sich die Schreiberin während der Niederschrift wohl selber nicht immer im Klaren war.

Im Winter 1912 musste Marie Wiedmer wegen einer starken Erkältung das Bett hüten. Dr. Stäger kam am 22. Februar zu einem Hausbesuch, bei dem die Genesende die Gelegenheit ergriff, «ihm v. Jkb. zu sprechen, verschreibt ihm Mittel für Kropf u. Rheumatismus u. mir für den Hals». Als eine Woche später die «Gelenkmaus» weiter angewachsen ist, muss Wiedmer bei Dr. Stäger zur Untersuchung vortraben. Dieser rät ihm, mit den Bädern und Massagen fortzufahren. Der Zustand des Patienten, so schreibt Marie in ihrem Tagebuch, ist «hauptsächl. nervös».

Neben den bekannten Gelenkschmerzen waren es unterdessen verhärtete, knotenartige Schwellungen wie die erwähnte «Gelenkmaus», welche das Krankheitsbild der Syphilis konkretisieren.[74] Vielleicht entsprang der «Kropf» einer falschen Beurteilung. Jedenfalls war Robert Stäger als Homöopath[75] kaum der geeignete Facharzt oder im ersten Moment nicht in der Lage, die entscheidende Diagnose zu stellen. Die beim Patienten steigende Nervosität rührte vermutlich von der Befürchtung, dass das Ende der Geheimniskrämerei bezüglich seiner Krankheit nahte; allem Anschein nach – sie schickte ihn wegen «Kropf u. Rheumatismus» zum Homöopathen – tappte die Ehefrau bisher im Dunkeln, was der wirkliche Grund des Leidens war. Drei Tage nach dem Arztbesuch fallen die Tagebucheinträge Maries für zwei Wochen aus, um nach einer weiteren Woche, in der Jakobs Beschwerden nicht mehr thematisiert werden, ganz abzubrechen; die restlichen Seiten des Tagebuchs bleiben leer.

Für den Facharzt stellte sich noch 1914 die schwerwiegende moralische Frage, ob «der Syphilitische […] ein für seine Mitmenschen gefährliches Individuum» darstellt und deshalb gar nicht heiraten sollte. Nach den damaligen Kenntnissen beläuft sich die ansteckende Periode auf mindestens fünf bis sechs Jahre nach der Infektion.[76] Für eine Übertragung auf die

---

74 Lesser 1914, 400 f.
75 Adressbuch Bern 1911/12, 454.
76 Lesser 1914, 521–524.

Ehefrau Maria Wiedmer gibt es im vorliegenden Fall keine biografischen Hinweise.

Dem Venerologen Lesser war bekannt, dass, wenn die Mutter bei der Empfängnis durch syphilitische Viren infiziert ist, das Gift durch die Blutbahnen in den Fötus gelangen kann. Neben verschiedenen anderen, sehr viel gravierenderen Folgen diagnostizierte der Facharzt bei Kindern oft Erkrankungen des Gehörgangs, sogenannte Mittelohrkatarrhe.[77]

Erst viele Jahre später erfahren wir in einem Bericht der Fürsorgebehörde, Tochter Regina (geboren 1906) habe – im Wortlaut – «s. Zeit einen Ohrenabcess gehabt verbunden mit einer Gehirnaffektion, die ärztliche Behandlung sei nicht die richtige gewesen, sodass ein rascher operativer Eingriff noch die einzige Rettung gewesen sei. Seither sei sie sehr schwächlich und viel unpässlich».[78] Ein aktenkundiger, offenbar nicht ganz kurzer Aufenthalt von «Regineli» in der Privatklinik Lindenhof in Bern im Sommer 1915 könnte mit dieser Ohrenentzündung in Zusammenhang stehen.[79] Hausarzt war allem Anschein nach Otto Stiner, Spezialarzt für Kinderkrankheiten, der bis 1916 praktizierte, ehe er Adjunkt beim schweizerischen Gesundheitsamt wurde.[80] Die beiden Familien Stiner und Wiedmer verkehrten freundschaftlich miteinander; die Männer verband die Leidenschaft des Briefmarkensammelns. Einiges deutet darauf hin, dass Tochter Regina infiziert worden ist.

Die Auswirkungen auf das Eheleben bei einem Geständnis Jakobs sind absehbar. In der Öffentlichkeit galt eine ansteckende Geschlechtskrankheit als Stigma, das es möglichst zu verbergen galt. In der sogenannten Belle Époque waren die Strassenprostitution und der Besuch von Freudenhäusern auch in Schweizer Städten verbreitet, was einen Teil der Öffentlichkeit gegen das «Krebsübel der Gesellschaft» empörte und zur Gründung von Sittlichkeitsvereinen und Frauenkomitees führte.[81] Trotzdem nahmen die Ansteckungen mit Geschlechtskrankheiten zu und häuften sich in einem Masse, dass Krankenkassen bald einmal in finanzielle Engpässe gerieten: Die Behandlung mit dem neu entdeckten Medikament Salvarsan kam sie unvorbereitet teuer zu stehen.[82]

77 Ebd., 499–509.
78 SAB, Fürsorgedossier «Widmer-Stern Maria», SAB_1036_1_2265_Akte 8603,2, 22. März 1927.
79 BBB, Nachlass Agathon Aerni, AK 1951, 5. Juni 1915.
80 Adressbuch Bern 1911, 455; Adressbuch Bern 1917, 371.
81 Ulrich 1985, 124–126, 131–143; Mesmer 1988, 157–168; Ruckstuhl/Ryter 2018, 70–82.
82 Turrian 2004, 177f.

Das Publikwerden des wahren Grunds von Jakobs Leiden wäre für Marie als Pfarrerstochter aus gutem Hause eine Katastrophe gewesen und erst recht schmachvoll im Moment glänzender finanzieller Aussichten und des sozialen Aufstiegs, den die Wiedmers im Rabbental soeben erfuhren – und auch genossen. Eine Offenlegung der Krankheit oder gar eine Scheidung wäre einem Skandal gleichgekommen.[83]

Gegenüber Verwandten und Bekannten wurde die sich zusehends verschlimmernde Krankheit Jakobs weiterhin als Rheumatismus ausgegeben.[84] Die immer zahlreicheren Badeaufenthalte waren unverfänglich;[85] sie verschafften bei Syphilis wohl Linderung, wenn auch keine Heilung.

Bildungsbürgertum in höheren Hanglagen

Schon als sie im Kirchenfeld wohnten, erfreuten sich Wiedmers durch Jakobs Stellung als Museumsdirektor und dank seiner Bekanntheit als Schriftsteller einer gewissen Achtung der gehobenen Gesellschaft der Stadt, was sie durchaus zu schätzen wussten. Ihrem Wohnsitz im Westflügel des Museumsschlosses fehlte es von aussen gesehen nicht an Attraktivität, die Räumlichkeiten hingegen waren doch zu klein und zu bescheiden, um ein Teekränzchen oder gar eine Abendgesellschaft in würdigem Rahmen auszurichten.[86] Das änderte sich mit dem Umzug ins Rabbental im Jahre 1908. Der klimatisch günstig ausgerichtete Hang über der Aare war in den mittleren und oberen Lagen ein beliebter Wohnort für das vornehmste Berner Bildungsbürgertum.[87] Das zweistöckige Haus an der Rabbentaltreppe 10, in dem Wiedmers nun logierten (es wurde 1979 durch einen Neubau ersetzt)[88] machte mit seiner offenen Veranda und den grossen Fenstern dannzumal einen respektablen Eindruck (Abb. 38). Und die Nachbarschaft war auserlesen; man fand sich in bester Gesellschaft.

---

83 Wozu es exakt zu dieser Zeit in Bern gut dokumentierte Beispiele gibt bei Arni 2004.
84 ZBSO, NL TAT_E 3.2.9 (1913), 10. Januar 1913.
85 Unter anderem im Kurhaus Gumm bei Biglen (BBB, Nachlass Agathon Aerni, AK 1957, 7. Juni 1913; AK 1726, 27. Juli 1913; AK 3099, 29. Juli 1913; AK 1285, 12. August 1913) oder im Worbenbad bei Lyss (BBB, Nachlass Agathon Aerni, AK 1730, 22. Juni 1918).
86 BHM, Archiv Archäologie, Poesie, S. 13: «[...] einen recht netten Bekanntenkreis bekommen, aber in diesem Logis ist es eben nicht möglich, die Leute auch wieder einzuladen.»
87 Landolf 2008, 20.
88 Freundliche Mitteilung von Debora Leuenberger, Denkmalpflege Stadt Bern, 13. April 2018.

So soll im Chalet auf dem benachbarten Grundstück schräg oberhalb in früheren Jahren Josef Widmann, der Förderer des jungen Schriftstellers und Archäologen Wiedmer, gewohnt haben.[89] Der Kontakt zu den Nachkommen Widmanns wurde nach dessen Tod 1911 aufrechterhalten.[90] Ganz in der Nähe wohnte auch der Bildhauer Karl Hänny,[91] mit dem Wiedmer seit der Ausgrabung am «Reginenstein» oberhalb Twann eine längere Freundschaft verband. Hänny kam öfters zu Besuch und versuchte einmal die kleine Regina zu zeichnen, die aber nicht stillsitzen mochte.[92] Ein angesehener Kunstmaler war Rudolf Münger, der 1902 für seine Familie ein Wohnhaus an der Rabbentalstrasse erstand.[93]

Überhaupt glänzte die «Berner Riviera» am Rabbentalbogen mit ihren Juristen- und Ärztevillen, den Wohnsitzen von Gemeinderäten, Gerichtspräsidenten, hohen Bundesbeamten, berühmten Architekten und bekannten Universitätsprofessoren.[94] Selbst in dieser illustren Umgebung blieb «Dr. Widmer-Stern» als angesehener Mitbewohner noch viele Jahre später im Quartier in bester und bleibender Erinnerung.[95] Der wiedmersche Bekanntenkreis vergrösserte sich zusehends über das Rabbental hinaus. Man verkehrte mit der Zeit laut Maries Tagebuchnotizen von 1912 regelmässig mit Frau «Oberförster Schädelin», die auch gerne so schön im Rabbental gewohnt hätte, oder mit «Frl. Dr. Woker», bekannte Frauenrechtlerin, Friedensaktivistin und angesehene Privatdozentin für Chemie an der Universität Bern;[96] zum Abendessen kamen «Dr. Jegerlehner» mit Ehefrau und «Frl. Dr. Lilli Haller», beides geschätzte Schriftsteller damals.[97] Und es war Marie wie immer ein Anliegen, die Titel ihrer Bekannten in ihrem Tagebuch sorgfältig einzutragen. Auffälligerweise wurden die burgerlichen Kreise der Stadt Bern nicht tangiert.

---

89 Landolf 2008, 77. Offenbar vor 1900; später wohnte Widmann jedenfalls am Kleinen Muristalden 26. Adressbuch Bern 1900–1910/11.
90 BHM, Archiv Archäologie, Jahr für Jahr, 3. Januar 1912, Der Enkel Hans Widmann ist zu Besuch.
91 Haas 1947, 144.
92 BHM, Archiv Archäologie, Jahr für Jahr, 10. Januar 1912; BBB, Nachlass Agathon Aerni, AK 1900, 9. Januar 1917.
93 Bachmann-Geiser 2011, 26, 43; KLS 2, 685–687; Landolf 2008, 78.
94 Landolf 2008, 76–78.
95 Ebd., 77.
96 Gertrud Woker, HLS 13, 2014, 565 f.
97 Johannes Jegerlehner, HLS 6, 2007, 773; Lilli Haller, HLS 6, 2007, 62.

Abb. 38: Neue Adresse Rabbentaltreppe 10 in Bern. Nach den beengenden Verhältnissen im Museum das lang ersehnte repräsentative Domizil in vornehmster Umgebung (unten links): Eine Wohnung mit grossen Fenstern und Balkon in einem stattlichen Haus.

Zu den kulturellen Betätigungen gehörten Besuche von gediegenen Veranstaltungen wie Rezitationsabende im Grossratssaal, Vorträge über schweizerische Nationalliteratur, literarische Kränzchen in privatem Rahmen oder auch Hausmusik «im Salon [...]. D. h. er als Zuhörer hauptsächlich»;[98] Musizieren gehörte ganz offensichtlich nicht zu den Stärken des Vielbegabten.

98 BHM, Archiv Archäologie, Jahr für Jahr, 4. Februar 1912.

Marie Wiedmer betätigte sich in verschiedenen wohltätigen Institutionen wie dem Missionsverein, dem Schweizerischen gemeinnützigen Frauenverein und dem «Kinder- und Jugendschutz», wo im Kreise rühriger Damen eine gewisse Frau Dr. A. Roquette-Lasserre eine hoch geachtete Stellung einnahm.[99] Viele Mitglieder der damals entstandenen Sittlichkeitsvereine stammten aus der Mittel- und Oberschicht und gehörten evangelisch-konservativen und pietistischen Kreisen an. In ihren Augen verkörperte die Prostitution den offenkundigen Niedergang der allgemeinen Moral; sexuelle Ausschweifungen vor und ausserhalb der Ehe galten als abscheulichste Laster der Zeit.[100] Marie Wiedmers Engagement auf diesem Gebiet dauerte über die Jahre an, wie man aufgrund von Postkarten annehmen muss, auf denen wiederholt von Versammlungen, Vorstandssitzungen etc. die Rede ist.[101] Allem Anschein nach war Marie beinahe ebenso ruhelos tätig wie ihr Ehemann.

Die Mitwirkung in Wohltätigkeitsvereinen und die Ausrichtung von Teenachmittagen, Konzert- und Theaterbesuche waren die Tätigkeiten, mit denen die Damen der bürgerlichen Oberschicht zu Beginn des Jahrhunderts die soziale Stellung ihrer Familie definierten.[102] Nun, wo die Wiedmers zu diesem feinen Kreis mit hohen Moralvorstellungen gehörten, musste es Marie umso schwerer fallen, sich dem Gesundheitsproblem ihres Mannes zu stellen.

Zwischendurch erteilte Marie der aus Twann angereisten Alice Irlet Italienischunterricht.[103] Im Gegenzug stand dann ein Sonntagsspaziergang mit «Tante Alice» und Regineli in der Twannbachschlucht auf dem Programm.[104] Die beiden Frauen scheint aber mehr verbunden zu haben als nur die Italienischkonversation und gemeinsame Spaziergänge: In einer Lebenserinnerung der jungen Frau Irlet ist ebenfalls von einem reformierten Engagement (Synode und Missionsbazar sind die Stichworte) die Rede sowie einer Frauenkonferenz in Bern im Jahre 1912.[105]

99 BHM, Archiv Archäologie, Jahr für Jahr, 5. Februar und 25. März 1912; BBB, Nachlass Agathon Aerni, AK 1900, 12. August 1913; Adressbuch Bern 1912/13, 368 «Wwe. des kgl. Oberbibliothekars»; Schweizerische Lehrerinnenzeitung 18, 1913/14, 68.
100 Ruckstuhl/Ryter 2018, 72 f.
101 BBB, Nachlass Agathon Aerni, AK.
102 Arni 2004, 250–253.
103 BHM, Archiv Archäologie, Jahr für Jahr, 16. Januar und 8. Februar 1912.
104 BHM, Archiv Archäologie, Jahr für Jahr, 14. April 1912.
105 Diese persönlichen Auszüge aus dem umfangreichen Familiennachlass Irlet verdanke ich Frau Annelise Zwerz in Twann.

Abb. 39: Im Jahre 1914 erstehen Wiedmers die herrschaftliche Villa «La Grotta» samt Park am Aarehang im Rabbental (Rabbentalstrasse 83): ein gediegenes Heim für die dreiköpfige Familie.

Im Frühling 1914 erreichten dann Marie und Jakob Wiedmer-Stern den Kulminationspunkt ihres sozialen Lebens mit dem Erwerb der Liegenschaft Rabbentalstrasse 83 (Abb. 39 und 40). Zum Hauptgebäude auf dem Grundstück gibt es eine seltsame, unbeglaubigte Anekdote, die Peter Landolf überliefert: «Als 1856 mit den Bauarbeiten für den Bahndamm zur ‹Roten Brücke› begonnen wurde, musste in der Gegend der Schützenmatte eine Villa weichen. Sie wurde aber nicht einfach abgerissen, sondern Steinquader um Steinquader […] an die Rabbentalstrasse 83 verschoben und dort wieder aufgebaut.» Später erhielt sie den Namen «La Grotta», die neben ihr liegende, 1857 erstellte Villa Nr. 85 den Namen «La Pergola». Eine künstliche Tuffsteingrotte mit einem kleinen Teich soll der «Grotta» ihren Namen gegeben haben; in ihrem als Park bezeichneten Garten stand angeblich der mächtigste Kastanienbaum der Stadt (Abb. 41).[106]

---

106 Landolf 2008, 22.

Abb. 40: Die zweistöckige Villa «La Grotta» von Süden gesehen. Die Terrasse im oberen Stockwerk ist gegen den Park, die Aare und die Berner Altstadt ausgerichtet.

Die Villa lag in einer der grössten der damals noch unbebauten Parzellen im Quartier. Das Gelände fiel, abgestuft durch eine Stützmauer mit terrassenartiger Kanzel, von der Rabbentalstrasse bis zur Altenbergstrasse am Aareufer hinunter.[107] Zum stattlichen Umschwung von 4000 Quadratmetern gehörte neben dem Hauptgebäude mit zwei Wohnungen und einer Mansarde ein Holz- und ein Gartenhaus – alles zusammen zum Preis von total 92 000 Franken. Davon hatte der Käufer bei Vertragsabschluss am 16. Juni 1913 gleich 11 850.10 Franken in bar zu begleichen.[108] Interessanterweise handelt es sich genau genommen um einen Vorkaufsvertrag mit einer besonderen Klausel. Diese besagt, dass der Käufer Jakob Wiedmer beabsichtigte, «südlich des bereits bestehenden Gebäudes einen Neubau erstellen zu lassen», zu dem bereits Pläne vorlagen. Sollte gegen dieses Bauvorhaben von der Nachbarschaft erfolgreich Einspruch erhoben werden,

107 Laut Katasterplan von 1919 mit Nebengebäuden und eingezeichnetem Teich. SAB_1004_27.
108 Grundbuch Bern-Mittelland, Beleg I/1237 (Bern 5 913), Tagebuch, Nr. 1860.

Abb. 41: Die weitläufige Parkanlage reichte bis zur Aare hinunter. Der angeblich grösste Kastanienbaum der Stadt soll die Aussichtskanzel über dem Aarehang beschattet haben.

so gelte der Vertrag ohne Schaden für den Käufer als aufgehoben. Einmal mehr kam der unternehmerische Geist Wiedmers zum Zug, indem er einen Renditebau auf seinem neu erworbenen Grundstück vorsah.[109]

In der Realität kam es dann so, dass im Schlussvertrag vom 5. Mai 1914 davon nicht mehr die Rede ist, und ein solcher Neubau auch nicht realisiert worden war. Offenbar hat jemand Einspruch erhoben, oder es fehlte ganz einfach am nötigen Kapital. Möglicherweise waren die finanziellen Aussichten unterdessen bei einer genaueren Kalkulation bei weitem nicht mehr so rosig wie vormals gedacht.

Die Bühne glänzte zwar noch immer in strahlendem Licht, hinter den Kulissen wurde es jedoch bald einmal prekär.

---

109 «La Grotta» musste 1972 einem charakterlosen Neubau, genannt «Crèmeschnitte», weichen. Landolf 2008, 22, 150. Der Hang mit der Parkanlage ist unterdessen von drei Neubauten verstellt.

Schattenwürfe

In den Frühlings- und Sommermonaten des Jahres 1914 trafen wichtige Ereignisse zusammen, die später gravierende Folgen für die Familie haben würden. Am Anfang stehen zwei Findelkinder aus Nancy, die im April in Pflege genommen wurden und die bis jetzt in allen biografischen Übersichten zu Jakob Wiedmer-Stern unbeachtet geblieben sind, obwohl sie ihn – und mehr noch die Ehefrau Marie – während mehr als 15 Jahren in Atem halten würden.

Kaum ein paar Tage nach der Ankunft der Kinder, am 5. Mai, war die Handänderung über die kostspielige Immobilie an der Rabbentalstrasse 83 unter Dach und Fach. Dazu hatten die Wiedmers eine ansehnliche Summe in bar zu bezahlen und hatten sich darüber hinaus bei den Banken beträchtlich verschuldet. Und nur gerade drei Monate später, in den ersten Augusttagen, brach der Erste Weltkrieg aus.

Die Informationen zu den zwei Waisenkindern sind dürftig und erschliessen sich aus bloss drei Akten von Berner Fürsorgebehörden, die zwischen 1925 und 1929 angelegt worden sind, jedoch auch Schlaglichter auf die Geschichte der vorausgegangenen Jahre werfen.[110] Die beiden Kinder Guillaume Robertier (geboren 1910) und Lydia Ernet (geboren 1911) seien von Frau Wiedmer-Stern in Nancy abgeholt worden. Hier wie auch in allen andern Akten ist ausschliesslich von der Ehefrau Wiedmer, «alt Museumsdirektors», als Bezugsperson die Rede. Nancy jedoch ruft Erinnerungen an die zwei Jahre zuvor gegründeten Geschäftsbeziehungen nach Lothringen und die Vogesen wach. Die beiden ausserehelichen Kinder sollen von deutschen Dienstmädchen stammen, die bei einer Hebamme niedergekommen seien. Die Wiedmers haben die beiden auf unbürokratische Weise «importiert» (Zitat aus der Akte) und in Pflege genommen (nicht adoptiert) und sie eigenmächtig in Roland und Violette Wiedmer umbenannt.[111] Die Berner Vormundschaftskommission hatte damals keine Bedenken, waren die Eheleute Wiedmer-Stern doch angesehen und finanziell scheinbar sehr gut situiert.

Die den beiden Kindern zuteilgewordene Hilfe war zwar gut gemeint, stand aber unter einem ungünstigen Stern. Jedenfalls erfährt man später

---

110 SAB_1036_1_2520, Akte 8706; SAB_1036_1_2519, Akte 8508; SAB_1036_1_2265, Akte 8603.
111 SAB_1036_1_2265, Akte 8603, 2; SAB_1036_1_2519, Akte 8508, 4.

aus den Behördendossiers, dass die siebenjährige Pflegetochter seit November 1918 in der Erziehungsanstalt Morija bei Wabern, einem Heim für Französisch sprechende Mädchen, untergebracht war.[112] Am Ende der obligatorischen Schulzeit zeigte Violette zwar gute Voraussetzungen, sodass zuerst eine Ausbildung zur Kindergärtnerin ins Auge gefasst wurde. Aber bereits vier Jahre später, als sie dann tatsächlich eine Lehre als Glätterin abbrechen musste, entpuppte sich die Achtzehnjährige in den Augen ihres Amtsvormunds als ein «unverschämtes und arbeitsscheues Mädchen, das noch einer gründlichen Zucht bedarf». Ihre Pflegemutter, Marie Wiedmer, habe sie «im Stich gelassen», heisst es in einem dem Bericht beigefügten Kommentar.[113] In diesem Moment schienen alle Verantwortlichen, Pflegeeltern wie Behörden, überfordert, und es drohte sogar eine Abschiebung nach Frankreich, da Violette ja in Nancy heimatberechtigt war.

Roland lebte währenddessen im Hause seiner Pflegeeltern Wiedmer, wo er sich offenbar wohlfühlte. Aus den Akten erfährt man noch, dass er 1926 beim Kolonialwarengeschäft Schumacher an der Kramgasse 12 eine kaufmännische Lehre antrat,[114] ehe auch bei ihm alle Informationen abbrechen.

Die meisten erhaltenen Schreiben in den Dossiers der beiden Schützlinge betreffen Unterstützungsgesuche für Kostgeld, die ans französische Konsulat in Bern gingen und an die Präfektur des Departements Meurthe-et-Moselle weitergeleitet wurden, wo man sich aber zu gar nichts verpflichtet fühlte. Über den weiteren Lebensweg der beiden Jugendlichen schweigen die Quellen.

Doch zurück zum Sommer 1914. Nach der Kriegserklärung Deutschlands an Frankreich am 3. August war es Jakob Wiedmer bald nicht mehr möglich, den undurchsichtigen Frontverlauf zu überblicken, falls er die Kriegsereignisse in der Presse verfolgte, was er zweifellos getan hat. Bereits in den ersten Tagen kam es zu Kämpfen um die südlichen Vogesenpässe,[115] und kaum zwei Wochen später zielte ein Deutscher Vorstoss über den Col de Sainte-Marie genau auf Saint-Dié-des-Vosges. Nach ihrer Besetzung und einem heftigen Bombardement stand die Stadt am 27. August an meh-

---

112 Von dort erreicht eine in schöner Schulschrift geschriebene Dankeskarte Violettes die «chère maman». BBB, Nachlass Agathon Aerni, AK 2027, schwer leserlicher Poststempel, wohl 12. April 1921.
113 SAB_1036_1_2519 Akte 8508, 10.
114 Adressbuch Bern 1927, 491, Hans Schumacher, Kolonialwaren- und Spezereihandlung, Kramgasse 12.
115 Nouzille et al. 1989, 99–112.

reren Stellen in Flammen; während Tagen hielten die schweren Kämpfe in den benachbarten Ortschaften an.[116] «Die Deutschen haben St. Dié beschossen und geplündert», so zitierte der «Bund» am 28. August 1914 den Lagebericht des französischen Kriegsministeriums. Zwar zogen sich im September die deutschen Truppen aus strategischen Gründen auf den Vogesenkamm zurück, wo die Frontlinie mehr oder weniger bis zum Ende des Krieges verharrte. Saint-Dié geriet aber wiederholt unter feindliches Feuer.[117]

Wie auch immer Wiedmer sein Geld dort angelegt hatte, die Region Saint-Dié und Nancy wurde in den vier Kriegsjahren stark in Mitleidenschaft gezogen, weshalb es sehr unwahrscheinlich scheint, dass von den Investitionen etwas übrig geblieben ist. Aus einem ähnlichen Grund ist wohl auch der Asphaltabbau in Ragusa eingebrochen, zumal Deutschland und die Vereinigten Staaten von Amerika die grössten Abnehmer des Rohmaterials waren – jedenfalls im Jahre 1902.[118] Die Kapitaleinlagen in die Stassenbahn von Konstantinopel warfen in den ersten Jahren noch gutes Geld ab, was aber ebenfalls kriegsbedingt ein abruptes Ende nahm.[119] Das Engagement in Nevada war von vorneherein ein Glücksspiel gewesen. Eventuell war Wiedmer noch in andere Geschäfte verwickelt, über welche die Quellen schweigen. Aber zweifellos wirkte sich der Erste Weltkrieg verheerend auf das wiedmersche «Finanzimperium» aus, das schon immer auf wackligen Füssen gestanden hatte und das nun vollends ins Schlingern geraten musste.[120]

Jetzt und in den folgenden Jahren kann das vom Ehepaar Wiedmer gezeichnete und das von der Öffentlichkeit reflektierte Bild oft nicht mit den Fakten, wie sie dem Biografen zur Verfügung stehen, in Übereinstimmung gebracht werden. Schein und Sein klaffen je länger je mehr auseinander.

---

116 Deuringer 1929, 566 f., 631–669.
117 Nouzille et al. 1989, 262.
118 Lotz 1903, 263.
119 Witschi 1987, 116.
120 Waser 1930, 178.

Jakob erfindet sich neu

Trotz allem ist die Unternehmungslust ungebrochen. Noch im ersten Kriegsjahr wird die Suche nach einer erfolgversprechenden Erfindung fortgesetzt. Nach der erwähnten ersten Eingabe, nämlich der Verbesserung von Farbdruckverfahren bereits im Jahre 1908, werden im Amt für geistiges Eigentum nun laufend neue Erfindungen Wiedmers und eines gewissen Cesare Martini angemeldet und patentiert.[121]

Zuerst waren es technische Lösungen, die dem bisherigen Betätigungsfeld Wiedmers noch einigermassen nahelagen, wie zum Beispiel der mechanische Zeilenzählapparat für Schreibmaschinen; wenig später dann zwei hoch komplizierte Geräte zum Stanzen und Ausnähen von Knopflochschlitzen. Für jede Patenteinreichung waren eine ausführliche Beschreibung des Funktionsprozesses und eine technische Zeichnung der Apparatur mitzuliefern (Abb. 42). Die weitaus meisten Patentierungen betrafen Werkzeuge und Elemente für den Maschinenbau, darunter auch eine sinnige «Vorrichtung zum Geraderichten von Nägeln». Als Mitinhaber der Patente zeichnete in der ersten Zeit Cesare Martini-Franchi aus Arezzo. Der italienische Ingenieur wohnte und arbeitete im wiedmerschen Haus an der Rabbentalstrasse,[122] wo offenbar Werkstätten eingerichtet worden waren, um die Erfindungen auszuarbeiten, nachzubauen und zu erproben.

Eher aus dem Rahmen der sonst technischen Erfindungen fiel die «hygienische Hülle für Taschentücher», ein Etui, in das Taschentücher eingespannt werden konnten. Es würde sich «hauptsächlich für Damen eignen, womit der unästhetische Brauch, das Taschentuch offen in der Handtasche zu tragen, vermieden werden kann und damit auch Krankheiten durch Ansteckung verhütet werden», wie es in der Patentschrift Klasse 94, Nr. 73947 heisst.[123] Dieses Patent wurde auch in Paris eingereicht als «nécessaire hygiénique pour le mouchoir de poche».

Nach zwanzig Patentanmeldungen erfolgte am 15. Mai 1916 die Gründung der Firma Wiedmer, Martini & Cie. zur «Konstruktion von Werkzeugen, Apparaten, Maschinen und dergleichen» mit Sitz Rabbentalstrasse 83 in Bern. Ihr Zweck ist die «Erwirkung und Erwerbung von Patenten usw.

---

121 Siehe Anhang 2.
122 Adressbuch Bern 1915/16, 343.
123 IGE, Patentschrift Nr. 73947, «Gesuch eingereicht am 4. September 1916, 4 ½ Uhr p.».

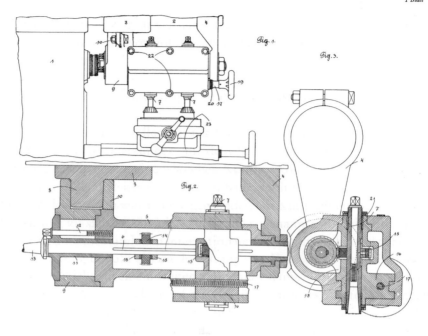

Abb. 42: Verschiedene Erfindungen belegen die weitreichenden Kenntnisse Wiedmers: so das Patent 76584 für eine «Parallelfräsvorrichtung» aus dem Jahre 1917, eine von mehreren Patentierungen am Eidgenössischen Institut für Geistiges Eigentum. Für den Eintrag war eine detaillierte Anleitung samt technischer Zeichnung nötig.

und deren Verwertung».[124] Als Mitinhaber taucht neu Fritz Johann von Niederhäusern, wohnhaft in Olten, auf. Aber schon ein Jahr später trat Cesare Martini aus der Firma aus.[125] Er erwies sich «in verschiedener Beziehung als wenig zuverlässig».[126] Ab jetzt erfindet Wiedmer selbständig, unter anderem so nützliche Dinge wie den «beim Schreiben sich selbst zuschärfenden Bleistift». Im Mai 1919 erfolgte die vorläufig letzte Eingabe ans Patentamt, wiederum eine werkzeugtechnische Neuerung.[127]

124 Schweizerisches Handelsblatt, 29. September 1916.
125 Schweizerisches Handelsblatt, 12. Oktober 1917. Im Adressbuch Bern von 1918 ist der Name Martini nicht mehr aufgeführt.
126 BHM, Eingehende Korrespondenz Direktion, 11. August 1998, Nachlassstundung, 13. Juni 1921.
127 Siehe Anhang 2.

Abb. 43: Porträt von Jakob Wiedmer in Pastellfarbe aus dem Jahre 1921, ausgeführt von seinem Malerfreund Rudolf Münger. Helm und Bekleidung stammen wohl von der Reise nach Konstantinopel im Jahre 1910. Ist der schwermütige Blick ein Zeichen der ihn immer stärker bedrückenden Krankheit?

Mit dieser Serie von Erfindungen offenbart sich einmal mehr die Vielseitigkeit des Vielbegabten, wenngleich daraus kein nennenswerter finanzieller Nutzen entsprang. Für alle übrigen Gebiete, in denen Wiedmer bisher so rührig war, fehlen die Informationen fast vollständig. Überhaupt fliessen die biografischen Quellen in dieser Periode nur sehr spärlich. Umso wertvoller ist ein kurzes Schlaglicht auf Wiedmers damaliges Kunstverständnis.

1920 verfasste Ulrich Wilhelm Züricher aus Ringoldswil bei Sigriswil am Thunersee eine Gedenkschrift – er nennt sie «Klarlegung» – zur Kunstpolitik in Bern.[128] Seiner Meinung nach ist Kunst gleichzusetzen mit Harmonie, und die wahre Kunst schöpft aus der Tiefe der Volksseele;

---

128 Züricher 1920.

Menschen ohne Kunst und Poesie verlieren sich in «Kursschwankungen, Aktien und Dividenden».[129] Damit rührte er wohl sehr direkt an die Seele Wiedmers und dessen momentan schwierige finanzielle Verhältnisse. Ein fatales Missverständnis und blosser Bluff, so schreibt Züricher, seien Kubisten und Expressionisten wie Picasso, Cézanne, Van Gogh, Gauguin oder Renoir und ihre Schweizer Nachahmer wie Böcklin, Segantini, Staufer und Buchser. Ein Ausdruck ihrer sinnentleerten Kunst sei der «Wille zur Idiotie», wie er sich am besten im «idiotischen Gesichtsausdruck» der Figuren an der Fassade des Volkshauses in Bern zeige.[130] Echte, bodenständige Kunst erkennt Züricher in den Werken von Amiet, Münger und vielleicht noch Hodler. Mit diesen drei Namen trifft er auch Wiedmers Nerv: Hodler und Amiet stammen aus dem Umfeld von Herzogenbuchsee und gehören zum Bekanntenkreis des Doktorhauses Krebs; Münger ist Illustrator der Publikationen und Porträtist von Wiedmer (Abb. 43 und 47). Die ganzen Verirrungen der modernen Kunst, meint Züricher, seien den Kunsthallen und den Jurycliquen anzulasten, bei denen Remedur zu schaffen dringend notwendig wäre.

«Mit grossem Interesse» und «in einem Zuge» las Wiedmer das Pamphlet und versicherte dem aufgebrachten Kritiker in einem Brief seine volle Zustimmung.[131] Er selber habe sich schon in einem ähnlichen Sinne in der Presse geäussert.

Das Bekenntnis widerspiegelt ein traditionelles Kunstverständnis, bringt aber auch einen neuen Beruf des ruhelosen Vielbegabten ins Spiel: Innert kurzer Zeit wurde aus dem Geschäftsmann und Erfinder nun ein Journalist.[132] Für seine Biografie ist aber gerade dieses Betätigungsfeld sehr schwer abzustecken, da Wiedmer für ganz verschiedene Blätter und mit unterschiedlichen Namenskürzeln tätig war: Mindestens «dm», «-ied-» und «ws.» lassen sich belegen oder wahrscheinlich machen,[133] weitere sind möglich.

Seine Art von Journalismus bot dem Schreiber den Vorteil, dass er sich nicht ausser Haus und unter die Leute begeben musste. Denn seine körperlichen Beschwerden machten ihm je länger, je mehr zu schaffen und

---

129 Ebd., 10.
130 Ebd., 23.
131 BBB, Familienarchiv Züricher, FA Züricher 90.26 (6).
132 So bezeichnet er sich spätestens ab 1925. Adressbuch Bern 1926, 492.
133 Wiedmer, Bronzeschwert 1906g; Wiedmer, Mito 1924b; Wiedmer, Maria Waser 1927g.

Abb. 44: Direktor des Bernischen Historischen Museums war Jakob Wiedmer-Stern von 1907 bis 1910. Es war seine Glanzzeit. Dann wurde er Investor, Erfinder, Journalist und wieder Schriftsteller wie schon früher.

wurden auch stets sichtbarer. So könnte man das merkwürdige Porträt von Rudolf Münger aus dem Jahre 1921 interpretieren, das den leicht resigniert Blickenden in orientalischer Verkleidung darstellt: Gut bedeckt und wohl gepanzert, trägt er einen persischen Helm und ein indisches Brokatgewand aus seiner privaten Sammlung (siehe Abb. 43).[134] Sollen mit dieser Maskerade seine Unbeugsamkeit bewiesen und vielleicht auch sichtbare Zeichen des körperlichen Verfalls verborgen werden? Ist es voreingenommen, wenn man auf dem Gemälde im inneren rechten Augenwinkel des Porträtierten einen Knoten wahrnimmt, der auf früheren Bildern (Abb. 44) nicht zu sehen war und der zum Krankheitsbild seines Leidens passen würde? Von einem «aufsässigen Chnupen», einem Knoten «hinter dem Ohr, der die

---

134 Beide gelangten 1932, vier Jahre nach Wiedmers Tod, in die Ethnographische Sammlung des Bernischen Historischen Museums: Inv.-Nr. 1932.221.1372 und 1932.280.0239.

täglichen Fieber verursacht» und ihm arg zu schaffen mache, schreibt er in einem Brief an Maria Waser.[135]

Der in eine vage Ferne gerichtete Blick auf dem Porträt kann auch eine zusätzliche Ursache haben: Alle Bemühungen um Stabilisierung der ökonomischen und sozialen Verhältnisse erwiesen sich nämlich als umsonst. Am 13. Juni 1921, im gleichen Jahr, in dem das Porträt entstand, sah sich Wiedmer genötigt, um Nachlassstundung zu ersuchen. Das offizielle, juristisch formulierte Papier an die Gläubiger ist unterschrieben mit Rennefahrt.[136] Man wird kaum fehlgehen, dahinter den bekannten Anwalt Hermann Rennefahrt zu sehen, den ehemaligen Klassenkameraden von Maria Waser und Otto Tschumi, der hier hilfreich eingegriffen hat. Als ein Hauptgrund für die Verschuldung wird im Schreiben die kriegsbedingte völlige Stilllegung der Asphaltminen in Sizilien und der Silberminen in Nordamerika angegeben. Die Anschaffung von Maschinen für die Entwicklung der Erfindungen in der Werkzeugindustrie sowie die Einstellung von Personal schlugen zu Buche, sodass ein horrender Schuldenberg von nicht weniger als 800 000 Franken aufgelaufen war. Aufseiten der Aktiven stehen in der Bilanz neben der Liegenschaft an der Rabbentalstrasse drei Briefmarkensammlungen im Gesamtwert von 38 000 Franken, Ertrag einer seit frühester Jugend gepflegten Passion, die sich nun auszahlte.[137]

Doch der Konkurs war nicht mehr aufzuhalten. Am 3. Juli 1922 beschloss die Gläubigerversammlung, die Liegenschaft an der Rabbentalstrasse zu veräussern. Die Käuferin war – man höre und staune – Marie Wiedmer-Stern.[138] Sie bezahlte 2335.55 Franken in bar; der Rest bestand aus Hypotheken und überraschenderweise aus Schuldbriefen von Jakob Wiedmer-Stern (20 000 Franken) und seinem ehemaligen Compagnon Fritz von Niederhäusern. Dieser juristische Kniff ist nur verständlich, wenn man im Ingress des Vertrags erfährt, dass das Ehepaar Wiedmer unterdessen güterrechtlich getrennt lebte, wohl eine Folge des sich schon länger

---

135 Waser in Wiedmer 1940, 10.
136 BHM, Eingehende Korrespondenz Direktion, 11. August 1998, Nachlassstundung, 13. Juni 1921.
137 Waser 1930, 167; SGU, Nachlass Heierli, Brief vom 12./25. Mai 1900 aus Athen; BHM, Archiv Archäologie, Korrespondenz JWS 1902–1910, 25. Januar 1906; BHM, Archiv Archäologie, Jahr für Jahr, 5. Februar 1912; BBB, Nachlass Agathon Aerni, AK 3037, mit unleserlichem Datum. Laut Olivia Strasser, Kuratorin Philatelie am Museum für Kommunikation in Bern, sind 38 000 Franken für diese Zeit eine beeindruckende Summe für eine Briefmarkensammlung.
138 Grundbuch Bern-Mittelland, Beleg I/7730 (Bern 5 908), Tagebuch, Nr. 10104.

Abb. 45: Die Tochter Regine Wiedmer im Alter von vierzehn Jahren. Das von seinen Eltern gehätschelte Kind besass ähnliche Talente wie sein Vater, blieb aber sein Leben lang kränklich.

abzeichnenden Auseinanderlebens der Eheleute. Und vielleicht hatten die Gläubiger doch auch Erbarmen mit dem unglücklichen Bankrotteur. Oder wirkte sein Charisma noch immer, sodass die Gläubiger Gnade vor Recht hatten walten lassen? Jedenfalls blieb auf diese Weise die Familie Wiedmer mit Tochter Regina und Pflegesohn Roland vorläufig unter demselben Dach im Rabbental vereint.

Tochter «Regineli» hatte sich unterdessen zu einer jungen Dame entwickelt (Abb. 45), ohne dass wir mehr über ihr Leben und ihre Gesundheit erfahren.

Leidensgeschichten

Im gleichen Jahr 1922, in dem Jakob Wiedmer in Konkurs geriet, glitt auch Maria Waser in eine schwere Krise, allerdings nicht finanzieller, sondern emotionaler Natur. Anlass war eine eigentlich harmlose Klassenzusammenkunft in Bern zur Begehung der Vierteljahrhundertfeier der Maturität.

Dabei kam es zu einem Wiedersehen mit ihrer Jugendliebe Otto Müller, dessen Folgen Esther Gamper, Wasers Schwiegertochter, in einer ihrem Umfeld eigenen pathetischen Prosa beschreibt. Die neuerliche Begegnung der beiden ehemaligen Maturanden führte zu einer «Aussprache, welche frühe Missverständnisse klärte und die alte gegenseitige Zuneigung jäh zu neuem leidenschaftlichem Aufflackern brachte. Tief erschüttert kehrte Maria Waser aus der Jugendheimat zurück. Nach der hohen Zeit beglückenden Schauens und geistiger Verarbeitung sah sie sich plötzlich in einen ernsten menschlichen Konflikt verstrickt. Mitten in aller Wirrnis erkannte sie von Anfang an die Notwendigkeit des Verzichts, und es gelang ihr, mit der Zeit auch den Freund zur gleichen Überzeugung zu bringen. Beide Liebenden standen in den Pflichten der Ehe und der elterlichen Verantwortung. Diese Bindungen waren Maria Waser aus ihrer rein gefühlsmässigen Verbundenheit mit Gatte und Söhnen heilig [...]. Nach zwei klärenden Aussprachen erlaubte sie sich und dem Jugendfreund, der auch Dichter war, nur noch den Austausch von Gedichten. Auch auf dieses letzte fast unpersönliche Freundschaftsband verzichtete sie nach einem vermittelnden Gespräch mit der Gattin des Freundes. Später, als [...] tiefe innere Aufgerührtheit einsam getragen und während langer Jahre verarbeitet werden musste, herrschte heilendes Schweigen.»[139]

Wasers Liebhaber Otto Müller hatte nach der Matura Jurisprudenz studiert, war unterdessen verheiratet und seit 1905 in Langenthal als Jurist tätig. Die Bezeichnung als «Dichter» wird sich auf verschiedene Theaterstücke beziehen, die er zwischen 1932 und 1948 für die Langenthaler Laienbühne schuf,[140] die jedoch kaum den lokalen Bekanntheitsgrad überschritten haben werden. Und das «heilende Schweigen» der beiden von neuem Verliebten wurde erst ein paar Jahre später in Wasers Roman «Wende» gebrochen, den die Autorin selber als ihr «tapferstes Werk, das ihrem Herzen am nächsten stehe», und als «rückhaltlos ehrlich» bezeichnet hat.[141] Der 1929 erschienene Roman ist voller dramatischer Offenbarungen, schwerer Entscheidungen und verzweifelter Entsagungen; er verarbeitet die Lebenskrise der Hauptperson Peregrina – sie ist verheiratet und Mutter – in einer für Waser typischen verschlüsselten Form. Dennoch lassen sich einzelne Sätze und ganze Passagen leicht auf die Vorgeschichte und

---

139 Gamper 1963, 496.
140 Joho 1953, 152f.
141 Gamper 1963, 505; Killy, Literaturlexikon 12, 2011, 152 (Charles Linsmayer).

den Gemütszustand der Schreibenden selber beziehen,[142] auch wenn ihre Schwiegertochter Esther Gamper in Abrede stellt, dass es sich bei Peregrina um ein Selbstporträt der Dichterin handelt.[143]

In der Zwischenzeit fanden aber auch Jakob Wiedmer und Maria Waser wieder näher zueinander. Im Frühjahr 1924, nur zwei Jahre nach der Lebenskrise Wasers, besuchte die unterdessen bekannte Schriftstellerin ihren ehemaligen Spielkameraden. Sie fand einen hilflos an den Rollstuhl Gefesselten, der sie mit den launischen Worten begrüsste «Ja, da findest jetzt halt eine aufgewärmte Leiche». Der drastische Empfang schien Maria deshalb «so grausig, weil er so zutreffend war: tatsächlich glich dieser Mann mit dem unbeweglichen Körper, dem grünweissen, von einem wilden Bart und altersbestäubtem Haar überwucherten Gesicht mehr einer Leiche als einem lebenden Menschen. Allein, im Laufe des Gespräches merkte ich bald, dass in dem körperlich Gebrochenen ein unverletzter Geist lebte».[144] Bei einem der folgenden Besuche kam es dann zur «Lebensbeichte», zum Bekenntnis, dass seine Krankheit der «Wallung einer heissen und stolzen Stunde» geschuldet sei, die all seine Talente und sein ganzes Leben beeinträchtigt habe.

Diese Enthüllung war zweifellos ein sehr intimes Geständnis, das Jakob Wiedmer sicher nur ganz wenigen Vertrauten gegenüber abgelegt hat. Und ebenso bedeutungsvoll erschien Maria Waser im Nachhinein jene Sandkastengeschichte in einem der Hinterhöfe von Herzogenbuchsee, als der verliebte Knabe sein der Verehrten gewidmetes, aber verschmähtes Kunstwerk mit wilden Axthieben zertrümmert hatte. Auch Jakob Wiedmer alias Herr Meyer erschien seine erste Verliebtheit im Rückblick nach 35 Jahren als eine das Leben prägende Erfahrung. Diese literarisch verfremdete «Liebesbeichte» von Herrn Meyer verstand Maria Waser sehr wohl zu deuten, wie ihre Erinnerungen an diese vertrauliche Aussprache aus dem Jahre 1930 verraten.[145] Ein Geheimnis bleibt, ob die Bekenntnisse gegenseitig waren. Hat auch Maria von ihrer tragischen Liebesgeschichte mit Otto Müller erzählt? Wir wissen es nicht.

Ebenfalls im bewegten Krisenjahr 1922 begab sich das Ehepaar Maria und Otto Waser auf seine erste Griechenlandreise, die für beide zu einem

---

142 Besonders Waser 1929, 200–250.
143 Gamper 1963, 505.
144 Waser in Wiedmer, Kyra Fano 1940, 5; Waser 1930, 179.
145 Waser 1930, 182f., 206; Wiedmer, Peterli 1925a.

überwältigenden Erlebnis wurde, als sie endlich «auf attischem Boden, auf dem Boden der Akropolis [...] auf diesem geweihten Boden» wandelten.[146] Gleichzeitig war es aber auch für Griechenland ein entscheidendes Schicksalsjahr, das nicht nur das Ehepaar Waser, sondern auch Jakob Wiedmer berühren sollte.

Der Philhellene

Drei Jahre früher hatte die griechisch-türkische Episode begonnen, die 1922 in der «kleinasiatischen Katastrophe» enden sollte. Als die Siegermächte nach dem Ersten Weltkrieg das osmanische Reich unter sich aufgeteilt hatten, schien den Griechen die Realisierung des alten Traums eines gesamthellenischen Staates mit Konstantinopel als Hauptstadt («Megali Idea») zum Greifen nahe. Im Mai 1919 marschierten griechische Truppen von Smyrna (Izmir) ins anatolische Hochland ein. Erst innenpolitische Querelen in Athen und das entschlossene Auftreten Mustafa Kemal Atatürks brachten den anfänglich erfolgreichen Vorstoss wenige Kilometer vor Ankara zum Stehen. Es folgte ein panikartiger Rückzug, an dessen Ende 1922 die türkische Kavallerie die griechischen Bewohner von Smyrna massakrierte und ins offene Meer trieb. Nach dem Waffenstillstand strömten rund eineinhalb Millionen kleinasiatische Flüchtlinge ins griechische Mutterland, was etwa einem Viertel der damaligen Gesamtbevölkerung entsprach.[147] Als einer der Hauptverantwortlichen für das Desaster sah sich Premierminister Eleftherios Venizelos an den Pranger gestellt, sodass er nach Paris fliehen musste, was der Philhellene Jakob Wiedmer als eine empörende Ungerechtigkeit empfand.[148] Viele sahen im Grossgriechenlandvisionär Venizelos doch auch den Erbauer des modernen Griechenlands.

In der Schweiz setzte unterdessen eine Sympathiewelle für die kleinasiatischen Flüchtlinge ein; verschiedene Komitees veranstalteten Geldsammlungen für die Notleidenden,[149] und es wäre erstaunlich, wenn Wiedmer davon nicht zutiefst berührt worden wäre, hatte er doch in jungen Jahren

---

146 Gamper 1963, 493 f.; Waser 1930, 181.
147 Tzermias 1993, 123 f., 128 f.; Zelepos 2014, 11–123.
148 Wiedmer, Erinnerungen 1925b, 74.
149 Korrespondenz und weitere Unterlagen sind in der griechischen Botschaft in Bern aufbewahrt.

Abb. 46: Als Korrespondent des «Hellenischen Informationsbureaus» der griechischen Botschaft in Bern karikiert sich der Philhellene Wiedmer als Attackenreiter gegen den türkischen Halbmond. Wie immer stellt er sich als igelartigen Bären dar; auch die Tabakspfeife fehlt nie.

das Flüchtlingselend der damals aus Kreta vertriebenen Griechen in Athen hautnah miterlebt. Wohl diese Erfahrung bewog den ohnehin eifrigen Parteigänger für die griechische Sache, in den Dienst des «Hellenischen Informationsbureaus» der griechischen Botschaft zu treten, von der er ein regelmässiges Gehalt bezog und dessen offiziellen Briefkopf er für die eigene Korrespondenz verwendete.[150] Chef des Informationsbüros am Bollwerk in Bern war der Parlamentsabgeordnete und Marineoffizier Konstantinos Melas (1874–1953). Er stammte aus einer der vornehmsten griechischen Patriotenfamilien, mit der auch Heinrich Schliemann durch die Heirat seiner Tochter Andromache versippt war.

150 SLA, Nachlass Hugo Marti, B-2-Kü-Mart, 18. August, 6. November 1925; SAB, Fürsorgedossier «Widmer-Stern Maria», SAB_1036_1_2265_Akte 8603,2.

Wiedmer ritt mit spitzer Feder leidenschaftliche Attacken gegen den türkischen Mondstern (Abb. 46). Vermutlich noch wirkungsvoller half er, diplomatische Kanäle zwischen Griechenland und der Schweiz zu öffnen; als gewiefter Drahtzieher wirkte er vor allem hinter den Kulissen. An seinem Wohnort, in der «tabakdurchqualmten Klause des Gelähmten», heckte man fördernde Aktionen aus, in deren Mittelpunkt der wie neu Geborene stand, «der jeder Fremdsprache – er meisterte auch alle andern des Balkans – ein Gran Geruhsamkeit und Gewicht des Berndeutschen beizumischen verstand».[151] Drei von ihm oder mit seiner Hilfe eingefädelte Projekte waren besonders erfolgreich.

Angeregt durch Jakob Wiedmer und Konstantinos Melas, erwog die griechische Regierung ein Dankesgeschenk an die Schweiz in Form von archäologischen Originalfunden und von Gipsabgüssen antiker Statuen. Otto Waser in Zürich und Rudolf Münger, der in Bern die Abgusssammlung betreute, durften sogar Wunschlisten nach Athen senden. Dort waren es der hochgeschätzte Universitätsprofessor Christos Tsountas, ein alter Bekannter Wiedmers aus der Athener Zeit, und der Direktor des Archäologischen Nationalmuseums Konstantinos Kourouniotis, welche bei den Ministerien vorsprachen, um die Sache zu beschleunigen. Am 4. August 1925 trafen elf zum Teil mächtige Holzkisten und beigeschlossene Pakete im Archäologischen Institut in Zürich ein.[152] Sie enthielten 16 Grossabgüsse von Statuen aus dem 6. bis 4. Jahrhundert v. Chr.[153] sowie 115 Keramikfragmente, ganze Gefässe aus Ton und Votivfigürchen. Eine Auswahl von 48 Gefässen und Scherben hat Hans Peter Isler später publiziert.[154]

Siebzehn Kisten kamen nach Bern, wo die zwanzig Gipsabgüsse die Studiensammlung des Kunstmuseums beträchtlich vermehrten.[155] Allerdings blieb der Wert solcher Gipskopien in den Berner Künstlerkreisen umstritten. Rudolf Münger förderte die Sammlung, wo er nur konnte, während Cuno Amiet nachgesagt wird, er hätte die Gipse zwanzig Jahre später lieber in die Aare geworfen, bevor sie den guten Geschmack der jungen Künstler verdürben.[156]

151 Waser 1930, 190f.
152 Waser Otto 1935, 50f.
153 Zindel 1998, Inv.-Nr. G 395A, 398, 398A, 399A/B/C, 401A, 406A/B/C/D, 581A, 595A, 596A/B, 744.
154 Isler 1973, Taf. 1–4.
155 Stähli 1985, Inv.-Nr. K 16–19, 42–44, 60, 63, 92, 109–113, 115, 116–118, 120, 122.
156 Sandor Kuthy in Stähli 1985, 14.

Alles in allem war das Geschenk aus Griechenland unglaublich grosszügig, berücksichtigt man seinen materiellen Wert, aber auch den Aufwand für die Herstellung und den Transport der sperrigen und fragilen Kopien.

Schon ein Jahr zuvor hatte Jakob Wiedmer seine Sammlung von 770 Münzabgüssen, die er in Athen nachts in seinem Kämmerchen angefertigt hatte, dem Archäologischen Institut der Universität Zürich übergeben.[157] Diese Gipskopien wurden später anonymisiert in die Typensammlung eingegliedert und können heute nicht mehr identifiziert werden.[158] 280 originale Münzen, deren Herkunft unklar ist, schenkte er – zu unbekanntem Zeitpunkt – dem Bernischen Historischen Museum.[159]

Auch dem zweiten Projekt kamen Verbindungen zugute, die Jakob Wiedmer hergestellt hatte. Auf Einladung des griechischen Unterrichtsministeriums bereisten 150 Schweizer Lehrer und Professoren im Frühling 1925 für drei Wochen Griechenland. Die Reisenden waren überwältigt von der Aufmerksamkeit der Behörden, der Freundlichkeit der Bevölkerung und vor allem natürlich von den besuchten antiken Stätten auf der Peloponnes, in der Argolis, auf Delos und von Thessaloniki. Den unauslöschlichen Höhepunkt bildete in Athen der Besuch der Akropolis, die «elementar auf jedermann» wirkte, sodass die meisten Teilnehmer am freien Tag privatim ein zweites Mal auf den Burghügel pilgerten. Reiseleiter waren Konstantinos Melas und schweizerischerseits Ernst Trösch, Schulvorsteher in Bern; als unermüdlicher Führer der Schar vor Ort beeindruckte Universitätsprofessor Georgios Sotiriadis (1852–1942), der Erforscher von Marathon. Nur Gutes vermeldete ein späterer Bericht in der «Neuen Berner Zeitung» über die angetroffenen hygienischen Verhältnisse, die staatlichen Institutionen und die Versorgung der Flüchtlinge aus Kleinasien im griechischen Mutterland.[160]

Im Gegenzug reisten noch im Sommer des gleichen Jahres 80 griechische Lehrer in die Schweiz.[161] Über den Verlauf ihres Besuchs wissen wir kaum etwas. Aber die Eindrücke werden ähnlich positiv, wenn auch aus andern Gründen, ausgefallen sein, da hier vor allem Themen der Jugenderziehung

---

157 Waser Otto 1935, 41.
158 Vergebliche Suche mit Sammlungskurator Martin Bürge am 6. April 2017
159 273 antike Prägungen und Bleigüsse, sechs Berner Batzen und ein Solothurner Pfennig aus der Burgruine Altbüron. Freundliche Mitteilung von Daniel Schmutz, BHM, 20. Februar 2017.
160 Neue Berner Zeitung, 2. Mai 1925, Nr. 102, S. 2 f., und 6. Mai 1925, Nr. 105, S. 2 f.; Wiedmer, Erinnerungen 1925b, 6, 31; Waser Otto 1935, 51 f.
161 Waser Otto 1935, 59.

und Fürsorgeeinrichtungen im Mittelpunkt standen. Dies bezeugt eine in der Schweizer Presse abgedruckte Dankesbotschaft der griechischen Lehrer nach ihrer Rückkehr.[162]

Die Reisen seiner griechenlandbegeisterten Freunde boten Jakob Wiedmer Anlass, sich die eigene Athener Zeit nochmals in Erinnerung zu rufen und vielleicht sogar Notizen von damals hervorzukramen, um sie für eine gediegene journalistische Reportage zu verwerten,[163] die nicht nur eine wertvolle biografische Quelle für die Rekonstruktion der Athener Jahre des Autors werden sollte, sondern in der sich auch seine grosse Liebe und Sympathie für Land und Leute spiegelt (Abb. 47). Seine Wiedergaben leben von exakten Naturbeobachtungen, wenn er zum Beispiel beschreibt, wie sich eine Schildkröte fortbewegt, von sardonischen Aperçus, wo sich etwa eine Leiche auf dem Weg zum Friedhof aus dem Sarg erhebt, oder von seinen wie üblich träfen Formulierungen, wenn die seekranken Reisenden «wie ausgedrehte Feglumpen über dem Geländer hängen».[164]

Geschenkaktion und Lehreraustausch fanden etwa zur gleichen Zeit statt und förderten das dritte Projekt, nämlich die Gründung der «Hellas, Schweizerische Vereinigung der Freunde Griechenlands» mit Zweigen in Bern, Zürich, Basel, Lausanne und Genf. Treibende Kraft im Hintergrund war auch diesmal Jakob Wiedmer. Die «Sektion Ostschweiz» in Zürich konstituierte sich am 10. Februar 1926; ihr Spiritus Rector und Präsident war Otto Waser; er blieb es bis kurz vor seinem Tode 1952.[165] Laut Statuten verfolgte die Vereinigung den «Zweck, die Sympathie zwischen der Schweiz und Griechenland zu unterstützen und die geistigen, wissenschaftlichen und künstlerischen sowie auch die wirtschaftlichen Beziehungen beider Länder, mit Ausschluss der Politik, nach Kräften zu fördern».[166] In Bern, wo sich besonders Ernst Trösch hervortat, etablierten sich Vortragsreihen, um einem breiteren Publikum das antike und moderne Griechenland näherzubringen.[167] Besonders beliebt unter den Vereinsmitgliedern waren

---

162 Neue Berner Zeitung, Nr. 2007, 4. September 1925, S. 3; Nr. 211, 9. September 1925, S. 3; Nr. 224, 24. September 1925, S. 5.
163 Als Separatdruck Wiedmer, Erinnerungen 1925b.
164 Zum Beispiel Wiedmer, Erinnerungen 1925b, 44f., 67, 7.
165 Waser Otto 1935, 49, 51f.; Isler 1988, 178; Leisi 1933.
166 Die Statuten der Sektion Ostschweiz verdanke ich Christian Utziger, Zürich. Zu den übrigen Sektionen siehe Schweizerische Nationalbibliothek, Bern, Signatur V Schweiz 1442.
167 Zum Beispiel in Bern: Neue Berner Zeitung, Nr. 17, 21. Januar 1927, S. 3; Nr. 112, 14. Mai 1927, S. 4; Nr. 146, 25. Juni 1927, S. 3 (signiert mit ws.).

Abb. 47: Die Erinnerungen an seinen Athenaufenthalt in den Jahren um 1900 veröffentlichte Wiedmer erst 1925 als Beilagen in der «Neuen Berner Zeitung». Rudolf Münger gestaltete das Titelblatt mit der Akropolis für die gesammelten Artikel. Es sind die detailliertesten autobiografischen Quellen Wiedmers.

die «Hellasfahrten», Griechenlandreisen mit Themenschwerpunkten und ausgesuchten Referenten.[168] Auch Anlässe in der Schweiz wurden organisiert, um den griechischen Freunden Melas und Sotiriadis eine Plattform für Vorträge zu bieten.[169]

Über den weiteren Fortgang der anfänglich grossen Begeisterung der Hellasfreunde ist wenig bekannt. Offenbar gerieten der Zürcher und der Berner Ableger in den späten Sechzigerjahren, nachdem sie mit der griechischen Obristendiktatur sympathisiert hatten, in Turbulenzen, ehe sie eine Neugründung unter anderen Vorzeichen wagten.[170] Genau zwei Jahre nach dem Militärputsch lud die griechische Botschaft am 19. April

---

168 Die auch zu veritablen Publikationen führen konnten, siehe Trösch 1928.
169 Neue Berner Zeitung, 2. März 1926, Nr. 51, S. 6; ZBSO, Nachlass Eugen Tatarinoff, NL TAT_E 3.2.60 (1926), 2. September 1926.
170 Die Vereinsakten bis Ende der Siebzigerjahre sind an beiden Orten abhandengekommen. Laut mündlicher Überlieferung schickte der Berner Vorstand nach dem Militärputsch ein Glückwunschtelegramm nach Athen. Freundliche Mitteilungen von Christian Utziger, Zürich, 16. August 2017, und Fred Wyss, Thun, 31. Januar 2017.

1969 zu einer Feier im Schweizerhof in Bern: Unter den 350 Geladenen befanden sich «hervorragende Schweizer Persönlichkeiten» und «Freunde Griechenlands». Ein Gruppe von empörten Demonstranten hinderte die Gäste am Betreten des Hotels, wobei in einem Handgemenge «ein Smoking und ein Ballkleid zerrissen wurden».[171] Erst weit nach Mitternacht konnten sich 120 Gäste, die sich bis zum Hotel durchgeschlagen hatten, hinter die aufgetischten Spanferkel machen, darunter ziemlich sicher auch Mitglieder der Hellas.

Wenngleich sich alle Beteiligten der griechische Sache und der Vereinigung Hellas mit Leidenschaft verschrieben hatten, waren ihre Ideologien doch recht verschieden. Zwar hatte Maria Waser verstanden, dass Griechenland für Jakob Wiedmer die «grosse Liebe seines Lebens» war,[172] sie übersah aber, dass diese Liebe im Grunde den modernen Griechen und ihrem noch jungen Land galt. Sie und ihr Gemahl Otto waren «in ihrer eigenen durchgeistigten Weise»[173] mit einem ganz anderen, nämlich dem antiken Griechenland verbunden, das es nicht mehr gab – oder das es vielleicht gar nie gegeben hat. Die Wurzeln dieser unterschiedlichen Ideale werden die verschiedenen Aneignungsweisen und Wertungen der literarischen und der archäologischen Quellen gewesen sein.

Herr Heinrich Meyer und Wendelin Gnietig

Im August 1925 verliess Jakob Wiedmer die geräumige Villa an der Rabbentalstrasse und bezog ohne Frau und Kind eine bescheidene Unterkunft bei Frau Berta Strub-Zingg in der Pension Villa Luisa. Das dreistöckige Reihenhaus an der Luisenstrasse 43 steht im Kirchenfeld in nächster Nähe des Historischen Museums.[174] Der Gesundheitszustand des Strohwitwers hatte sich so weit gebessert,[175] dass er sich selbständig durchs Leben schlagen konnte. Die Ehe Wiedmer-Stern war unterdessen dermassen zerrüttet, dass ein Zusammenleben unter demselben Dach nicht mehr möglich war.

---

171 Was mir Marc Zaugg, einer der beteiligten Demonstranten, in einem persönlichen Gespräch im Herbst 2019 bestätigte. Neue Berner Zeitung, Nr. 91, 21. April 1969, S. 1 f., und Nr. 92, 22. April 1969, S. 2; Tagwacht, Nr. 91, 21. April 1969, S. 1.
172 Maria Waser in Wiedmer, Kyra Fano 1940, 6.
173 Leisi 1933, 4.
174 SAB, E2.2.1.0.143, Einwohnerregister der Stadt Bern.
175 Waser 1930, 183.

Die Wahrung des gesellschaftlichen Scheins verbot eine Scheidung; die finanziellen Angelegenheiten waren mit der Gütertrennung schon längst geregelt.

Gleichwohl ist vorerst nicht durchschaubar, weshalb Wiedmer gerade zu diesem Zeitpunkt seine Familie verliess. Nach einer langen Pause hatte er wieder zu schreiben begonnen, und zwar sollte er ab jetzt seine Arbeiten nie mehr mit seinem Doppelnamen signieren, sondern nur noch mit Wiedmer. Es entstanden mindestens zwanzig Kurzgeschichten, die zwischen 1924 und 1927 in den Sonntagsbeilagen der «Basler Nachrichten» und der «Neuen Berner Zeitung» sowie im «Kleinen Bund» erschienen. Oft sind es Fortsetzungen über mehrere Ausgaben hinweg. Ihre Fertigstellung führte zu Bekanntschaften mit den verantwortlichen Redaktoren, zuerst mit Markus Feldmann von der «Neuen Berner Zeitung»,[176] später mit Hugo Marti (1893–1937), dem Literaten und Feuilletonredaktor beim «Bund».[177]

Am 18. August 1925 bot Wiedmer Hugo Marti ein «grösseres Manus (rd. 260 Quartseiten Maschinenschrift) für allfälligen Abdruck im Bund» an. Der Titel des Manuskripts lautet «Wendelin Gnietig in der Schule». Die Erzählung, die «nebenbei allerhand Lebensfragen» streife, sei von seiner ehemaligen Schulkameradin Maria Waser bereits begutachtet worden.

In seiner Antwort zeigte sich Marti etwas indigniert darüber, dass Wiedmer bereits Artikel in andern Zeitungen habe erscheinen lassen. Zudem sei der «Kleine Bund» mit dem Vorabdruck von Romanen bis weithin ausgebucht, aber das Manuskript könne er ihm gleichwohl zur Prüfung vorlegen.[178] Offenbar hatte Wiedmer mit der Erwähnung von Maria Waser den richtigen Nerv getroffen. Jedenfalls bot Marti vorerst Platz für eine Serie, die man mit «Griechische Reminiszenzen» betiteln könnte und die ein Nachklang des bewegten Griechenlandjahres 1925 mit den Antikenschenkungen aus Athen und den Lehrerreisen waren.

Anfang November geriet Wiedmer wegen einer «dummdreisten Anzapfung» der Tochter Strub in einen heftigen Streit mit seiner Zimmervermieterin an der Luisenstrasse. Er kündigte unverzüglich den Mietvertrag und

---

176 SLA, Nachlass Hugo Marti, B-2-WIEDM, 20. August 1925. Die «Neue Berner Zeitung» war das Parteiorgan der Bauern-, Gewerbe- und Bürgerpartei. Markus Feldmann (1897–1958) avancierte später zum Berner Regierungsrat und zum Bundesrat, HLS 4, 2005, 460.
177 HLS 8, 2009, 3017; SLA, Nachlass Hugo Marti, B-2-WIEDM.
178 SLA, Nachlass Hugo Marti, B-2-WIEDM, 18. und 20. August 1925.

zog an die Ringstrasse 7 in den dritten Stock.[179] Die stilvolle Villa liegt an der Hangkante zur Aare, gegenüber dem Historischen Museum.[180]

Mittlerweile hatte sich Marti das Wendelin-Manuskript doch noch vorgenommen und vorgeschlagen, die einzelnen Kapitel als in sich geschlossene Erzählungen zu publizieren, worauf sich Wiedmer sofort an die Arbeit machte.[181] Daraus entstand die zehnteilige Serie «Wendelin Gnietig», deren erster Teil am 30. Mai 1926 im «Kleinen Bund» erschien.

Bald schon vermochte Marti sich der Publikationsangebote kaum mehr zu erwehren. Eine ziemlich umfangreiche Geschichte über den «Junker Künzlin» lehnte er ab, aber es bot sich offenbar die Gelegenheit, sie als eigenständiges Werk zu drucken. Auch eine Erzählung «Der heilige Berg» war im Angebot, von der man aber nicht weiss, was aus ihr geworden ist.[182] Ihr Verschwinden legt nahe, dass nicht alles, was Wiedmer vorschlug, zum Druck gelangt ist. Auch harrt vielleicht der eine oder andere Titel in irgendwelchen Zeitungen oder Archiven noch der Entdeckung.

Die bis jetzt bekannten Beiträge fallen in drei Themenbereiche. Die früheste Serie könnte man mit «Lebensbilder» betiteln, wobei die erste Geschichte noch mit dem Kürzel «-ied-» unterschrieben ist. Die zweite Serie betrifft «Griechische Reminiszenzen», während die dritte, «Wendelin Gnietig», eigentlich ein Roman hätte werden sollen.

Die erste Serie der «Lebensbilder» ist zu einem guten Teil aus dem Leben des Autors gegriffen. Sie beginnt mit der traurig-tragischen Geschichte des Konrad Rey, dem es trotz vorsichtigem Abwägen nicht gelingt, mit den richtigen Worten um die Hand seiner Auserwählten zu werben. Da hilft auch die Vermittlung des Papageis Mito nicht.[183] Ob dahinter eine persönliche Erfahrung des Autors steckt, bleibt Vermutung, da keine entsprechende biografische Episode bekannt ist.

Anders steht es bei den folgenden beiden Geschichten.[184] In der ersten mit dem Titel «Menschlein, Mensch» entfaltet sich für uns, die wir die Lebensgeschichte bis hierher kennen, mit den beiden verzagten Erfindern

---

179 SLA, Nachlass Hugo Marti, B-2-WIEDM, 6. November 1925; SAB, E2.2.1.0.143, Einwohnerregister der Stadt Bern. Heute Weststrasse. Weber 1990, 250.
180 Schweizer 1991, 28.
181 SLA, Nachlass Hugo Marti, B-2-WIEDM, 16. Februar 1926.
182 SLA, Nachlass Hugo Marti, B-2-WIEDM, 21. Juni 1925. Weitere Titel nennt Waser 1930, 193f.
183 Wiedmer, Mito 1924a.
184 Wiedmer, Menschlein 1924b; Wiedmer, Peterli 1925a.

Zwinger und Novatil ein Déjà-vu: Wir sehen klar Wiedmer, seinen Kompagnon Martini und ihre in den Bankrott abgleitende Firma drei Jahre zuvor. Es mangelt an Kapital, und Zwinger gerät deswegen häufig in Streit mit seiner Frau. Das Zusammenleben wird immer verdriesslicher, «und jetzt gewahrten sie, dass sie des angenommenen kühlen und mürrischen Wesens nicht mehr Herr zu werden vermochten, nicht einmal einen Versuch dazu mehr der Mühe wert hielten». Um dem «unbehaglichen und mürrischen Zusammensitzen mit seiner Frau» zu entgehen, zieht sich der Erfinder in seine Werkstatt zurück, vollendet seine Maschine, setzt sie in Bewegung und löst das Unheil aus:

«Der Hebel sauste durch die Luft und schlug dumpf auf. Dann war es totenstill in dem Raum. Der Zwinger lag getroffen lang ausgestreckt vor seinem Werk [...]. Als sie ihn am Morgen bewusstlos fanden und den Arzt holten, wurde der sehr bedenklich [...]. Immerhin wehrte sich die zähe Art Zwingers jeden Tag auf's neue siegreich gegen den Tod, wochenlang. Aber als das Bewusstsein unzweifelhaft wieder zurückgekehrt war, zeigte es sich, dass er irr im Geiste geworden. Er erteilte unsichtbaren Menschen strenge und hochfahrende Weisungen, verhandelte mit andern von oben herab und mit geringschätziger Mine über gewaltige Summen, oder diktierte unsichtbaren Besuchen schwungvolles Lob über sich und sein Werk in die Feder. Bei alledem beseelte ihn stets ein auffällig gehobenes Wesen, eine gewaltige Befriedigung, Genugtuung und Freude. Den eingerosteten Hader mit seiner Frau hatte er vollständig vergessen, und lang und breit erzählte er ihr mit Stolz und verschmitztem Lächeln von seinen wichtigen Verhandlungen und welche ungeahnten Erfolge sie zeitigten. Verängstigt hörte sie ihm jeweilen zu, bis ihr die Augen feucht wurden und sie ihm unter einem Vorwande entfliehen musste. Es kam ihr schwer an, dem Gebote des Arztes zu folgen und uneingeschränkten Glauben an die wilden Träume des Kranken zu heucheln und ihm zugleich ihr Mitleid und ihren Jammer zu verbergen. Als ihr dies einmal nur mangelhaft gelang, blitzte es misstrauisch in seinen Augen auf, und er stellte eine hämische, lauernde Frage. Doch ehe sie auch nur sich zu sammeln und zu antworten vermochte, loderte unbändige Wut in ihm auf, vor der nur schleunige Flucht sie retten konnte. ‹Es wird doch das Beste sein, wir versorgen ihn in eine Anstalt. Denn von irgend welcher Besserung kann ja keine Rede sein. Dagegen wird die Gefahr solcher Tobsuchtsanfälle rasch zunehmen.›

Frau Zwinger seufzte aus beschwertem Herzen tief auf. ‹Wie tut es mir leid! – Oh dieser Fluch, diese Sucht nach Ruhm und Geld.›»[185]

Zwinger erholt sich nicht mehr vom Attentat seiner Maschine und stirbt. «Von Novatil drang nie mehr eine Kunde zu den Angehörigen seines Opfers.»[186]

Auf ironische Weise verrät das Auseinanderleben des Ehepaars Zwinger, in welch desolatem Zustand sich das wiedmersche Familienleben unterdessen befand. Andererseits wirkt die Dichtung wie eine Vorahnung auf den Auszug Wiedmers aus der Villa im Rabbental, zwölf Monate nach dem Erscheinen der Kurzgeschichte im «Kleinen Bund» vom August 1924. Nach dem Offenlegen des erbärmlichen Zustandes ihrer Ehe war eine Trennung unvermeidlich.

Kaum weniger nah am Leben geschrieben ist die uns bereits bekannte Geschichte des Junggesellen Heinrich Meyer mit seiner unerfüllten Jugendliebe, die beim Ordnen seiner Erinnerungsstücke wieder erwacht ist und die Maria Waser in ihren Jugenderinnerungen als reale Begebenheit beglaubigt hat.[187] Eine besondere Rolle spielt der im Titel erwähnte Kater Peterli; Wiedmers Liebe zu den Katzen ist ein wiederholtes Motiv seiner Biografie, geradeso wie die Passion des Pfeifenrauchens (siehe Abb. 48). Aber auch diese Geschichte endet tragisch, nämlich mit dem Tod von Heinrich Meyer. Seinen Nachlass werfen die Erben verächtlich zum wertlosen Plunder. Allein die einfühlsame Zimmervermieterin des Verstorbenen, Aline Müller, erkennt den Wert eines sorgsam verwahrten Behältnisses und übergibt die Liebesreliquien dem Feuer. «Hell flammten Blumenstrauss, Balltand und Brieflein auf, doch nur langsam frass die Flamme das liebliche Mädchenbildnis.»[188]

Die zweite Serie, die «Griechischen Reminiszenzen», beginnt mit Wiedmers Rückblick auf seine Athener Zeit in jungen Jahren, ein eher journalistisches als literarisches Bravourstück, das uns viele biografische Informationen geliefert hat (siehe S. 180). Die acht Folgen erschienen auch in einem Separatdruck vereinigt, zu dem Rudolf Münger eine Titelvignette mit Hirt und Akropolis beigesteuert hat (siehe Abb. 47).[189] Ein bereits dort angesprochenes Thema wird in einer andern, humorvollen Geschichte

---

185 Wiedmer, Menschlein 1924b, 133f.
186 Ebd., 134.
187 Wiedmer, Peterli 1925a; Waser 1930, 206f.
188 Wiedmer, Peterli 1925a, 34.
189 Wiedmer, Erinnerungen 1925b.

über Schatzgrabereien und betrügerischen Antiquitätenhandel neu aufgegriffen;[190] Wiedmer verfügte ja über eigene Erfahrungen.

Die Handlungen der verschiedenen Erzählungen mögen zu einem guten Teil erfunden sein; jedoch treffen die gleichnishaften Inhalte die Eigenheiten des dörflichen Zusammenlebens in Griechenland recht genau. Ein abgrundtiefes Misstrauen gegen Athen und seine Behörden leitet den zeitlosen Antrieb der Hinterwäldler von Megakastron in der Peloponnes. In einem Brief an Hugo Marti beschreibt sie Wiedmer als die «Emmentaler der Morea (im Hinterland von Nauplia-Argos)»:[191] Obwohl untereinander in generationenalte Rechtshändel und Familienfehden verstrickt, schliessen sich die bauernschlauen Dörfler gegen Behelligungen von aussen, von Athen, sofort einvernehmlich zusammen.

Wiedmer erzählt mit Witz und Ironie und geizt nicht mit Wortschöpfungen und originellem Satzbau. So entspringt es wohl keinem Zufall, wenn der Griechenfreund einem störrischen Esel einen türkischen Namen verpasst. Ein kleines Denkmal setzt er seinem Freund Georgios Sotiriadis im rechtschaffenen Konstantinos Sotiriadis, dem Besitzer des Esels.[192] Der Athener Universitätsprofessor war der geschätzte Reiseführer der Schweizer Lehrergruppe auf ihrer Griechenlandexkursion (siehe S. 179). Er weilte im gleichen Jahr für eine Vortragsreihe in der Schweiz, als der Artikel in der Zeitung erschien.[193]

Hier anzufügen ist die gut erfundene, in ein historisches Umfeld gebettete Abenteuergeschichte des «Junker Küenzlin», die an ähnliche Arbeiten des Jungtalents Wiedmer gemahnt.[194] Sie schlägt einen weiten Bogen vom Fall Konstantinopels 1453 bis zur Reformation in schwäbischen Landen, geschrieben mit einer Wortgewalt weit über derjenigen eines durchschnittlichen Archäologen oder Finanzakrobaten.

Die zehn Folgen zu «Wendelin Gnietig», der dritten Serie, erschienen in den Jahren 1926 und 1927.[195] Die ersten drei im «Kleinen Bund» wer-

---

190 Wiedmer, Vassili 1925c.
191 Wiedmer, Therianakis 1926b; SLA, Nachlass Hugo Marti, B-2-WIEDM (11. Januar 1925: dort falsches Jahr; muss heissen 1926).
192 Wiedmer, Phanarius 1926a.
193 Neue Berner Zeitung, 2. Mai 1925, Nr. 102, S. 2; ZBSO, Nachlass Eugen Tatarinoff, NL TAT_E 3.2.60 (2. September 1926).
194 Wiedmer, Künzlin 1926c; Wiedmer, Burg Aeschi 1895; Wiedmer, Um neue Zeiten 1903a.
195 Wiedmer, Zacharias 1926d; Wiedmer, Fahrendes Volk 1926e; Wiedmer, Nina 1926f; Wiedmer, Hansel 1926g; Wiedmer, Adelsbriefe 1926h; Wiedmer, Gut 1927a; Wiedmer, Weltwunder 1927c; Wiedmer, Ueberbein 1927d; Wiedmer, Juchhei 1927e; Wiedmer, Zauberlehrling 1927f.

den als Episoden eines ungedruckten Romans angekündigt. Der Ort der Handlung, Brenzwil, die wiederkehrenden Personen und die vom Autor benutzte Ich-Form machen es aber gewiss, dass auch die sieben weiteren Fragmente zum selben Werk gehören. Den Rahmen der Handlung bildet die Kinderwelt des kleinen «Wendli», wie ihn die Mutter ruft, die auch ein «vierzehntägiges Missionsblatt abonniert» hat.[196] Die Erzählung umfasst den Familienkreis im Haus an der Kirchgasse mit der fürsorglichen Mutter, dem in seiner Schreinerwerkstatt polternden Vater, mit der schwerhörigen Grossmutter und der Pfannendeckel schlagenden Küchenmagd Grit.

Herzbewegend ist die Geschichte des kranken Mädchens Nina im gleichen Haus, in welches der unschuldige Wendelin sich doch ein klein wenig verliebt, bevor das Geschehen ein tragisches Ende nimmt. Andere Liebesidyllen entwickeln sich über den Hinterhof hinweg, in dem sich auch die «Merceriewaren mi-gros und detail» des Herrn Konrad Huber stapeln.

Der familiäre Gesichtskreis des heranwachsenden Wendelin erweitert sich mit den dörflichen Ereignissen in Brenzwil, mit Kasperlitheater, Turnwettkämpfen und Festumzügen. Zu einer eindrücklichen Erfahrung wird die Völkerschau im Theatersaal der Bahnhofwirtschaft mit echten, schwarzen Menschenfressern, die dann allerdings nach getaner Vorstellung in der Wirtschaft «europäisch angezogen» Bier trinken und geräucherte Würstchen zu sich nehmen – und keine Menschen fressen. Er selber erlebt das Fremdsein erstmals bei Verwandten im schönen welschen Jurazipfel, der Schilderung nach in der Ajoie.[197]

In einer historischen Einfügung erscheint ein Brenzwiler Lehrer namens Frei, gemeint ist zweifellos Ludwig Freivogel; und der Fürsprech Carl Moser alias «Suppenkari» tritt als «alter Rechtsagent» auf.[198]

Sicher spiegelt sich in Wendelin Gnietig (das Adjektiv *gnietig* bedeutet im Berndeutschen so viel wie mühsam, verdriesslich) Jakob Wiedmer selber in seiner frühesten Jugendzeit in Herzogenbuchsee/Brenzwil. Insofern war «Wendelin Gnietig in der Schule» vom Verfasser als Vorgeschichte zum bereits 1903 erschienenen Entwicklungsroman «Um neue Zeiten» gedacht.

Auf eine Merkwürdigkeit literarischer oder psychologischer Natur sei noch hingewiesen. Wenn Wiedmer über Maria Waser schreibt, imitiert er, bewusst oder unbewusst, ihren Stil. Berichtet er über einen Vortrag von

---

196 Wiedmer, Fahrendes Volk 1926e, 217.
197 Wiedmer, Juchhei 1927e.
198 Wiedmer, Adelsbriefe 1926h, 179.

ihr, so sprechen ihre «Darlegungen über Eleusis und über das Geheimnis der hellenischen Einheit von Schönheit mit dem Guten [...] vom heiligen Weg als einem inneren Heilspfad [...] nach dem alten und neuen Hellas und predigen die Pilgerfahrt zum Wunder dieses Landes, das für Maria Waser einziges und gewaltiges Symbol geworden ist für den ‹heiligen Weg›, den Weg aus der Nacht zum Licht, aus der Dämonie der Natur und des Blutes zum Guten, zum reinen Herzen». Das sind ungewohnte Formulierungen für Wiedmer. Und mit ähnlichem Pathos rezensierte er in der gleichen Zeit Maria Wasers biografische Darstellung Josef Widmanns.[199]

Kyra Fano

Am 27. April 1926 packte Jakob Wiedmer seine sieben Sachen erneut und zog in aller Frühe an die Thunstrasse 39, noch immer im Kirchenfeld, um (Abb. 48).[200] Aber schon nach wenigen Monaten verschlechterte sich sein Gesundheitszustand so sehr, dass er nicht mehr alleine für sich sorgen konnte. Am 8. Dezember übersiedelte er in die Villa Favorite, ein von Diakonissen geführtes Wohnheim an der Schanzeneckstrasse 25.[201] Während knapp zweier Jahre entstanden hier viele der soeben besprochenen Kurzgeschichten, aber auch sein letztes grosses Werk, der Roman «Kyra Fano». Fano ist ein bei den Griechen beliebtes Namenskürzel für Theophano; Kyra heisst Frau.

In einem «dichterischen Überfall» verfasste Wiedmer mit der Hast eines Gehetzten bis Anfang Januar 1927 die ersten 140 Manuskriptseiten. In vierzehnstündigem Tageswerk peitschte er sich voran, sodass im Juni 1927 zwar die Arbeit vollendet war, er selber aber in Erschöpfung und Depression verfiel.[202] Ahnend, dass ihm nicht mehr viel Zeit bleiben würde, hatte er sich zur Höchstleistung angetrieben.

Der Roman beginnt im Jahre 1800 am Vorabend der griechischen Freiheitskämpfe und endet mit dem Tod von Ali Pascha und dem Beginn des Aufstands, der den endgültigen Sieg über die türkische Fremdherrschaft

---

199 Wiedmer, Maria Waser 1927g; Wiedmer, Widmann-Buch 1927b.
200 SLA, Nachlass Hugo Marti, B-2-WIEDM, 27. April 1926.
201 SAB, E2.2.1.0.143, Einwohnerregister der Stadt Bern; SLA, Nachlass Hugo Marti, B-2-WIEDM, 30. Dezember 1926, Neujahrswünsche aus der Klausur in der «Favorite».
202 Waser in Wiedmer, Kyra Fano 1940, 8–11.

brachte. Wirkungsvolle Kräfte in diesem Umfeld von weltpolitischer Bedeutung waren auf der einen Seite die Grossmächte Russland, England, Frankreich und das osmanische Reich, auf der anderen die verschiedenen ethnischen Gruppen auf dem griechischen Festland, der Peloponnes und den Inseln. Ein wichtiger Akteur war Ali Pascha Tepedelenli (1741–1822). Geboren in Südalbanien, agierte er anfangs als erfolgreicher Räuberhauptmann, bevor er die Gunst des Sultans erwarb und 1788 Amt und Würde eines Paschas von Joannina empfing. Sein Ziel war es jedoch, ein von der Hohen Pforte unabhängiges Reich zwischen Albanien und Makedonien zu schaffen.[203] So weit die übergeordneten historischen Zusammenhänge.

Die ersten Episoden im Roman handeln in Epirus, wo die ethnischen Verhältnisse besonders vielschichtig und verwirrend waren. Wiedmer bekundet denn auch seine liebe Mühe mit den sich «oft wiedersprechenden Quellen», die er zur Abfassung seines Manuskripts zu Rate gezogen hat[204] – eine Einschätzung, welche die moderne Geschichtsforschung durchaus teilen würde. Die engsten politischen und sozialen Bande bildeten in diesen Landstrichen die verwandtschaftlichen Beziehungen, Stammeszugehörigkeiten, wobei die Zugehörigkeit zu Albanern oder Griechen eher zweitrangig war. Häufig bedienten sich die Bewohner sowohl der albanischen wie der griechischen Sprache. Ein wesentliches Unterscheidungsmerkmal war allerdings das Glaubensbekenntnis: Islam, Orthodoxie oder Katholizismus.[205]

Die Sulioten im gebirgigen Hinterland der Hafenstadt Parga verhielten sich von jeher besonders aufsässig gegen die türkische Fremdherrschaft, sie besassen auch einen zweifelhaften Ruf als Viehdiebe und Wegelagerer. Ihre Gräzisierung geschah erst während der Freiheitskämpfe im 19. Jahrhundert.[206]

Wiedmers Roman ist im Umfeld dieser freiheitsliebenden und kämpferischen Sulioten angesiedelt. Herausgehoben sind zwei Antipoden, nämlich die titelgebende, frei erfundene Hauptfigur, die Kyra Fano, und die historische Persönlichkeit des Paschas von Joannina Ali Tepedelenli (oder Tepeleni im Buch). In einem einfachen Schwarz-Weiss-Schema wird der

---

[203] Weithmann 1994, 138–140, 266; https://de.wikipedia.org/wiki/Tepedelenli_Ali_Pascha, abgerufen am 9. Oktober 2018.
[204] Nach Waser in Wiedmer, Kyra Fano 1940, 8. Zu den Quellen, die ihm damals hätten zur Verfügung stehen können, Winnifrith 2002, 113–119.
[205] Fleming 1999, 60–63; Winnifrith 2002, 107.
[206] Tzermias 1993, 77; Sakellariou 1997, 248–251, 270–279.

Abb. 48: Nachdem er das Familienheim mit Frau und Tochter im Rabbental verlassen hat, nimmt Wiedmer alleine Quartier im Kirchenfeld. Auch dort zieht er mehrfach um: Wiedmer als igelartiger Bär und Pfeifen rauchender Zügelmann der Firma J. W. Die einzigen Mitbewohner sind zwei Katzen.

Pascha als grausamer, hinterhältiger und böser Despot geschildert, während sein Gegenpol, die Kyra Fano, als gläubige Christin dargestellt wird, die nahezu den Nimbus einer Heiligen besitzt. Theophano oder eben Fano soll als natürliche Tochter des Vaters von Ali Pascha mit einer griechischen Sklavin gezeugt und als dessen Halbschwester erzogen worden sein.[207] Zwar gerät sie im Verlauf der Geschichte auf die Seite der Sulioten, behält jedoch bis zuletzt eine innere Bindung zu ihrem Halbbruder Ali und hat sogar einen gewissen Einfluss auf seine Entscheidungen.

Die Romanfigur Fano mag von Vasiliki (1798–1834) inspiriert sein, deren Geschichte Wiedmer offenbar kannte. Die christliche Griechin war

---

[207] Wiedmer, Kyra Fano 1940, 20, 26.

die Hauptfrau im Harem des Ali Pascha Tepedelenli und soll einen starken Einfluss auf ihn ausgeübt haben.[208]

Weitere wichtige Personen im Roman sind Andreas, der Sohn der Fano, und dessen Frau Vasiliki, die sich zusammen mit ihren zwei Söhnen Polymachos und Nikephoros bald einmal als schiessfreudige Kämpferin auszeichnet. Sie alle werden eines Heldentodes sterben. Es treten auch der griechische Anführer Kolokotronis und andere historische Helden auf.

Nicht ohne Schwierigkeiten gelingt es Wiedmer, die Sulioten einmal als Feinde und dann wieder als Verbündete des Paschas für den Leser glaubwürdig darzustellen. Solche Seitenwechsel, wie sie damals eben historische Realität waren, werden ihrem glühenden griechischen Patriotismus im Roman nicht wirklich gerecht. Schliesslich blieb die Grenzziehung zwischen einfachen Kleften (Strauchdieben) einerseits und hehren Palikaren (Freiheitskämpfern) andererseits während der jahrzehntelagen griechischen Befreiungskriege stets verschwommen.[209] Doch bei alledem verhehlt der Autor seine Sympathie für die griechische Sache keinen Augenblick, obwohl ihm nicht entging, dass «die Griechen wohl Schläulinge und Zwaspline, aber auch Helden grösseren Kalibers sein können».[210]

Überraschend ist die Eröffnung des Romans: Zwei Personen, die man als künftige Hauptakteure der Geschichte wahrzunehmen glaubt, werden bereits im zweiten Kapitel totgeschossen. Anschliessend folgt der wichtigste Handlungsstrang dem aus den Geschichtsbüchern bekannten Verlauf. Über weite Strecken werden die Ereignisse von Drittpersonen, die als Boten, Überläufer, Besucher oder Durchreisende vor der Kyra Fano auftreten, monologisch referiert. Oder Kyra Fano selber, Papas Anastasios und Markos, das Familienoberhaupt der Botsaris, geben wortreich ihre Kommentare ab.

Diese Vorträge wirken durch die oft manierierte Sprache etwas gekünstelt und für den Leser auf die Dauer ermüdend.[211] Die theatralische Ausdrucksweise schien Wiedmer offenbar zwingend für das pathetische Thema, denn besonders expressiv werden die Ausführungen immer dort, wo es um die Zukunft Griechenlands und um die Glaubensstärke der Kyra Fano geht. Wiedmer beschreibt Fano als ein «Wybervolch mit bis

---

208 https://en.wikipedia.org/wiki/Kyra_Vassiliki, abgerufen am 9. Oktober 2018; Davenport 1837, 181f., 316f.
209 Tzermias 1993, 77; Zelepos 2014, 41.
210 Nach Waser in Wiedmer, Kyra Fano 1940, 9.
211 Zum Beispiel ebd., 52.

zur Kippgrenze gesteigerter Intuition neben tiefer Religiosität, Klugheit, Schlauheit und spontanem Heroismus [...] aus dem Grenzgebiet des Sehertums mit leicht hysterischem Einschlag»[212] – Charaktereigenschaften, welche laut Wiedmer manche Griechen überhaupt auszeichnen. Auffallend ist einmal mehr das Einfühlungsvermögen, das Wiedmer der orthodoxen Glaubenswelt entgegenbringt, was doch etwas über die Religiosität des spätgeborenen protestantischen «Philhellenen» verrät.

Noch bevor das Manuskript fertiggestellt war, erwuchs daraus ein neues Projekt – nämlich aus dem Roman einen Film zu produzieren, obwohl Wiedmer angeblich noch nie ein Kino besucht hatte.[213] Es war die Zeit der Stummfilme. Vielleicht brachte ihn Johannes Jegerlehner auf die kühne Idee. Die Familien Jegerlehner und Wiedmer verkehrten früher freundschaftlich miteinander.[214] Einer von Jegerlehners Bergromanen, «Petronella», wurde gerade im Juli und August des Jahres 1927 verfilmt.[215]

Bereits am 21. März 1927 reiste Konstantinos Melas aus Athen an für eine längere Aussprache mit Hugo Marti, der das Drehbuch für den Film verfassen sollte. Das ganze Unternehmen genoss offenbar die Unterstützung der griechischen Regierung (Abb. 49).[216] Auch stellte sich rasch ein Mittelsmann namens Wüthrich ein, der dem Vernehmen nach gute Beziehungen zu den Filmstudios in London hatte. Und am 19. April wartet Wiedmer auf einer Postkarte an Hugo Marti mit einer überraschenden Neuigkeit auf: Wüthrich sehe vor, Hitchcock, der in den nächsten Tagen noch an der Riviera arbeite, für eine Vorbesprechung nach Bern zu lotsen.[217] Tatsächlich drehte Alfred Hitchcock im Frühling das Melodrama «Easy Virtue» mit einigen Aussenaufnahmen an der Côte d'Azur.[218] Hitchcock war damals 28 Jahre alt und gehörte noch nicht zu den ganz Grossen im Filmgeschäft.

---

212 Nach Waser in ebd., 9.
213 Waser 1930, 198.
214 Nachweislich Januar bis März 1912. BHM, Archiv Archäologie, Jahr für Jahr.
215 Dumont 1987, 101, 103 f.
216 SLA, Nachlass Hugo Marti, B-2-WIEDM, 21. März und 7. April 1927; Schwengeler 1940, 225.
217 SLA, Nachlass Hugo Marti, B-2-WIEDM, 8. und 11. April 1927. Siehe Anhang 3.7.
218 Freundliche Mitteilung von Hervé Dumont, Pully, 17. Dezember 2017.

Abb. 49: Krank und an den Stuhl gefesselt, begrüsst Wiedmer die von einer Eule überbrachten positiven Nachrichten aus Athen. Sie verheissen grünes Licht für die Verfilmung des Romans «Kyra Fano»; als Regisseur ist ein junges Filmtalent namens Alfred Hitchcock vorgesehen.

Doch nach dieser sensationellen Nachricht brechen die Informationen zu dem spektakulären, vielleicht wieder einmal zu gross gedachten Unternehmen ab. Die erste Fassung des Romans war soeben mit knapper Not bewältigt, das Filmprojekt wurde abgelehnt oder verlief jedenfalls im Sand. Der sonst so muntere Igel versank in Niedergeschlagenheit: «Der Blitz, der jetzt einschlug, machte endgültig Schluss», schrieb Maria Waser.[219]

«Kyra Fano» wurde erst 1940 gedruckt, zweifellos auf Initiative von Maria Waser, die ein berührendes Geleitwort schrieb, in dem sie längere Passagen aus Briefwechseln mit dem Autor zitiert. Aber auch Maria Waser erlebte den Tag des Erscheinens nicht mehr; sie verstarb bereits im Jahr

219 Waser 1930, 198 f. Im Nachlass von Hugo Marti findet sich kein Fragment eines Drehbuchs; auch starb Marti vor dem Erscheinen des Romans.

Abb. 50: «Kyra Fano» ist der letzte Roman Wiedmers, geschrieben unter Aufbietung der letzten Lebenskräfte. Er handelt vom griechischen Freiheitskampf gegen die Türken und wurde von Maria Waser postum 1940 herausgegeben.

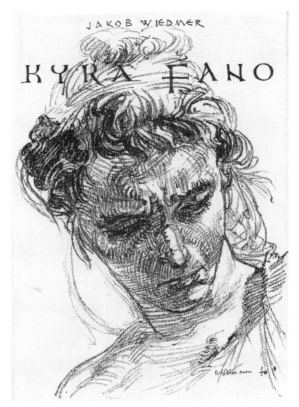

zuvor. «Da schon das Ungewöhnliche, wenn es im Zusammenhang mit Wiedmer sich ereignet, zum Gewohnten zählen muss, wird man über die Fügung nicht sonderlich erstaunt sein dürfen, dass die eine Tote einem Werk aus dem Nachlass eines Toten den Weg zu den Gegenwärtigen bahnen hilft.»[220]

Die Ausstattung des Bandes lässt kaum zu wünschen übrig, stammt sie doch von Alfred Willimann (1900–1957), einem seinerzeit bekannten Grafiker, der an der Kunstgewerbeschule Zürich unterrichtete.[221] Der leinengebundene Band trägt auf dem Deckel eine Fackel der Freiheit, umgeben

---

[220] Schwengeler 1940, 225. Weitere Rezensionen zum Buch: Neue Zürcher Zeitung, 25. Juli 1940, Nr. 1065; Hellenikon 8, 1948, 16.
[221] www.kunstbreite.ch/Kuenstlerwerdegaenge_aargau_willimann_alfred.htm, abgerufen 20. Dezember 2017.

von Rasterwellen, die man durchaus als Schaumkronen auf geglätteten Meereswogen interpretieren kann. Der Papierumschlag hingegen zeigt das expressionistische Porträt wohl der Kyra Fano selber (Abb. 50).

Vom heitern Igel zum gelähmten Seehund

In diesen Jahren illustrierte Wiedmer seine Korrespondenz oft mit Darstellungen von Eulen, Meerschweinchen, Schnecken, Bären, Hunden und am häufigsten von Katzen. Mit sicherem Strich karikierte er sich selber als Igel und mit sich verschlechterndem Gesundheitszustand als «nassschnauzigen, fusslosen Seehund», der kaum noch bewegungsfähig war. Der Familie Waser flogen solche Bilderkarten fast täglich ins Haus.[222] Erhalten haben sich gegen zwanzig dieser Zeichnungen im Nachlass von Hugo Marti (davon Abb. 46, 48, 49 und 51).[223]

Während dieses schriftstellerisch so fruchtbaren Jahres 1927 lebte Wiedmer an der Schanzeneckstrasse 25. Sein körperlicher Zerfall war unterdessen so weit fortgeschritten, dass er der ständigen Betreuung und Pflege bedurfte. Diese fand er im Sanatorium Favorite, einer «Pension für ältere Damen und Herren», die von Diakonissen geführt wurde.[224] Dabei erfuhr er einmal mehr Unterstützung aus einem ihm wohlgesinnten Bekanntenkreis. Der damalige Leiter des Diakonissenhauses Bern, Pfarrer Adolf Frey (1879–1954),[225] gehörte nämlich ebenso zu den Klassenkameraden von Maria Waser wie Otto Tschumi und Hermann Rennefahrt, der schon bei Nachlassstundung und Konkurs Beistand geleistet hatte.

Neben seiner erschöpfenden schriftstellerischen Tätigkeit war Wiedmer weiterhin beiläufig und mit Beteiligung seiner Ehefrau Marie in geschäftliche Angelegenheiten verwickelt. Es ging dabei um die Produktion von Baumaterialien. Diese konnten aber nicht in der gewünschten Qualität geliefert werden, weshalb ihr Verkauf keinen Gewinn abwarf; in den Vereinigten Staaten und in England liefen noch immer Patente zur Herstellung von künstlichem Gestein und Holz, aber auch hier schien ein Erfolg

---

222 Waser 1930, 196f. Im umfangreichen Nachlass Maria Wasers im Schweizerischen Literaturarchiv ist nichts davon vorhanden, wie sich dort merkwürdigerweise überhaupt keine Spur von Jakob Wiedmer-Stern findet. Offenbar wurde der Nachlass von den Nachkommen bereinigt.
223 SLA, Nachlass Hugo Marti, B-2-WIEDM.
224 Meichtry/Hagi 2005, 24–27.
225 Schranz 1994, 38–41.

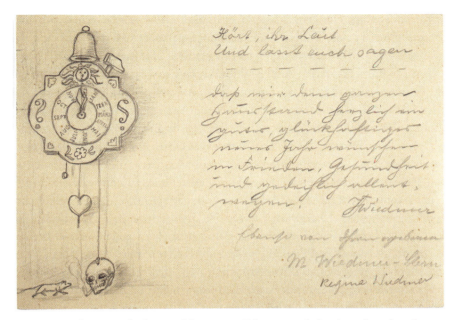

Abb. 51: Auf seiner Glückwunschkarte zum Jahr 1928 scheint der schwerkranke Wiedmer zu ahnen, dass seine Zeit abgelaufen ist. Mitunterzeichnet ist die Karte von der Ehefrau Marie Wiedmer-Stern und der Tochter Regine Wiedmer. Jakob Wiedmer starb sieben Monate später am 3. August 1928.

in weite Ferne gerückt.[226] Von was für Einkünften das Ehepaar Wiedmer damals lebte, ist unklar.

Am 23. Juli 1927 wurde die Firma Wiedmer & Cie. liquidiert; ein gerichtliches Nachspiel, bei dem Hugo Marti als Zeuge aussagen musste, verfolgte den Gelähmten bis in den Tod.[227]

Auch der Haushalt an der Rabbentalstrasse geriet in wachsende finanzielle Nöte, sodass Marie Wiedmer-Stern an die Berner Fürsorgebehörde gelangen musste.[228] Unterdessen war sie mit Regina und dem Pflegesohn Roland in die Mansarde des grossen Hauses im Rabbental gezogen. Die Vermietung der beiden unteren Stockwerke war dann allerdings ein ein-

226 SAB, Fürsorgedossier «Widmer-Stern Maria», SAB_1036_1_2265_Akte 8603, 2, 4.
227 Schweizerisches Handelsblatt, 26. Juli 1927; SLA, Nachlass Hugo Marti, B-2-Kü-MART, 22. Dezember 1928.
228 SAB, Fürsorgedossier «Widmer-Stern Maria», SAB_1036_1_2265_Akte 8603, 2.

ziger Fehlschlag. Die ersten Mieter gerieten in den Verdacht, ein Bordell zu betreiben, was die Polizei ins Haus rief. Das zweite Paar erwies sich als arbeitsscheue Tagediebe ohne Geld. Schliesslich eröffnete die Wirtin vom Café du Commerce in den beiden Wohnungen eine Pension mit 15 möblierten Zimmern, die aber zu wenig abwarfen; der geforderte Mietzins wurde nicht bezahlt. Darauf prozessierte die Eigentümerin Marie Wiedmer-Stern über das Berner Betreibungsamt und ging bis vor Bundesgericht, um zu ihrem Geld zu kommen.[229] Regina, unterdessen einundzwanzigjährig, bildete sich in Sprachen weiter, widmete sich dem Musikstudium und versuchte sich als Journalistin, blieb jedoch gesundheitlich zu stark angeschlagen, als dass sie einer regelmässigen Arbeit hätte nachgehen können.[230] Selbst für das Allernötigste wie den Kauf von Kleidern ist man auf Zuwendungen «von guten Leuten» angewiesen. Ihr Antrag auf finanzielle Unterstützung an die Fürsorgebehörde ist Marie verständlicherweise äusserst peinlich, und sie «möchte den Fall überhaupt möglichst diskret behandelt wissen».

Das persönliche Verhältnis zwischen den Eheleuten in diesem Moment ist schwer zu durchschauen. Besuche von Marie und Regina in der Villa Favorite an Ostern, Weihnachten und Silvester sind zwar dokumentiert, dienten jedoch wohl hauptsächlich zur Wahrung des guten Scheins.[231]

Am Ende des Jahres muss Wiedmer gefühlt haben, dass ihm die letzte Stunde naht (Abb. 51). Die folgenden Monate verliefen in abgeklärter Ruhe. Jakob Wiedmer-Stern verstarb am 3. August 1928 in der Villa Favorite und wurde drei Tage später auf dem Bremgartenfriedhof in Bern begraben.[232]

An der Trauerfeier in der Kapelle des Burgerspitals würdigte Museumsdirektor Rudolf Wegeli die Verdienste des Verstorbenen; die griechische Gesandtschaft stiftete einen Kranz, den «Das dankbare Griechenland seinem Freunde» widmete. In der Presse erschienen verschiedene Nachrufe.[233]

---

229 Bundesgericht. Deutschsprachiges Fallrecht, DFR-BGE 53 III 159, Nr. 40, Entscheid vom 29. Oktober 1927, www.servat.unibe.ch/dfr/pdf/c3053159.pdf, abgerufen am 19. September 2017.
230 SAB, Fürsorgedossier «Widmer-Stern Maria», SAB_1036_1_2265_Akte 8603, 2, 4.
231 SLA, Nachlass Hugo Marti, B-2-Kü-MART, 17. April, 25. Dezember und 31. Dezember 1927.
232 Das Grab wurde zwanzig Jahre später aufgehoben. Freundliche Mitteilung von Silvia Schär, Administration Friedhöfe Bern, 18. September 2018.
233 Der Bund, 4. August 1928, Nr. 359; Berner Volkszeitung, 6. August 1928, Nr. 91; Neue Zürcher Zeitung, 6. August 1928, Nr. 1422; Der Bund, 7. August 1928, Nr. 363.

Indem der Pfarrer die geduldig ertragenen Leiden des Verstorbenen und die ihm erwiesene Treue durch die Familienangehörigen gebührend heraushob, wurde die gute Form bis zum Schluss gewahrt. Erst zwei Jahre später fand Maria Waser in ihrem Roman «Land unter Sternen» Worte, um die Ursache der Krankheit und deren verheerende Folgen anzusprechen – und auch da nur andeutungsweise.[234]

Am 7. Juni 1929 organisierte die Hellas Zürich dem «glühenden Berner Philhellenen» eine eindrückliche Gedächtnisfeier.[235] Maria Waser sprach in ihrem Gedenkvortrag, den Hugo Marti gerne im «Kleinen Bund» abgedruckt hätte, über ihren verstorbenen Freund. Allerdings konnte Waser sich zu einer Publikation des Vortrags nicht überwinden, da ihr die im intimen Rahmen offenbarten Erinnerungen für die Öffentlichkeit zu persönlich schienen.[236] Beim gleichen Anlass würdigte der Berner Arzt Stavros Zurukzoglu den noch unveröffentlichten Roman «Kyra Fano» des Verstorbenen; das Manuskript lag ihm offenbar vor. Umrahmt wurde die Feier durch Beethoven-Sonaten und Liedervorträge der Sopranistin Gertrud Schneider-Furrer.

Marie und Regina

Bereits drei Wochen vor dem Tod ihres Ehemanns – die beiden lebten ja schon seit längerer Zeit güterrechtlich getrennt – verkaufte Marie Wiedmer-Stern das Anwesen an der Rabbentalstrasse ihrem Nachbarn Oberstleutnant Franz Karl Wäber.[237] In den folgenden Jahren kam die ihr früher nachgesagte Geschäftstüchtigkeit offenbar wieder zum Tragen. Ab September 1942 besass Marie Wiedmer jedenfalls zwei Häuser in Bern, das eine an der Bühlstrasse, das andere, auf den Namen der Tochter verschrieben, am Terrassenweg.[238] In ihrer Umtriebigkeit scheute sie sich nicht, sich auch auf zweifelhafte Geschäfte einzulassen. Auf diese Weise wurde sie von zwei Betrügern namens Szabo und Kunz um 14 718 Franken geprellt,

---

234 Waser 1930, 173 f., 182, 203.
235 Hellenikon 4, 1936, 1.
236 SLA, Nachlass Maria Waser, B-2-Kü-MART, 21. März 1929, und SLA, Nachlass Hugo Marti, B-2-Waser, 24. März 1929.
237 Grundbuch Bern-Mittelland, Beleg II/3204, Tagebuch, Nr. 6651, 4. Juli 1928.
238 Grundbuch Bern-Mittelland, Beleg II/3221, Tagebuch, Nr. 6845, 6. Juli 1928; Grundbuch Bern-Mittelland, Beleg III/5796, Tagebuch, Nr. 6784, 1. September 1942.

die nach Ungarn abflossen und sich auch mit Hilfe der schweizerischen Gesandtschaft in Budapest 1939 nicht mehr eintreiben liessen.[239]

Mutter und Tochter Wiedmer lebten fortan im gleichen Haushalt, ab 1945 am Terrassenweg 12. Regina Wiedmer übte verschiedene Tätigkeiten als Gesangspädagogin, Musiklehrerin, Redaktorin und Journalistin aus. Der Katalog der Schweizerischen Nationalbibliothek verzeichnet 18 Titel von ihr, die zwischen 1953 und 1977 erschienen sind; der Inhalt kreist meist um die Themen Zimmerpflanzen, Gartenbau und Bastelarbeiten für Kinder und Erwachsene. Eine der Broschüren ist der «lieben Mutter gewidmet».[240] Etwas vom Schreibtalent ihres Vaters scheint Regina geerbt zu haben, sie litt jedoch ihr Leben lang an einer angeschlagenen Gesundheit.

Die Mutter Marie Wiedmer-Stern verstarb am 25. Juli 1957.

In das Jahr 1969 fällt der letzte Kontakt zwischen dem Bernischen Historischen Museum und Regina Wiedmer. Auf eine telefonische Anfrage über den Verbleib der Originaltagebücher der Münsinger Grabungen entgegnete Frau Wiedmer, sie habe nie solche Aufzeichnungen gesehen, eine Kiste mit Papieren sei einem Brand zum Opfer gefallen und nach dem «Bruch mit der Urgeschichte» habe ihr Vater möglicherweise seine Akten vernichtet.[241]

1990 stellte die Vormundschaftsbehörde fest, dass die alleinstehende Regina Wiedmer nicht mehr in der Lage war, ihre Angelegenheiten selber zu erledigen. Das Gutachten zweier Ärztinnen beurteilte die Vierundachtzigjährige «als neurotisch fehlentwickelte Persönlichkeit, deren kognitive Leistungen aus psychisch-organischen Gründen beeinträchtigt» sei. Sie wurde am 29. Oktober 1990 ins Alters- und Pflegeheim Schönegg eingewiesen.[242] Das Haus am Terrassenweg wurde unterdessen vom 29. Dezember 1992 bis zum 1. Juli 1993 mit ausdrücklicher Einwilligung der Eigentümerin von Jugendlichen besetzt gehalten.[243] Im Haus, «das sich in einem entsetzlichen Zustand befand», türmten sich «Aktenberge und photographisches Material»; bei einer von der Vormundschaftsbehörde

---

239 BAR, Abteilung für Auswärtiges. Forderungen aus Warenlieferungen (1920–1947), E2001D_1000/1551_2549.
240 Wiedmer, Regina 1953.
241 BHM, Archiv Archäologie, Fundakten «Münsingen», Telefonnotiz, 6. Juni 1969 (Jost Bürgi, Assistent). Kaum vorstellbar, welch wissenschaftlicher Schatz noch hätte gerettet werden können, wenn es nicht bei einem blossen Telefonat geblieben wäre.
242 SAB, Vormundschaftsberichte «Widmer Maria Regina», SAB_1008_1_464 (1993 III).
243 SAB, Vormundschaftsberichte «Widmer Maria Regina», SAB_1008_1_488 (1995 II).

angeordneten Entrümpelung wurden mehrere Schuttmulden abgeführt.[244] Allein die zum Verkauf geeigneten Antiquitäten kamen im Auktionshaus Jürg Stucker in Bern zur Versteigerung. Es handelte sich um insgesamt 161 Lose: sehr viel Fayencegeschirr und Heimbergkeramik, einige Möbel («stark gebraucht»), aber auch Weihnachtsschmuck und Spielzeug aus der Zeit um 1910.[245] Der Gesamterlös aus den Auktionen betrug 147 485 Franken; der von der Vormundschaftsbehörde eingeleitete Verkauf des Hauses erbrachte weitere 420 000 Franken.[246]

Regina Wiedmer verstarb am 29. November 1994.

---

244 Brief des Augenzeugen Ulrich Chr. Haldi vom 15. Juni 1995, BHM, Archiv Archäologie, Unterlagen Zimmermann.
245 Die detaillierten Abrechnungen der Auktionen vom Herbst 1992 und Frühling 1994 fanden sich im Firmenarchiv der Galerie Jürg Stucker AG Bern.
246 SAB, Vormundschaftsberichte «Widmer Maria Regina», SAB_1008_1_488 (1995II), S. 2; Grundbuch Bern-Mittelland, Beleg I/490, 2. Dezember 1993.

Epilog

Am 10. April 1993, während das Haus am Terrassenweg 12 von einer Gruppe Jugendlicher besetzt war, brachte ein junger Mann zwei reich bebilderte Manuskriptbände ins Buchantiquariat Thierstein an der Gerechtigkeitsgasse in Bern.¹ In dem Haus, das er zusammen mit anderen bewohne, lägen viele solche Dinge; er sei nicht der Einzige, der sich bediene, und sonst kümmere sich ja niemand um dieses Durcheinander.

Ein Fotoalbum, in dem er Spuren von Jakob Wiedmer erkannte, entdeckte Quirinus Reichen, Konservator am Bernischen Historischen Museum, zufälligerweise auf dem Flohmarkt.² Wohl auf ähnlichem Weg gelangten die an Wiedmer adressierten Postkarten in die Hände von Agathon Aerni, einem passionierten Ansichtskartensammler in Bern.³ Es sind die letzten, aus purem Zufall erhaltenen Relikte aus dem Leben eines Vielbegabten. Jakob Wiedmer-Stern war nicht nur Kaufmann, Archäologe, Hotelier, Museumsdirektor, Schriftsteller, Erfinder und Journalist, sondern nach den Worten Maria Wasers auch Historiker, Chemiker, Ingenieur, Geologe, Zeichner und Entdecker,⁴ was noch mit Restaurator, Karikaturist, Diplomat und Philhellene zu ergänzen bliebe. Sein Name findet sich als Stichwort in Lexika der Archäologie, der Geschichte und der Literatur.⁵

«Wenn man das seltsame Leben dieses seltsamsten Menschen betrachtet, da kann es wohl in einem aufschäumen: jener Vater, wenn er sich weniger halsstarrig gezeigt hätte, wenn er dem Knaben den unmittelbaren Weg in Studium und Wissenschaft gegönnt hätte, sodass dieser ohne die bitteren Umwege des Autodidakten in Besiegung seiner verhängnisvollen Vielseitigkeit sich mit aller Kraft und Hingabe einer einzigen Sache hätte widmen können, der Name des Bäcker-Köbi gehörte wohl heute zu den laut genannten.»⁶

«In seinem Schrifttum steht neben dem Vollendeten und ergreifend Schönen immer auch Unfertiges und Halbgekonntes. Es ist das Werk

1 Es handelt sich um Wiedmer, Oberaargau; Wiedmer, Subingen/Münsingen.
2 BHM, Archiv Archäologie, Fotoalbum gross.
3 BBB, Nachlass Agathon Aerni.
4 Waser 1930, 200.
5 Filip Handbuch 1969, 1628; HLS 13, 2014, 451; Deutsches Literaturlexikon 32, 2013, 4f.
6 Waser 1930, 202f.

eines hochbegabten Liebhabers – doch letztlich nur eine der vielen Leidenschaften dieses leidenschaftlichen Menschen, der einem Spieler verglichen werden kann, der seinen Einsatz überall ganz wagt, doch selten die Geduld aufbringt, ein Spiel so ernsthaft zu beenden, wie er es begann. […] Der Schriftsteller Jakob Wiedmer, der uns den starken schweizerischen Zeitroman ‹Flut› schenkte, war, was der Sturm und Drang ein *Kraftgenie* nannte.»[7]

---

7 Wie Arnold Hans Schwengeler, Feuilletonredaktor und Nachfolger von Hugo Marti im «Bund» urteilte. Schwengeler 1940, 225.

Zu guter Letzt

Während meiner Tätigkeit am Bernischen Historischen Museum bin ich in den archäologischen Dossiers immer wieder auf die Spuren des unruhigen Geistes Jakob Wiedmer-Stern gestossen. Erst nach meiner Pensionierung fand ich Zeit und Musse, diese Fährte zu verfolgen. Dazu musste ich historische Quellen verschiedenster Art ausloten, und allein um dieser habhaft zu werden, war ich immer wieder auf Hilfe angewiesen.

Besonderen Dank schulde ich Willem B. Stern, Basel, und Regula Stern-Griesser, Locarno, für wichtige Familieninterna Stern; Christine Frautschi, Bern und Urs Boschung, Bolligen, für medizinische und medizinhistorische Auskünfte; Vanessa Haussener für scharfsinnige Recherchen im Depot des Bernischen Historischen Museums; Christian Utzinger, Zürich, für vergebliches Suchen nach den frühen Vereinsakten der Hellas; Hervé Dumont, Pully, und Thomas Pfister, Bern, für filmhistorische Informationen bezüglich «Kyra Fano» und Hitchcock; Armin Roether und Gisela Perske für Nachforschungen in den Archiven der Evangelischen Akademie von Bad Boll; den Direktionen des Grand Hôtel de Londres in Istanbul (Azimet Karakus) und des Hotels Beausite Park in Wengen (Margrit Leemann-Lauener) für erhellende Auskünfte; Daniel Thierstein, Bern, für authentische Schilderungen aus seinem Antiquariat; Frau Botschafterin Hara Skolarikou, Botschaft der Hellenischen Republik in Bern und Hans-Rudolf Hodel, Botschafter der Schweiz in Athen für Hilfe bei der Suche nach Spuren des Auswanderers Jakob Wiedmer. Der türkischen Botschaft war es aus datenschutzrechtlichen Gründen nicht möglich, Auskunft über allfällige Visumsanträge zu geben.

Mit Rat und Tat standen mir bei speziellen Fragen bei oder liessen mich an ihrem Fachwissen teilhaben: Ursula Schneeberger, Emanuel Tardent, Margaretha Kraut und besonders Hansjörg und Klara Fankhauser zur Topografie und zum Dorfleben von Herzogenbuchsee; Elisabeth und Christian Anliker, deren Wände in ihrem Emmentaler Bauernhaus mit Druckseiten einer wiedmerschen Kurzgeschichte isoliert waren. Anne-Marie Dubler belehrte mich über die kaufmännische Berufsbildung in Bern im 19. Jahrhundert; Regula Schmid Keeling erklärte mir das «politische

Ereignislied» bei Conrad Justinger; Dagmar Schönig eröffnete mir finanzrechtliche Sachverhalte um 1910; von Martin Sallmann erhielt ich Hinweise zum Thema Pietismus; Karl Lüönd lieferte Angaben zu den ottomanischen Eisenbahnen; Christian Weiss bestimmte spontan den Silberstater auf Wiedmers Krawatte; Christoph Reusser und Martin Bürge sowie Elena Mango und Cinzia Marti von den archäologischen Instituten in Zürich und Bern öffneten bereitwillig ihre Sammlungen und Archivalien; Annelise Zwez ergänzte die Familiengeschichte Irlet in Twann; Conrad Ulrich berichtete über den Lesezirkel Hottingen; Kathrin Meier-Rust ergänzte familiengeschichtliche Informationen zu Maria Waser; Anastasios Kalogirou förderte mein Verständnis der Athener Lokalitäten und Quartiere; Victoria Graf vom Auktionshaus Stucker recherchierte für mich im Firmenarchiv; Renate Steffen und Irene Wenger besorgten mir Unterlagen zu Wiedmers Wohnhaus an der Rabbentalstrasse; Beat Stähli verschaffte mir Zutritt in die Archivgewölbe des Berner «Bund».

Bei allen im Quellenverzeichnis aufgeführten Museen, Archiven, Bibliotheken und Amtsstellen erhielt ich stets volle Unterstützung bei meinen Suchanfragen. Besonders erwähnen möchte ich das Bernische Historische Museum, das Stadtarchiv Bern, die Burgerbibliothek Bern, das Staatsarchiv Bern, das Schweizerische Literaturarchiv, den Archäologischen Dienst des Kantons Bern, das Schulmuseum Bern und das Deutsche Archäologische Institut in Athen.

Das Buch ist auch eine Erinnerung an Ludwig Berger, aus dessen Mund ich im Wintersemester 1975/76 zum ersten Mal den Namen Wiedmer-Stern vernommen habe, und an Christin Osterwalder, die anlässlich eines Besuchs im Historischen Museum in Bern die Münsinger Grabkomplexe extra in chronologischer Abfolge ausgelegt hatte.

Meine Spurensuche für die vorliegende Biografie führte mich immer wieder aus der Stadt Bern hinaus zu Quellen und Örtlichkeiten im Oberaargau, natürlich nach Herzogenbuchsee und an den Burgäschisee, dann nach Huttwil, Solothurn, Twann, Delsberg, Windisch, Basel, Locarno, Zürich und nach Wengen ins Berner Oberland, nach Saint-Dié-des-Vosges und Sainte-Marie-aux-Mines im Elsass. Dank Jakob Wiedmer geriet ich nach Bad Boll und nach Oron-le-Châtel, aber auch nach Athen in die Odos Mavromichalis und nach Istanbul in das Grand Hôtel de Londres.

Und ganz zum Schluss möchte ich Hans-Rudolf Wiedmer und Walter Bossard vom Chronos Verlag ein Kränzchen winden.

Anhang

1 Biografische Daten und Ereignisse

1876	10. August: Geburt in Bern
1883	Primarschule in Herzogenbuchsee
1891	Kaufmännische Lehre
1895	Novelle «Burg Aeschi am See»
1897	Aufenthalt in Zürich
1898	Ankunft in Athen
1901	Rückkehr in die Schweiz
1902	Ausgrabungen Burgäschisee
1903	Roman «Um neue Zeiten»
	Ausgrabungen Subingen, Kanton Solothurn
	Bekanntschaft mit Marie Stern, Hotelbesitzerin in Wengen
1904	29. Januar: Heirat mit Marie Stern
	Materialsammlung «Archäologisches aus dem Oberaargau»
1905	Roman «Flut»
	1. September: Konservator archäologische Abteilung und Vizedirektor Bernisches Historisches Museum; Wohnung im Museum
1906	28. Mai: Geburt der Tochter Maria Regina
	Ausgrabungen Münsingen-Rain
1907	7. Juni: Direktor Bernisches Historisches Museum
	6. Oktober: Gründungspräsident der Schweizerischen Gesellschaft für Urgeschichte
1908	Umzug Rabbentaltreppe 10, Bern
	Publikation der Ausgrabungen Münsingen-Rain

1909	August bis Oktober in Konstantinopel
	Dezember: Kurzer Aufenthalt in Konstantinopel
1910	31. März: Austritt aus dem Bernischen Historischen Museum
	April bis Oktober in Konstantinopel
1911	Mai: Eventuell weitere Reise nach Konstantinopel
	Letzte Ausgrabung Twann «Reginenstein»
1912	Verstärkte Symptome der Krankheit
1913	Vermutlich Reise nach Sizilien
1914	Kauf der Liegenschaft Rabbentalstrasse 83, Bern
1916	Gründung einer Firma zur Patentierung von Erfindungen
1922	3. Juli: Konkurs
1925	Lehrerreisen und Antiquitätentausch mit Griechenland
	Reportage «Griechische Erinnerungen eines Veteranen»
	Umzug von der Rabbentalstrasse 83 ins Kirchenfeld; Verschlechterung des Gesundheitszustands
1926	Erste Episoden des «Wendelin Gnietig»
	8. Dezember: Übersiedlung ins Wohnheim Schanzeneckstrasse, Bern
1927	Vollendung von «Kyra Fano» und Entstehung der Filmidee
1928	3. August: Jakob Wiedmer-Stern stirbt in Bern
1940	«Kyra Fano» erscheint

2 Erfindungen und Patente

Patentinhaber	Thema	Eingereicht	Ort	Patentnummer	Juristischer Vertreter
J. Wiedmer-Stern	Neuerung an Buchdruckfarbwalzen	20. Dezember 1908	Bern	45921	Naegeli & Co., Bern
J. Wiedmer-Stern	Perfectionnement dans les cylindres d'impression en couleurs	18. Dezember 1909	Paris	410.458	Rigot et Prévost
C. Martini-Franchi und J. Wiedmer-Stern	Apparat für Schreibmaschinen zum Anzeigen der geschriebenen Zeilenzahl	18. Dezember 1914	Bern	69499	Naegeli & Co., Bern
C. Martini-Franchi und J. Wiedmer-Stern	Gerät zur Bildung von Knopflochschlitzen	25. Februar 1915	Bern	69928	Naegeli & Co., Bern
C. Martini-Franchi und J. Wiedmer-Stern	Knopflochnähapparat für Nähmaschinen	25. Februar 1915	Bern	72943	Naegeli & Co., Bern
C. Martini-Franchi und J. Wiedmer-Stern	Vorrichtung zum Geraderichten krummer Nägel, Wellen und dergleichen	13. März 1915	Bern	73002	Naegeli & Co., Bern
C. Martini-Franchi und J. Wiedmer-Stern	Zange	13. März 1915	Bern	73007	Naegeli & Co., Bern
C. Martini-Franchi und J. Wiedmer-Stern	Aufspannvorrichtung für ringförmige Werkstücke	17. März 1915	Bern	69992	Naegeli & Co., Bern
J. F. Wiedmer	Verfahren zum Befestigen von Werkzeugen an ihren Stielen, von Umlauforganen an Wellen und dergleichen	29. März 1915	Bern	73008	Walther & Bernhard, Bern
J. F. Wiedmer	Verbindungsorgan	29. März 1916	Bern	73010	Walther & Bernhard, Bern
J. F. Wiedmer	Roue élastique pour véhicules de tous genres	10 avril 1916	Berne	73252	Walther & Bernhard, Berne
C. Martini und J. F. Wiedmer	Lösbare Befestigungsbolzen	13. Juni 1916	Bern	73272	Walther & Bernhard, Bern

C. Martini und J. F. Wiedmer	Nagel	15. Juni 1916	Bern	73313	Walther & Bernhard, Bern
C. Martini und J. F. Wiedmer	Körner	22. Juni 1916	Bern	73705	Walther & Bernhard, Bern
C. Martini und J. F. Wiedmer	Schlüsselring	28. Juni 1916	Bern	73835	Walther & Bernhard, Bern
C. Martini und J. F. Wiedmer	Spender für trockenes, pulverförmiges Gut	15. August 1916	Bern	73769	Walther & Bernhard, Bern
C. Martini und J. F. Wiedmer	Hygienische Hülle für Taschentücher	4. September 1916	Bern	73947	Walther & Bernhard, Bern
C. Martini und J. F. Wiedmer	Schraubenmutterschlüssel	4. September 1916	Bern	74367	Walther & Bernhard, Bern
C. Martini und J. F. Wiedmer	Schraubenmutterschlüssel	7. September 1916	Bern	74368	Walther & Bernhard, Bern
C. Martini und J. F. Wiedmer	Klemmfutter	9. September 1916	Bern	73940	Walther & Bernhard, Bern
C. Martini und J. F. Wiedmer	Einspannvorrichtung für Werkstücke und Werkzeuge	15. September 1916	Bern	74252	Walther & Bernhard, Bern
C. Martini und J. F. Wiedmer	Spannfutter	30. September 1916	Bern	73941	Walther & Bernhard, Bern
C. Martini et J. F. Wiedmer	Nécessaire hygiénique pour le mouchoir de poche	20 octobre 1916	Paris	483.229	A.-M. Blanc
J. F. Wiedmer	Fräsapparat	31. August 1917	Bern	76455	Walther & Bernhard, Bern
J. F. Wiedmer	Parallelfräsvorrichtung	6. Oktober 1917	Bern	76584	Walther & Bernhard, Bern
J. F. Wiedmer	Halter für Werkzeugstähle, insbesondere Drehstähle	6. Oktober 1917	Bern	76590	Walther & Bernhard, Bern
J. F. Wiedmer	Schneidmaschine	20. Oktober 1917	Bern	76643	Walther & Bernhard, Bern
J. F. Wiedmer	Beim Schreiben sich selbst zuschärfender Bleistift	20. November 1917	Bern	78288	Bernhard & Cie., Bern
J. F. Wiedmer	Schleif-, Fräs- und Bohrapparat	20. November 1917	Bern	77276	Bernhard & Cie., Bern

J. F. Wiedmer	Improvements in Grinding, Milling and Drilling Attachments for Lathes and other Machine Tools	Apr. 23, 1918	London	6854/18	H. A. Gill & Co., London
J. F. Wiedmer	Appareil pour meuler, fraiser et percer	4 mai 1918	Paris	496.941	P. Follin
J. F. Wiedmer	Vorrichtung zum Festhalten von Gegenständen durch Klemmwirkung	14. Mai 1919	Bern	83732	Bernhard & Cie., Bern
F. Trachsel, J. Wiedmer und P. Zigerli	Process for the Production of Artificial Stone and Artificial Wood	May 3, 1926	USA	1,665,148	
F. Trachsel, J. Wiedmer und P. Zigerli	Process for the Production of Objects of Artificial Stone	May 2, 1927	London	280,104	HY. Fairbrother, London

3 Ausgewählte Dokumente

*3.1 Brief Jakob Wiedmer an Jakob Heierli, Zürich 15. Juni 1897
(SGU, Nachlass Heierli)*

Zürich, 15. Juni 1897

Sehr geehrter Herr!
Als eifriger Freund der Geschichte wäre es mir sehr angenhm, mit einem hiesigen Kenner oder Forscher auf diesem Gebiete […] bekannt zu werden; Ihr Name war mir in Grabhügelberichten im Anz. f. Schw. Alterskde. schon oft entgegengetreten & durch die Hern. Prof. Dr. W. F. v. Mülinen & Dr. v. Fellenberg lernte ich Sie als Autorität schätzen. Da mich nun meine gegenwärtige Stelle für längere Zeit hier festhält, wäre ich Ihnen sehr verbunden, wenn Sie mich durch Ihren Besuch beehren wollten. Ich muss nämlich gleich hinzufügen, dass ich Sie nur deshalb hierher bemühen möchte, um Ihnen meinen Kram Resultate meiner archäolog. «Forschungsreisen» unterbreiten zu können. Dass Ding ist nicht wohl transportabel & doch bin ich überzeugt, dass Einiges Sie interessieren wird, insofern als fast Alles aus eigenen Entdeckungen stammt, hauptsächlich aus der Umgegend v. Herz. Buchsee. Ich vermute, dass auch Ihnen in eint' oder anderem Blatte eine Erwähnung meiner Ausgrabungen in Niederönz zu Gesichte kam & wäre ich im Falle und würde es mir Vergnügen machen, Ihnen näheren Bericht über die römische Befestigung daselbst zu geben.
 Ich bitte Sie nochmals um güt. Entschuldigung, dass ich Ihnen den Gang zu mir zumute, aber es liegt mir sehr viel daran, dass ein Kenner sich für die Sache interessiert & ich hier etwelchen Aufschluss bekomme. Meine unerwartet rasche Abreise von H. Buchsee verunmöglichte es mir s. Zt., die Gegenstände Hrn. Dr. v. Fellenberg zu unterbreiten, sodass ich mich auf schriftliche Mitteilung beschränken musste.
 Ich bin von 12–2 & von 7 Uhr abends an frei, sollte Ihnen aber der Sonntag besser passen, so richte ich mich gerne nach Ihnen.
 Ihren gefl. Berichten gerne entgegen sehend, zeichne
Hochachtend
JFWiedmer

Referenzen:
Herrn Prof. Dr. W. F. v. Mülinen, Bern
Herrn Dr. E. v. Fellenberg, Bern

3.2 Antrag auf einen Reisepass von Jakob Wiedmer, Amtsbezirk Wangen, 11. Mai 1898 (StABE, Passgesuche: 1857–1900, Wi–Wy; BB XII!a. 135): Auszug aus dem eingereichten Formular

Reisepass-Empfehlung für Widmer [sic] Jakob Friedrich von Sumiswald, wohnhaft in Niederönz.
Beruf: Commis; Alter: 22 Jahre; Grösse: 170 Centimeter; Farbe der Haare: dunkelbraun; Brauen: schwärzlich; Nase: eingebogen; Stirne: hoch; Augen: braun […]
Besondere Merkmale: Eine Schnittnarbe unter dem Kinn afd. linken Seite.
Militärpflicht: Ist im Landsturm (Depôt No. 11) eingeteilt. Die Pflichtersatzsteuer pro 1898 ist bezahlt […]
Begleitung: Keine
Reisebestimmung: Griechenland
Reisezweck: Eintritt in ein Agentengeschäft in Athen.
Wangen, den 11. Mai 1898
Jakob Friedrich Wiedmer

3.3 Brief Jakob Wiedmer an Jakob Heierli, Athen 17. Februar/1. März 1900 (SGU, Nachlass Heierli)

Athen, 17./1. März 1900

Geehrter Herr!
Ich empfing s. Zt. Ihre w. Karte, die Kommission scheint aber ihren Winterschlaf noch nicht beendet zu haben, da sie noch nicht das Geringste von sich hören liess & mir gerade jetzt, wenige Wochen vor meiner Abreise die Kröten sehr willkommen wären. Ich bitte Sie also, gelegentlich wieder an

der Geschichte energisch rütteln zu wollen. Der Preis der Gegenstände ist so billig, dass darin kein Hindernis liegen kann.

Ich sandte nun heute mit andern Sachen dem Museum in Bern auch die Abgüsse von Steinwaffen, die ich Ihnen längst versprochen habe. Es sind 2 Speerspitzen 1 Dolch alle aus Silex 1 Meissel aus der prähistor. Akropolis von Melos. Sie werden Ihre Freude an diesen Prunkstücken haben. Das Kistchen wird in ca. 14 Tagen in der Schweiz sein.

Pfeilspitzen aus Stein sende ich Ihnen separat am Dienstag.

Hr. Tsountas vom hiesigen Museum hat im Spätherbst in Thessalien sehr schöne prähist. unsern Pfahlbauwerkzeugen der Steinzeit ganz ähnliche Sachen aus Hirschhorn, Stein & Ton gefunden. Ich habe darüber letzthin einen Bericht mit genauen Beschreibungen an's Bernermuseum geschickt, wenn es Sie interessiert (woran ich übrigens nicht zweifle) wird Ihnen Hr Dr. v. Fellenberg denselben wohl gerne zur Einsicht senden, wenn Sie ihm darum schreiben. Ich hätte die Zeichnungen gerne in duplo auch für Sie gemacht, fand aber leider keine Zeit. Meine Bude sieht schrecklich aus, ich ertrinke fast in den unverpackten Gypsabgüssen & muss herumgehen wie ein Hase im Salat, um auf nichts zu treten. Gewöhnlich sitze ich bis 2 Uhr hinter dem Gypsnapf.

Bevor ich weggehe, werde ich mir erlauben, Ihnen noch einige schöne Münzabgüsse zu einem Quaderno zu senden. Diese Dinger auf dunkelgrünem Sammet geklebt, machen sich sehr hübsch.

Also bitte, geben Sie den betr. Herren der Ad-mi-ni-stra-tion wider einen gelinden Puff.

Hochachtungsvoll grüssend
Ihr ergebener
JFWiedmer

Bei der erwähnten «Kommission» muss es sich um ein Gremium handeln, das über Ankäufe für die Archäologische Sammlung der Universität Zürich beschliesst. Im folgenden Brief vom 12./25. Mai 1900 (SGU, Nachlass Heierli) erwähnt Wiedmer eine Absage vom Archäologen Prof. Hugo Blümner, dem Institutsvorgänger von Otto Waser (Waser Otto 1935).

3.4 Der Bund, 24./25. Oktober 1906, Nr. 501

Der Keltenhäuptling
Eine Phantasie
Den Gräberforschern J. Wiedmer und J. Lüdi zugeeignet
von Hans Brugger

Wer klopft und pocht an meiner Kammer Wand?
Was knarrt und kratzt an meines Bettes Rand?
Wer ist's, der meine Ruh beharrlich stört,
Mit widerwärt'gen Lauten mich empört?
Ich schlief wohl einen schweren, langen Schlaf,
Seit mich, Dumnorix, deine Lanze traf.
Frohlocke nicht! Mein Schwert ruht mir zur Seite,
Komm nochmals mit mir auf des Feldes Breite!
Nicht sollen meines Arms und Fusses Bougen
Als Beute dir im Männerkampfe taugen!

Wie ist mir heut? Ich seh ein Fünklein blitzen
Ganz fein! Und siehe da – durch breit're Ritzen
Kommt Licht ins dunkle Kämmerlein gequollen.
Es hebt sich was, wie dunkle Erde Schollen.
Ha Licht! Ich freu mich deiner wieder!
Den goldnen Schimmer fasst, ihr trägen Lider!

Heb' mich vom Bett empor, du weisser Mann,
Der du mich wecktest von des Schlummers Bann!
Es blickt dein Aug so überirdisch klug,
Wann war's, dass man mich hier zu Bette trug?
Zweitausend Jahre, sagst du? – Eitler Wahn!
Zehn Feinde hab' ich gestern abgetan.
Du hobst vom Leibe mir die schwere Decke,
Nun stütz' den Arm, dass ich mich kräftig recke!
Aus dieser Höhlung, drin ich lag versunken,
Heb' sacht mich auf, noch bin ich Schlafes trunken!
Nun steh ich aufrecht –
Wundersames Schauen!

Du Sonnenstern auf hohen Himmelsauen,
Sei mir gegrüsst! O Feuerlicht, du blendest
Mein zweifelnd Auge. Du entsendest
Noch immer deiner Strahlen reicher Fülle.
In Flammen sprüht, Lichtgott, dein Schöpferwille –
Glanzquell, der nimmer du versiegst,
In deinem Schoss des Lebens Keime wiegst!
Dein leuchtend Kleid ist dieser Erde Pracht,
Dankopfernd sei mein Preis dir dargebracht! –

Euch Berge grüss ich auch, ihr himmelhohen,
Noch immer schlaget ihr in weissen Lohen
Die Silberflammen auf zum Weltenrand. –
Waldberge mit dem fels'gen Zackenband,
Seid mit gegrüsst, ich kenn euch jede Schlucht,
Wo oft ich Kampf mit Bär und Eber sucht'.
Die Ferne winkt dem Jägersmann vertraut,
Das Nahe, wie so fein, wie fremd es schaut!
Und um so ferner, fremder, wenn es näher –
Bin ich vielleicht der fernsten Zukunft Seher?

Wär dies ein Traumbild? Ha! Dort fährt
Ein Wagen, sieh, der des Gespanns entbehrt!
Ein Zaubrer lenkt ihn. Grösser Schrecknis dort!
Ein Höllenkarren zieht die schwarze Reihe fort,
Pfeift, schnaubt! Mir fährt ein Schauder durchs Gebein –
Jetzt wieder klingen erzne Glocken wunderrein
Vom Anger, wo die roten Rinder grasen.
So fein geglättet sah ich nie den Rasen.
Ich suche meiner Hütte First von Stroh,
Doch was ich schaue, macht mich nimmer froh.
Dort Haus an Haus gar gross und prächtig,
Mit Bäumen rings von roten Früchten trächtig.
Was tu ich, rauher Krieger, hierzuland!
Ich bett' mich lieber wieder in den Sand!

Eins, weisser Mann, macht meine Neugier rege,
Du sagst mir's, eh ich hier mich niederlege:
Wie nennst du jene Burg mit hohen Zinnen?
Wohnt nicht des Glückes Fürst und Fürstin drinnen? –
Was? Wie? Die Burg des Wahns? Der irren Geister?
Die ihres Sinns und Denkens nicht mehr Meister? –
Das kenn ich nicht! – O arme reiche Welt,
Wie bitter ist dein zaubrisch Glück vergällt!
Umsonst mit Ährengold dein Feld sich schmückt,
Mit Grün die Au, wo kein Genuss dir glückt!
Lebwohl! Dass ich vor deinem Wahn mich rette,
Steig ich beizeiten wieder in mein Bette.
Dir, weisser Mann, geb ich, acht's nicht gering,
Dies Gold vom Finger und vom Arm den Ring,
Das Eisenschwert allein möcht' ich behalten,
Dann magst du weiter deines Amtes walten.

*3.5 Postkarte von Jakob Wiedmer an unbekannten Adressaten, Bern,
14. Mai 1908 (BHM, Archiv Archäologie, Korrespondenz JWS 1902–1910)*

Bernisches Historisches Museum Bern, 14. Mai 1908
Direktion

Sehr geehrter Herr Professor!
Es freut mich, Ihnen beiliegend «Münsingen» überreichen zu können.
Die Einführung, welche Ihnen nichts Interessantes bieten dürfte, war
für das weitere Publikum, d. Hist. Verein, notwendig, u wird von diesem
eher gelesen worden sein, als die Mittelpartie, welche das archäologische
Resultat behandelt, das besonders für die Chronologie der Typen in der
Latènezeit bedeutsame u von Deutschen u Franzosen bereits acceptierte
Beiträge enthält. Dr. P. Reinecke v. röm.-german. Centralmuseum in Mainz
schreibt mir dieser Tage, der Fund von Münsingen sei der wissenschaftlich
wertvollste, den man gegenwärtig habe.
Mit vorzüglicher Hochachtung
Ihr ergebener
JFWiedmer

3.6 Brief von Henri Brack an Jakob Wiedmer, 20. März 1910 (BHM, Archiv Archäologie, Korrespondenz JWS 1902–1910)

Henri Brack
Jngénieur
Luzern, den 20.ten März 1910

Herrn Widmer, Dir. des histor. Museums
Bern

Sehr geehrter Herr!
Von befreundeter Seite wird mir aus Con/pel mitgeteilt, dass Sie sich nächstens zur Anbahnung von Geschäften nach der Türkei begeben werden.
 Da ich mehrere Jahre dort tätig war & den gegenwärtigen Arbeitsminister, Haladjian Eff., persönlich kenne, so frage [ich] Sie hiermit höfl. an, ob Ihnen eine kleine Aussprache über gegenwärtige türk. Verhältnisse & über die Geschäftsaussichten ev. commodieren würden.
 Vielleicht könnte sich ein gemeinsames Vorgehen unserer Finanzfreunde als wünschenswert herausstellen.
Einer gef. Rückäusserung gerne entgegensehend,
Mit aller Hochachtung
Brack.

3.7 Postkarte von Jakob Wiedmer-Stern an Hugo Marti, 19. April 1927 (SLA, Nachlass Hugo Marti B-2-WIEDM)

19. 4. 27
Verehrtester Herr Doctor!
Gestern war Wüthrich von London bei mir, der alles daran setzt, zu Rank zu kommen. Hitchcock ist bis Ende dies an der Riviera tätig; nachher hofft er ihn nach Bern zu dirigieren zu einer Besprechung. – Dass H. Melas auf einem Sprung im Land ist, mag er Ihnen selber verraten.
Ergebenst Ihr
JFWiedmer

4 Veröffentlichungen von Jakob Wiedmer-Stern

In chronologischer Reihenfolge; Vollständigkeit ist nicht angestrebt. Verschiedene Zeitungsartikel, signiert mit dem Kürzel -dm-, stammen sicher von Wiedmer; bei zwei weiteren, nämlich -ied- und ws., besteht eine mit an Sicherheit grenzende Wahrscheinlichkeit. Diese kommentieren meist griechische Tagesaktualitäten oder behandeln Anlässe von Hellas, der Schweizerischen Vereinigung der Freunde Griechenlands während der Jahre, als Wiedmer für den griechischen Pressedienst arbeitete. Solche Artikel sind sporadisch in die Literaturliste aufgenommen.

Wiedmer, Burg Aeschi 1895: J. W.: Burg Aeschi am See. Eine oberaargauische Erzählung aus der Zeit vor dem Laupenkrieg. In: Sebastian der Schärrmauser. Gratisbeilage zur Berner Volkszeitung, Jg. 13, 1895, 97–99, 101–103, 105–107, 109–111, 113–115, 117–120, 121–123, 125–127.

Wiedmer, Herzogenbuchsee 1897: J. W.: Ueber die Vorzeit von Herzogenbuchsee und Umgegend. In: Sebastian der Schärrmauser. Gratisbeilage zur Berner Volkszeitung, Jg. 15, 1897, 85 f., 93 f.

Wiedmer, Burgäschi 1902: Korr.: Vom Pfahlbau Burgäschi. In: Die Bauernstube. Gratisbeilage der Berner Volkszeitung, Jg. 8, 1902, Nr. 48, S. 2.

Wiedmer, Um neue Zeiten 1903a: Jakob Wiedmer: Um neue Zeiten, Frauenfeld 1903.

Wiedmer, Heimatkunde 1903b: J. W.: Heimatkunde. In: Das Schweizerdorf. Gratisbeilage zur Berner Volkszeitung, Nr. 27–44, 1903, S. 209–349 passim.

Wiedmer, Oberaargau 1904a: Jakob Wiedmer: Archäologisches aus dem Oberaargau. In: Archiv des Historischen Vereins des Kantons Bern 17, 1904, 300–511.

Wiedmer, Aus dem Oberaargau 1904b: Jakob Wiedmer: Aus dem Oberaargau. In: Anzeiger für Schweizerische Altertumskunde N. f. 5, 1903/04 (1904), 238–240.

Wiedmer, Flut 1905a: Jakob Wiedmer: Flut, Frauenfeld 1905.

Wiedmer, Trimstein 1905b: Jakob Wiedmer-Stern: Alamannengräber bei Trimstein. In: Blätter für bernische Geschichte, Kunst und Altertumskunde 1, 1905, 7–12.

Wiedmer, Mittelland 1905c: Jakob Wiedmer-Stern: Die neuesten Flachgräberfunde im bernischen Mittelland. In: Blätter für bernische Geschichte, Kunst und Altertumskunde 1, 1905, 227–236.

Wiedmer, Münsingen 1906a: Jakob Wiedmer: Das Gräberfeld von Münsingen. In: Neue Zürcher Zeitung, 7. November 1906, Nr. 309.

Wiedmer, Trepanation 1906b: Jakob Wiedmer-Stern: Trepanation in vorgeschichtlicher Zeit. In: Der Bund, 26./27. Juni 1906, Nr. 295.

Wiedmer, Gräberfeld 1906c: Jakob Wiedmer: Ein gallo-helvetisches Gräberfeld. In: Die Schweiz 10, 1906, 397–403.

Wiedmer, Richigen 1906d: Jakob Wiedmer-Stern: Die Flachgräber von Richigen bei Worb. In: Blätter für bernische Geschichte, Kunst und Altertumskunde 2, 1906, 10–13.

Wiedmer, Nekrolog Kasser 1906e: Jakob Wiedmer-Stern: Nekrolog Direktor Hermann Kasser. In: Blätter für bernische Geschichte, Kunst und Altertumskunde 2, 1906, 139–143.
Wiedmer, Vilbringen 1906f: Jakob Wiedmer-Stern: Die Völkerwanderungsgräber zu Vilbringen. In: Blätter für bernische Geschichte, Kunst und Altertumskunde 2, 1906, 173–175.
Wiedmer, Bronzeschwert 1906g: -dm-: Das Bronzeschwert von Port. In: Der Bund, 11. Dezember 1906, Nr. 582.
Wiedmer, Schädelkuriosa 1907a: Jakob Wiedmer-Stern: Schädelkuriosa im Bernischen Historischen Museum. In: Blätter für bernische Geschichte, Kunst und Altertumskunde 3, 1907, 1–9.
Wiedmer, Petinesca 1907b: Jakob Wiedmer-Stern: Petinesca. In: Blätter für bernische Geschichte, Kunst und Altertumskunde 3, 1907, 87–106.
Wiedmer, Richigen 1907c: Jakob Wiedmer-Stern: Ein neuer Gräberfund in Richigen b. Worb. In: Blätter für bernische Geschichte, Kunst und Altertumskunde 3, 1907, 165–168.
Wiedmer, Langnau 1907d: Jakob Wiedmer-Stern: Zur Erinnerung an die Ausstellung in Langnau. In: Blätter für bernische Geschichte, Kunst und Altertumskunde 3, 1907, 201–205.
Wiedmer, Münsingen 1908a: Jakob Wiedmer: Das Latène-Gräberfeld bei Münsingen (Kt. Bern). In: Archiv des Historischen Vereins des Kantons Bern 18, 1908, 269–361.
Wiedmer, Subingen 1908b: Jakob Wiedmer: Die Grabhügel bei Subingen. In: ASA 10, 1908 (1909), 13–23, 89–100, 191–199, 287–301.
Wiedmer, Bäriswil 1909a: Jakob Wiedmer-Stern: Das Gürtelblech von Bäriswil. In: Blätter für bernische Geschichte, Kunst und Altertumskunde 5, 1909, 26–31.
Wiedmer, Engehalbinsel 1909b: Jakob Wiedmer: Die römischen Überreste auf der Engehalbinsel bei Bern. In: ASA 11, 1909 (1910), 9–30.
Wiedmer, Twann 1911: Jakob Wiedmer-Stern: Ausgrabungen bei Twann. In: Blätter für bernische Geschichte, Kunst und Altertumskunde 7, 1911, 312–317.
Wiedmer, Mito 1924a: -ied-: Mito. In: Der Sonntag. Beilage der Neuen Berner Zeitung 4, 1924, 81–83, 85 f., 89–91, 93–95.
Wiedmer, Menschlein 1924b: Jakob Wiedmer: Menschlein Mensch. In: Sonntagsblatt der Basler Nachrichten 18, 1924, 129 f., 133 f.
Wiedmer, Peterli 1925a: Jakob Wiedmer: Peterlis letzte Freundschaft. Eine Menschen- und Katzengeschichte. In: Der Sonntag. Beilage der Neuen Berner Zeitung 5, 1925, 17–19, 21–23, 25–27, 29–31, 33 f.
Wiedmer, Erinnerungen 1925b: Jakob Wiedmer: Griechische Erinnerungen eines Veteranen. Mit Umschlagszeichnung von R. Münger, Bern 1925. Separatdruck aus: Der Sonntag. Beilage der Neuen Berner Zeitung 5, 1925, 113–115, 117–119, 121 f., 125–127, 129–131, 133–135, 137–139, 141–143.
Wiedmer, Vassili 1925c: Jakob Wiedmer: Der Schatz des alten Vassili. In: Sonntagsblatt der Basler Nachrichten 19, 1925, 153 f., 157 f.
Wiedmer, Phanurius 1926a: Jakob Wiedmer: Wie der Heilige Phanurius dem wunderlichen Kostis den Weg zeigte. In: Der kleine Bund 7, 1926, 9–12, 17–19.

Wiedmer, Therianakis 1926b: Jakob Wiedmer: Der Weinberg der Therianakis. In: Der kleine Bund 7, 1926, 73–77, 83–85, 91–94.
Wiedmer, Künzlin 1926c: Jakob Wiedmer: Junker Künzlin und das Vermächtnis des Nikodemos, o. O. 1926.
Wiedmer, Zacharias 1926d: Jakob Wiedmer: Der Zugvogel Zacharias. In: Der kleine Bund 7, 1926, 169–173.
Wiedmer, Fahrendes Volk 1926e: Jakob Wiedmer: Fahrendes Volk – und ein Sieg über den Teufel. In: Der kleine Bund 7, 1926, 217–219.
Wiedmer, Nina 1926f: Jakob Wiedmer: Nina. In: Der kleine Bund 7, 1926, 241–244.
Wiedmer, Hansel 1926g: Jakob Wiedmer: Hansel. In: Der kleine Bund 7, 1926, 394–396.
Wiedmer, Adelsbriefe 1926h: Jakob Wiedmer: Adelsbriefe. In: Der Sonntag. Beilage der Neuen Berner Zeitung 6, 1926, 179f., 184.
Wiedmer, Jungfer Gut 1927a: Jakob Wiedmer: Der Seelengarten der Jungfer Gut. In: Der kleine Bund 8, 1927, 81f.
Wiedmer, Widmann-Buch 1927b: Jakob Wiedmer: Das J. V. Widmann-Buch von Maria Waser. In: Der kleine Bund 8, 1927, 196f.
Wiedmer, Weltwunder 1927c: Jakob Wiedmer: Weltwunder. In: Der Sonntag. Beilage der Neuen Berner Zeitung 7, 1927, 87f.
Wiedmer, Ueberbein 1927d: Jakob Wiedmer: Das Ueberbein. In: Der Sonntag. Beilage der Neuen Berner Zeitung 7, 1927, 99f., 104.
Wiedmer, Juchhei 1927e: Jakob Wiedmer: Juchhei, in's Welsche! In: Der Sonntag. Beilage der Neuen Berner Zeitung 7, 1927, 142–144.
Wiedmer, Zauberlehrling 1927f: Jakob Wiedmer: Der Zauberlehrling. In: Sonntagsblatt der Basler Nachrichten 21, 1927, 110–152.
Wiedmer, Maria Waser 1927g: ws.: Maria Wasers «Bekenntnis zu Hellas». In: Neue Berner Zeitung, 25. Juni 1927, Nr. 146, S. 3.
Wiedmer, Hühnerkrieg 1928a: -ied-: Der Hühnerkrieg auf der Insel Kreta. In: Neue Berner Zeitung, 28. Februar 1928, Nr. 49, S. 4.
Wiedmer, Ahnung 1928b: -ied-: Du hast noch eine Ahnung …! In: Neue Berner Zeitung, 14. März 1928, Nr. 62, S. 3.
Wiedmer, Kyra Fano 1940: Jakob Wiedmer: Kyra Fano. Ein Roman aus der Zeit der griechischen Freiheitskämpfe. Mit einem Geleitwort von Maria Waser, Zürich 1940.

Abbildungsnachweis

Buchdeckel und Abb. 3, 9–14, 17–19, 21, 23–32, 36–37, 43–45: Bernisches Historisches Museum, Foto Christine Moor.
Abb. 1: nach Burkhalter et al. 1991.
Abb. 2, 20, 46–49, 51: Schweizerische Nationalbibliothek/Schweizerisches Literaturarchiv, Bern.
Abb. 4, 6–8, 50: Foto Felix Müller, Bern.
Abb. 5: Baugeschichtliches Archiv der Stadt Zürich, Foto Breitinger.
Abb. 15, 16: Stern 2007.
Abb. 22: Kurhaus Bad Boll, Gästebücher.
Abb. 33: Müller et al. 2008.
Abb. 34, 35: Felix Müller (Hôtel de Londres, Istanbul 2017): Fotoalbum Sebah u. Joaillier.
Abb. 38: Burgerbibliothek, Bern.
Abb. 39–41: Renate Steffen, Rabbentalstrasse 87, Bern/Landolf 2008.
Abb. 42: Institut Geistiges Eigentum, Bern.

Bibliografie

Quellen

Maria Waser und Jakob Wiedmer-Stern kannten sich seit frühester Kindheit und pflegten besonders in späteren Jahren einen sehr vertraulichen Umgang. Die Informationen der Dichterin (Waser 1930 und Wiedmer 1940, 5–12) stammen deshalb zwar aus erster Hand, jedoch färbt eine literarische Verklärung des «Genies Köbi» das Urteil der Autorin. In Wasers umfangreichem Nachlass fehlt von Wiedmer jede Spur; die Dokumentation wurde «zusammengestellt von den beiden Söhnen Hans und Heini Waser», ehe sie 1995 ins Schweizerische Literaturarchiv nach Bern kam.
Ines Jucker (1972) verwertete in den späten Sechzigerjahren sonst unbestätigte Auskünfte aus Gesprächen mit Regina Wiedmer (1906–1994), der Tochter von Jakob Wiedmer-Stern.
Die Materialiensammlung Wiedmer, Oberaargau, und ein Teil der Originaltagebücher der Grabungen Subingen 1903 und Münsingen 1906 (Wiedmer, Subingen/Münsingen) gelangten 1993 über den Antiquitätenhandel ins Bernische Historische Museum.
Zwei wichtige, hier neu erschlossene Quellen sind die beiden Originaltagebücher von Maria Wiedmer-Stern, aufbewahrt im Bernischen Historischen Museum, und die Postkartensammlung von Agathon Aerni in der Burgerbibliothek Bern.

Ungedruckte Quellen

ACJD: *Archives et correspondance de Joseph Déchelette, Roanne*

ACV: *Archives cantonales vaudoises, Chavannes-près-Renens*
– Archive François-Alphonse Forel

BAR: *Schweizerisches Bundesarchiv, Bern*
– Abteilung für Auswärtiges. Forderungen aus Warenlieferungen (1920–1947)

BBB: *Burgerbibliothek Bern*
– Burgeraufnahmeakten
– Familienarchiv Züricher
– Nachlass Agathon Aerni
– Privatarchive

BHM: *Bernisches Historisches Museum, Bern*
– Eingehende Korrespondenz Direktion
– Ausgehende Korrespondenz Direktion
– Protokolle Aufsichtskommission
– Archiv Verwaltung
– Archiv Archäologie, Korrespondenz JWS 1902–1910
– Archiv Archäologie, Fotoalbum gross
– Archiv Archäologie, Fotoalbum klein
– Archiv Archäologie, Unterlagen Zimmermann
– Archiv Archäologie, Fundakten
– Archiv Archäologie, Jahr für Jahr
– Archiv Archäologie, Poesie

Grundbuchamt Bern-Mittelland, Ostermundigen
– Grundbuch Bern-Mittelland

Grundbuchamt Oberland, Interlaken
– Grundbuch Oberland

IGE: *Eidgenössisches Institut für Geistiges Eigentum, Bern*
Früher: Schweizerisches Amt für geistiges Eigentum
– Patentschriften

KASO: *Kantonsarchäologie Solothurn*

PA Stern: *Privatarchiv Willem B. Stern, Basel*

Privatarchiv Regula Stern-Griesser, Locarno

SAB: *Stadtarchiv Bern*
– Einwohnerregister
– Fürsorgedossier
– Vormundschaftsberichte

SALU: *Stadtarchiv Luzern*
– Einwohnerkontrolle, Häuserverzeichnis
– Teilungsbehörde, Erbschaft

SBB Historic – *Stiftung Historisches Erbe der SBB, Windisch*
– Generaldirektion 1853–1998
– Vereinigte Schweizerbahnen. Abfindung Direktor Brack

SGU: *Schweizerische Gesellschaft für Urgeschichte, Basel*
Seit 2006: Archäologie Schweiz, Basel
– Landesdokumentation
– Nachlass Heierli

SLA: *Schweizerisches Literaturarchiv, Bern*
– Nachlass Hugo Marti
– Nachlass Otto Tschumi
– Nachlass Maria Waser

SNM: *Schweizerisches Nationalmuseum*
– Archiv Archäologie

StABE: *Staatsarchiv Bern*
– Höhere Mittelschulen, lokales, Gymnasium Bern
– Passgesuche

Wiedmer, Oberaargau: Materialien zu «Der Oberaargau in vorgeschichtlicher Zeit», gesammelt von J. Wiedmer, von 1891–1903, BHM, Archiv Archäologie, Kauf 1993.

Wiedmer, Subingen/Münsingen: Fragment, BHM, Archiv Archäologie, Kauf 1993.

ZBSO: *Zentralbibliothek Solothurn*
– Nachlass Eugen Tatarinoff

Siglen der Periodika und Nachschlagewerke

Adressbuch Bern: Adressbuch für Stadt und Stadtbezirk Bern, ab 1917 Adressbuch der Stadt Bern.
AHVB: Archiv des Historischen Vereins des Kantons Bern.
ASA: Anzeiger für Schweizerische Altertumskunde. Neue Folge.
Filip, Handbuch: Jan Filip: Enzyklopädisches Handbuch zur Ur- und Frühgeschichte Europas, 2 Bände, Stuttgart 1966/69.
Forrer, Reallexikon: Robert Forrer: Reallexikon der prähistorischen, klassischen und frühchristlichen Altertümer, Berlin 1908.
HBLS: Historisch-Biographisches Lexikon der Schweiz.
HLS: Historisches Lexikon der Schweiz.
JbBHM: Jahresbericht des Bernischen Historischen Museums / Jahrbuch des Bernischen Historischen Museums, Bern.
JbSGU/JbSGUF: Jahrbuch der Schweizerischen Gesellschaft für Urgeschichte / Jahrbuch der Schweizerischen Gesellschaft für Ur- und Frühgeschichte.
KLS: Künstler-Lexikon der Schweiz, XX. Jahrhundert.
Killy, Literaturlexikon: Wilhelm Kühlmann (Hg.): Killy Literaturlexikon. Autoren und Werke des deutschsprachigen Kulturraumes, 2. Auflage, Bonn 2011.
LKA: Lexikon zur keltischen Archäologie.
RGA: Reallexikon der Germanischen Altertumskunde.
ZAK: Zeitschrift für Schweizerische Archäologie und Kunstgeschichte.

Literatur

Alt et al. 2006: Kurt W. Alt, Peter Jud, Felix Müller, Nicole Nicklisch, Adelina Uerpmann, Werner Fach: Biologische Verwandtschaft und soziale Struktur im latènezeitlichen Gräberfeld von Münsingen-Rain. In: Jahrbuch des Römisch-Germanischen Zentralmuseums 52, 2005, 157–210.

Arnau 1964: Frank Arnau: Talente auf Abwegen. Alexandre Stavisky, Berlin 1964, 7–58.

Arni 2004: Caroline Arni: Entzweiungen. Die Krise der Ehe um 1900, Köln 2004.

Äskulap 1970: Äskulap in Graubünden. Beiträge zur Geschichte der Medizin und des Ärztestandes: zum Anlass seines 150jährigen Bestehens, hg. vom Bündnerischen Ärzteverein, Chur 1970.

Bachmann 2011: Brigitte Bachmann-Geiser: Rudolf Münger und sein Künstlerkreis. Schöne Welt im Kornhauskeller (Passepartout. Schriftenreihe der Burgerbibliothek Bern 4), Bern 2011.

Baedeker 1893: Karl Baedeker: Griechenland, 3. Auflage, Leipzig 1893.

Baedeker 1903: Karl Baedeker: Die Schweiz nebst den angrenzenden Teilen von Oberitalien, Savoyen und Tirol, 30. Auflage, Leipzig 1903.

Baedeker 1905: Karl Baedeker: Konstantinopel und das westliche Kleinasien, Leipzig 1905.

Baedeker 1908: Karl Baedeker: Griechenland, 5. Auflage, Leipzig 1908.

Baedeker 1914: Karl Baedeker: Konstantinopel, Balkanstaaten, Kleinasien, Archipel, Cypern, 2. Auflage, Leipzig 1914.

Bandelier/Prongué: André Bandelier, Bernard Prongué (Hg.): Nouvelle histoire du Jura, Porrentruy 1984.

Bätschmann et al. 2012: Oskar Bätschmann, Monika Brunner, Bernadette Walter: Ferdinand Hodler. Catalogue raisonné, Bd. 2: Gemälde, Zürich 2012.

Baumont 1937: Michel Baumont: L'industrie dans la région de Saint-Dié. In: Annales de géographie 46, 1937, 247–259.

Bernischer Staats-Kalender 1887.

Biland 1985: Anne-Marie Biland: Bern im Wandel. Die Stadt in alten Fotografien, Bern 1985.

Biland 1994: Anne-Marie Biland: Bernisches Historisches Museum. Architekturführer (Schweizerische Kunstführer GSK, Serie 55, Nr. 549/550), Bern 1994.

Binggeli 2003: Markus Binggeli: Sonne und Filigran – Beobachtungen zur Herstellung des Goldanhängers von Jegenstorf. In: Archäologie Schweiz 26, 2003, 34–36.

Bleuler 1907: Hedwig Bleuler-Waser: Leben und Taten des Lesezirkels Hottingen. Von seiner Geburt bis zu seinem 25. Altersjahre, 1882–1907, Zürich 1907.

Boissonnas 2001: Fred Boissonnas: Images of Greece, Athen 2001.

Bolliger 2006: Sabine Bolliger Schreyer: Römische Mosaiken (Glanzlichter aus dem Bernischen Historischen Museum 17), Zürich 2006.

Boschung/Braathen 2001: Urs Boschung, Lasse R. Braathen: Die Dermatologische Universitätsklinik und -poliklinik Bern. In: Der Hautarzt. Zeitschrift für Dermatologie, Venerologie und verwandte Gebiete 52, 2001, 1049–1056.

Braggiotti 1985: Lucy Braggiotti: Athens 1839–1900. A Photographic Record, Athen 1985.

Brugsch 1912: E. Brugsch: Die zukünftige elektrische Schnellbahn für Konstantinopel und seine am europäischen Ufer des Bosporus gelegenen Vororte. Elektrische Kraftbetriebe und Bahnen. In: Zeitschrift für das gesamte Anwendungsgebiet elektrischer Triebkraft 10, 1912, 641–644.

Brümmer 1913: Franz Brümmer: Lexikon der deutschen Dichter und Prosaisten vom Beginn des 19. Jahrhunderts bis zur Gegenwart, Bd. 3: Grzenkowski bis Kleimann, 6. Auflage, Leipzig 1913.

Burgerbuch: Verzeichnis der Burger der Stadt Bern, Bern 1848 ff.

Burkhalter et al. 1991: Hans Burkhalter, Hansjörg Fankhauser, Willi Kobel: Erinnerungen aus Herzogenbuchsee auf alten Ansichtskarten, Bern 1991.

Champion 1982: Sara Champion: DuMont's Lexikon archäologischer Fachbegriffe und Techniken, Köln 1982.

Charbon 2010: Rémy Charbon: «Autochthonen und Touristen». Reflexe der touristischen Expansion 1800–1914 in der zeitgenössischen Deutschschweizer Literatur. In: ders., Corinna Jäger-Trees, Dominik Müller (Hg.): Die Schweiz verkaufen. Wechselverhältnisse zwischen Tourismus, Literatur und Künsten seit 1800, Zürich 2010, 75–99.

Chronologie 1986: Chronologie. Archäologische Daten der Schweiz. Antiqua (Veröffentlichungen der Schweizerischen Gesellschaft für Ur- und Frühgeschichte 15), Basel 1986.

Davenport 1837: Richard Alfred Davenport: The Life of Ali Pasha, of Tepeleni, Vizier of Epirus, London 1837.

David 1993: Thomas David: Edouard Huguenin (1856–1926). Un Neuchâtelois dans l'empire ottoman. Musée neuchâtelois. In: Recueil d'histoire nationale et d'archéologie 67, 1993, 67–82.

Déchelette 1913: Joseph Déchelette: Manuel d'Archéologie préhistorique, celtique et gallo-romaine. Archéologie celtique ou protohistorique II, 2: Premier âge du Fer ou époque de Hallstatt, Paris 1913.

Déchelette 1914: Joseph Déchelette: Manuel d'Archéologie préhistorique, celtique et gallo-romaine. Archéologie celtique ou protohistorique II, 3: Second âge du Fer ou époque de La Tène, Paris 1914.

Decker 2012: Gunnar Decker: Hermann Hesse. Der Wanderer und sein Schatten, München 2012.

Derron/Wernicke 2016: Jeremias Gotthelf: Kurt von Koppigen. Nach der zweiten Ausgabe von 1850, hg. von Marianne Derron, Norbert D. Wernicke, Bern 2016.

Deuringer 1929: Karl Deuringer: Die Schlacht in Lothringen und in den Vogesen 1914, Bd. 2: Ereignisse nach dem 22. August, München 1929.

Dozenten 1984: Die Dozenten der bernischen Hochschule, Bern 1984.

Drack 1959: Walter Drack: Ältere Eisenzeit der Schweiz: Kanton Bern, II. Teil (Materialhefte zur Ur- und Frühgeschichte der Schweiz, Heft 2), Basel 1959.

Drack 1960: Walter Drack: Ältere Eisenzeit der Schweiz: Kanton Bern, III. Teil (Materialhefte zur Ur- und Frühgeschichte der Schweiz, Heft 3), Basel 1960.

Drössler 1988: Rudolf Drössler: Flucht aus dem Paradies. Leben, Ausgrabungen und Entdeckungen Otto Hausers, Halle 1988.

Dumont 1987: Hervé Dumont: Geschichte des Schweizer Films. Spielfilme 1896–1965, Lausanne 1987.

Engler 2017: Claudia Engler (Hg.): Ernst Kreidolf. Bergzauber und Wurzelspuk (Passepartout. Schriftenreihe der Burgerbibliothek Bern 9), Bern 2017.
Esche 2016: Albrecht Esche: Reich Gottes in Bad Boll. Religion, Kultur und Politik bei Johann Christoph Blumhardt und Christoph Blumhardt, 4. Auflage, Bad Boll 2016.
Fleming 1999: Katherine E. Fleming: The Muslim Bonaparte. Diplomacy and Orientalism in Ali Pasha's Greece, Princeton 1999.
Flückiger 1974: Max Flückiger: Albert Einstein in Bern, Bern 1974.
Flutsch 1998: Laurent Flutsch: Reliques et répliques, ou l'archéologie au Musée national suisse. In: Archäologie der Schweiz 21, 1998, 59–64.
Fölsing 1993: Albrecht Fölsing: Albert Einstein. Eine Biographie, 2. Auflage, Frankfurt 1993.
Freivogel 1893: Ludwig Freivogel: Die Landschaft Basel in der zweiten Hälfte des achtzehnten Jahrhunderts, Inaugurationsschrift Universität Bern 1892, Basel 1893.
Gamper 1945: Esther Gamper: Frühe Schatten, frühes Leuchten. Maria Wasers Jugendjahre, Frauenfeld 1945.
Gamper 1963: Esther Gamper: Maria Waser, Werden – Wachsen – Wirken. In: Maria Waser: Berner Erzählungen. Wende, 2. Auflage, Frauenfeld 1963, 447–516.
Gauss et al. 1932: D. Karl Gauss, Ludwig Freivogel, Otto Gass, Karl Weber: Geschichte der Landschaft Basel und des Kantons Basellandschaft, Liestal 1932.
Germann 1994: Georg Germann: Vom Wunschbild zum Leitbild. In: Bernische Zeitschrift für Geschichte und Heimatkunde 56, 1994 (Heft 3: 100 Jahre Bernisches Historisches Museum, 1894–1994), 257–266.
Gerosa 2004: Ricarda Gerosa (Hg.): Wo ich an ganz Grossem Lust empfinde. Texte von Maria Waser, Bern 2004.
Geusau 2012: Alexandra Geusau: Syphilis. In: Gerd Plewig, Michael Landthaler, Walter H. C. Burgdorf, Michael Hertl, Thomas Ruzicka (Hg.): Braun-Falco's Dermatologie, Venerologie und Allergologie, Bd. 1, 6. Auflage, Berlin 2012, 299–323.
Gex 2017: Kristine Gex: Ein Berner Krieger aus Eretria. In: Fragmenta Mediterranea. Contatti, tradizioni e innovazioni in Grecia, Magna Grecia, Etruria e Roma. Studi in onore di Christoph Reusser, Firenze 2017, 201–207.
Gietl 2016: Sebastian Gietl: Istanbul – eine Weltmetropole im Wandel. Kulturelle Wertigkeiten in der Reiseliteratur seit dem 19. Jahrhundert, Münster 2016.
Girard 1999: Benoît Girard: Morimont dans l'histoire Jurassienne. In: Actes de la Société jurassienne d'émulation 102, 1999, 167–179.
Giuliani 2004: Giuliani: Archäologische Bodenfunde als nationale Kulturgüter? In: Wolf-Dieter Luca Heilmeyer, J. Cordelia Eule (Hg.): Illegale Archäologie? Internationale Konferenz über zukünftige Probleme bei unerlaubtem Antikentransfer, 23.–25. 5. 2003 in Berlin aus Anlass des 15. Jahrestages der Berliner Erklärung, Berlin 2004, 32–42.
Göhlich 2006: Monika Göhlich: Geschlechtsspezifische Bestattungssitten der Früh- und Mittellatènezeit in der Schweiz. In: Sylvie Bergmann et al. (Hg.): Göttinnen, Gräberinnen und gelehrte Frauen, Münster 2004, 93–119.
Gonzenbach 1961: Victorine von Gonzenbach: Die römischen Mosaiken der Schweiz (Monographien zur Ur- und Frühgeschichte der Schweiz 13), Basel 1961.

Goette/Weber 2004: Hans Rupprecht Goette, Thomas Maria Weber: Marathon. Siedlungskammer und Schlachtfeld – Sommerfrische und olympische Wettkampfstätte, Mainz 2005.
Green 2015: Michael S. Green: Nevada. A History of the Silver State, Reno 2015.
Gruner 1988: Erich Gruner (Hg.): Arbeiterschaft und Wirtschaft in der Schweiz 1880–1914. Soziale Lage, Organisation und Kämpfe von Arbeitern und Unternehmern, politische Organisation und Sozialpolitik, 3 Bände, Zürich 1988.
Gül 2009: Murat Gül: The Emergence of Modern Istanbul. Transformation and Modernisation of a City, London 2009.
Günay 2012: Cengiz Günay: Geschichte der Türkei. Von den Anfängen der Moderne bis heute, Wien 2012.
Guyer 1980: Guyer Paul: Die Geschichte der Enge, Zürich 1980.
Haas 1947: Hugo Haas: Altenberg und Rabbental in Bern. In: Berner Zeitschrift für Geschichte und Heimatkunde 1947, 129–164.
Henzi et al. 1985: Hans Henzi, Werner Staub, Samuel Gerber: Herzogenbuchsee (Berner Heimatbücher, Bd. 136), Bern 1985.
Hentschel/Grasshoff 2005: Ann M. Hentschel, Gerd Grasshoff: Albert Einstein. «Jene glücklichen Berner Jahre», Bern 2005.
Hiltbrunner 2012: Edith Hiltbrunner: Generalstreik 1918 in der Region Grenchen-Solothurn (Religion – Politik – Gesellschaft in der Schweiz 57), Fribourg 2012.
Hodel et al. 2011: Corinne Hodel, Alexander von Burg, Reto Marti, Andrea Bachmann: Archäologie des Oberaargaus. Ur- und Frühgeschichte 13 000 v. Chr. bis 700 n. Chr. (Jahrbuch des Oberaargaus, Sonderband 6), [Herzogenbuchsee] 2011.
Hodel 1906: Robert Julian Hodel: Mittelmeer und Adria. Aufzeichnungen von zwei Reisen, Aarau 1906.
Hodel 1915: Robert Julian Hodel: Vaterländisches Volkstheater und Festspiele in der Schweiz, Bern 1915.
Hodson 1968: Hodson Frank Roy: The La Tène Cemetery at Münsingen-Rain. Catalogue and Relative Chronology (Acta Bernensia, Bd. 5), Bern 1968.
Huttenlocher 1937: Heinrich Huttenlocher: Emil Hugi 1873–1937. In: Mitteilungen der Naturforschenden Gesellschaft Bern 1937, 151–157.
Isler 1973: Hans Peter Isler: Corpus Vasorum Antiquorum. Schweiz. Zürich Öffentliche Sammlungen, Bern 1973.
Isler 1988: Hans Peter Isler: Otto Waser, 1870–1952. In: Reinhard Lullies, Wolfgang Schiering (Hg.): Archäologenbildnisse. Porträts und Kurzbiographien von Klassischen Archäologen deutscher Sprache, Mainz 1988, 177 f.
Jacob/Spatz 1999: Christina Jacob, Helmut Spatz: Schlitz – ein Schliemann im Unterland? 100 Jahre Archäologie im Heilbronner Raum (Museo, Bd. 14), Heilbronn 1999.
Jahn 1850: Albert Jahn: Der Kanton Bern, deutschen Theils, antiquarisch-topographisch beschrieben, mit Aufzählung der helvetischen und römischen Alterthümer, Bern 1850.
Joho 1953: Rudolf Joho: Verzeichnis der schweizerischen Bühnenwerke für das Volkstheater von 1900 bis 1952, Zürich 1953.
Jucker 1970: Ines Jucker: Aus der Antikensammlung des Bernischen Historischen Museums, Bern 1970.

Jucker 1972: Ines Jucker: Jakob Wiedmer-Stern. In: Jahrbuch Bernisches Historisches Museum 49/50, 1969/70 (1972), 179–188.

Jud 1998: Peter Jud: Untersuchungen zur Struktur des Gräberfeldes von Münsingen-Rain. In: Felix Müller (Hg.): Münsingen-Rain, ein Markstein der keltischen Archäologie (Schriften des Bernischen Historischen Museums, Bd. 2), Bern 1998, 123–144.

Kaenel 1998: Gilbert Kaenel: Vevey, Münsingen, Saint-Sulpice … Où sont les autres nécropoles celtiques du Plateau suisse? In: Felix Müller (Hg.): Münsingen-Rain, ein Markstein der keltischen Archäologie (Schriften des Bernischen Historischen Museums, Bd. 2), Bern 1998, 49–59.

Kaufmann 2018: Katrin Kaufmann: Oschwand. In: Ursula Schneeberger et al., Der ehemalige Amtsbezirk Wangen (Die Kunstdenkmäler des Kantons Bern. Land 5), Bern 2018, 459–465.

Kern 1928: Elga Kern (Hg.): Führende Frauen Europas. In 16 Selbstschilderungen, München 1928, 116–137.

Kimmig 1988: Wolfgang Kimmig: Das Kleinaspergle. Studien zu einem Fürstengrabhügel der frühen Latènezeit bei Stuttgart (Forschungen und Berichte zur Vor- und Frühgeschichte in Baden-Württemberg 30), Stuttgart 1988.

Koch 1844: Eduard Jos. Koch: Mineral-Quellen Deutschlands und der Schweiz, Wien 1844.

Köttgen 1913: Köttgen: Elektr. Strassenbahn Konstantinopel. Elektrische Kraftbetriebe und Bahnen. In: Zeitschrift für das gesamte Anwendungsgebiet elektrischer Triebkraft 11, 1913, 682–684.

Köttgen 1914: Köttgen: Die elektrischen Strassenbahnen in Konstantinopel. Elektrische Kraftbetriebe und Bahnen. In: Zeitschrift für das gesamte Anwendungsgebiet elektrischer Triebkraft 12, 1914, 266–269.

Krebs 1902: Maria Krebs: Die Politik von Bern, Solothurn und Basel in den Jahren 1466–1468. Zeitgeschichtliches zum Mülhauser Krieg, Zürich 1902.

Kreiser/Neumann 2003: Klaus Kreiser, Christoph K. Neumann: Kleine Geschichte der Türkei, Stuttgart 2003.

Kreiser 2010: Klaus Kreiser: Geschichte Istanbuls. Von der Antike bis zur Gegenwart, München 2010.

Kruta 2000: Venceslas Kruta: Les Celtes. Histoire et dictionnaire, Paris 2000.

Küffer 1971: Georg Küffer: Maria Waser (Schweizer Heimatbücher, Bd. 152), Bern 1971.

Kuhlmann/Schneider 2012: Peter Kuhlmann, Helmuth Schneider (Hg.): Geschichte der Altertumswissenschaften. Biographisches Lexikon (Der Neue Pauly, Supplemente, Bd. 6), Stuttgart 2012.

Landolf 2008: Peter Landolf: Der Altenberg-Rabbental-Leist 1901–2001. Berns «Riviera» im Spiegel seines Quartiervereins, Bern 2008.

Leisi 1933: Leisi Ernst: Sechs Jahre «Hellas» (1926–1932). In: Hellenikon. Mitteilungen der Hellas. Schweizerische Vereinigung der Freunde Griechenlands, Sektion Ostschweiz 1, 1933, 2–7.

Lesser 1914: Edmund Lesser: Lehrbuch der Haut- und Geschlechtskrankheiten, 13., erweiterte Auflage, Berlin 1914.

Leuenberger 1954: Walter Leuenberger: Die Grabhügel und Wohngruben von Bannwil. Briefliche Mitteilung über die Ausgrabungen vom Jahre 1893. In: Berner Zeitschrift für Geschichte und Heimatkunde 16, 1954, 185–188.

Liliencron 1865: Rochus von Liliencron: Die historischen Volkslieder der Deutschen vom 13. bis 16. Jahrhundert, Bd. 1, Leipzig 1865.

Lotz 1903: Heinrich Lotz: Über das Asphaltvorkommen von Ragusa (Sizilien) und seine wirtschaftliche Bedeutung. In: Zeitschrift für praktische Geologie 11, 1903, 257–265.

Luchsinger 1955: Fred Luchsinger: Die Neue Zürcher Zeitung im Zeitalter des Zweiten Weltkrieges 1930–1955, Zürich 1955.

Lüönd 2018: Karl Lüönd: Der Türken-Müller. Ein Luzerner und die Orientbahn (Schweizer Pioniere der Wirtschaft und Technik 110), Zürich 2018.

Lüscher 1983: Geneviève Lüscher: Die hallstattzeitlichen Grabfunde aus dem Kanton Solothurn. In: Archäologie im Kanton Solothurn 3, 1983, 35–118.

Lüscher 1989: Geneviève Lüscher: Die hallstattzeitliche Nekropole von Subingen SO. In: Archäologie im Kanton Solothurn 6, 1989, 101–118.

Lüscher 2018: Geneviève Lüscher: Achmetaga. Ein Patrizierleben zwischen Griechenland und Bern, Bern 2018.

Maag 1909: Albert Maag: Geschichte der Schweizertruppen in neapolitanischen Diensten 1825–1861, Zürich 1909.

Maissen 2005: Thomas Maissen: Die Geschichte der NZZ 1780–2005, Zürich 2005.

Martin-Kilcher 1973: Stefanie Martin-Kilcher: Zur Tracht- und Beigabensitte im keltischen Gräberfeld von Münsingen-Rain (Kt. Bern). In: ZAK 30, 1973, 26–39.

Meichtry/Hagi 2005: Wilfried Meichtry, Daniel Hagi: Die Villa Favorite in Bern (Schweizerische Kunstführer GSK, Serie 79, Nr. 781), Bern 2005.

Meier 1979: Klaus-Jürgen Meier: Christoph Blumhardt. Christ – Sozialist – Theologe (Basler und Berner Studien zur historischen und systematischen Theologie 40), Bern 1979.

Mesmer 1988: Beatrix Mesmer: Ausgeklammert – Eingeklammert. Frauen und Frauenorganisationen in der Schweiz des 19. Jahrhunderts, Basel 1988.

Michel 1943: Hans Michel: 50 Jahre Wengernalpbahn 1893–1943, Interlaken 1943.

Moghaddam et al. 2015: Negahnaz Moghaddam, Simone Mailler-Bruch, Levent Kara, Fabian Kanz, Christian Jackowski, Sandra Lösch: Survival after trepanation. Early cranial surgery from Late Iron Age Switzerland. In: International Journal of Paleopathology 11, 2015, 56–65.

Moghaddam et al. 2015: Negahnaz Moghaddam, Felix Müller, Sandra Lösch: A bioarchaeological approach to the Iron Age in Switzerland: stable isotope analyses ($\delta^{13}C$, $\delta^{15}N$, $\delta^{34}S$) of human remains. In: Archaeological and Anthropological Sciences, DOI 10.1007/s12520-016-0441-x.

Moser 2011: Christian Moser (Hg.): Repertorium der Vorlesungen an der Universität Zürich 1833–1900, 2 Bände, Zug 2011.

Mülinen 1891: Wolfgang Friedrich von Mülinen: Bern's Geschichte 1191–1891. Festschrift zur 700jährigen Gründungsfeier, Bern 1891.

Müller 1996: Felix Müller: Latènezeitliche Grabkeramik aus dem Berner Aaretal. In: JbSGUF 79, 1996, 43–66.

Müller 1998a: Felix Müller (Hg.): Münsingen-Rain, ein Markstein der keltischen Archäologie. Funde, Befunde und Methoden im Vergleich (Schriften des Bernischen Historischen Museums, Bd. 2), Bern 1998.

Müller 1998b: Felix Müller: Keltische Fundstellen in Münsingen und Umgebung. In: ders. (Hg.): Münsingen-Rain, ein Markstein der keltischen Archäologie (Schriften des Bernischen Historischen Museums, Bd. 2), Bern 1998, 23–27.

Müller 1998c: Felix Müller: Die Entwicklung des Waldalgesheimstils in Münsingen-Rain. In: ders. (Hg.): Münsingen-Rain, ein Markstein der keltischen Archäologie (Schriften des Bernischen Historischen Museums, Bd. 2), Bern 1998, 71–83.

Müller 1999: Felix Müller: Das keltische Schatzkästlein (Glanzlichter aus dem Bernischen Historischen Museum, Bd. 1), Zürich 1999.

Müller et al. 2008: Felix Müller, Peter Jud, Kurt W. Alt: Artefacts, skulls and written sources: the social ranking of a Celtic family buried at Münsingen-Rain. In: Antiquity 82, 2008, 462–469.

Müller 2009: Felix Müller: Kunst der Kelten. 700 v. Chr. – 700 n. Chr., Brüssel 2009.

Niederhäuser 2010: Peter Niederhäuser: Die Familie von Mülinen. Eine Adelsgeschichte im Spiegel des Familienarchivs (Glanzlichter aus dem Bernischen Historischen Museum 21), Bern 2010.

Nouzille et al. 1989: Jean Nouzille, Raymond Oberlé, Francis Rapp: Batailles d'Alsace 1914–1918, Strasbourg 1989.

Odenthal 1992: Johannes Odenthal: Istanbul, Bursa und Edirne. Byzanz – Konstantinopel – Stambul. Metropole zwischen Abend- und Morgenland, Köln 1992.

Oehler 1956: Robert Oehler: Die Wartmann von Hittnau und Bauma – Geschichte eines Geschlechts von Schulmeistern und Maurern im Zürcher Oberland, Aarau 1956.

Osterwalder 1980: Christin Osterwalder: Orpund – Kiesablagerungen. Katalog der Funde im Bernischen Historischen Museum. In: JbBHM 59/60, 1979/80, 47–82.

Petrakos 1998: Basil Ch. Petrakos: Marathon. Antike Stätten und Museen Griechenlands 12 (Bibliothek der Archäologischen Gesellschaft zu Athen, Nr. 172), Athen 1998.

Pietismus 2000: Ulrich Gäbler (Hg.): Geschichte des Pietismus, Bd. 3: Der Pietismus im neunzehnten und zwanzigsten Jahrhundert, Göttingen 2000.

Pietismus 2004: Hartmut Lehmann (Hg.): Geschichte des Pietismus, Bd. 4: Glaubenswelt und Lebenswelt, Göttingen 2004.

Pinösch 1947: Stephan Pinösch: Der Pfahlbau Burgäschisee Ost. In: Jahrbuch für Solothurnische Geschichte 20, 1947, 1–36.

Reinecke 1965: Paul Reinecke: Mainzer Aufsätze zur Chronologie der Bronze- und Eisenzeit, Bonn 1965.

Rennefahrt 1959: Hermann Rennefahrt: Otto Tschumi. In: Jahrbuch des Oberaargaus 2, 1959, 167–174.

Richter 1885: Ludwig Richter: Lebenserinnerungen eines deutschen Malers. Selbstbiographie nebst Tagebuchniederschriften und Briefen, Frankfurt 1885.

Rothfuss 2007: Uli Rothfuss (Hg.): Erinnerungen an unseren Vater Hermann Hesse – Bruno, Heiner und Martin Hesse, 4. Auflage, Calw 2007.

Ruckstuhl/Ryter 2018: Brigitte Ruckstuhl, Elisabeth Ryter: Zwischen Verbot, Befreiung und Optimierung. Sexualität und Reproduktion in der Schweiz seit 1750 (Schriftenreihe Sexuelle Gesundheit und Soziale Arbeit, Bd. 3), Luzern 2018.

Sakellariou 1997: Michael Basileiou Sakellariou (Hg.): Epirus. 400 Years of Greek History and Civilization, Athens 1997.

Sankot 1980: Pavel Sankot: Studien zur Sozialstruktur der nordalpinen Flachgräberfelder der La-Tène-Zeit im Gebiet der Schweiz. In: ZAK 37, 1980, 19–71.
Sauter 1982: Marc-R. Sauter: Streiflichter auf die Geschichte der Schweizerischen Gesellschaft für Ur- und Frühgeschichte (SGUF). In: Archäologie Schweiz 5, 1982, 34–40.
Schauer 1971: Peter Schauer: Die Schwerter in Süddeutschland, Österreich und der Schweiz I (Prähistorische Bronzefunde IV, 2), München 1971.
Schliz 1909: Alfred Schliz: Urgeschichte Württembergs, Stuttgart 1909.
Schönhärl 2015: Korinna Schönhärl: «Leider sind wir bankrott» – Zahlungsausfälle in der Geschichte Griechenlands im 19. und frühen 20. Jahrhundert. In: Ulf-Dieter Klemm, Wolfgang Schultheiss (Hg.): Die Krise in Griechenland. Ursprünge, Verlauf, Folgen, Frankfurt 2015, 182–197.
Schranz 1994: Lydia Schranz: Diakonissen-Schwesternschaft – eine Glaubens-, Lebens- und Dienstgemeinschaft. In: Christof Naef (Hg.): Festschrift 150 Jahre Diakonissenhaus Bern 1844–1994, Bern 1994, 31–45.
Schweizer 1991: Jürg Schweizer: Kirchenfeld und Brunnadern in Bern (Schweizerische Kunstführer GSK Serie 49, Nr. 488–490), Bern 1991.
Schwengeler 1940: Arnold Hans Schwengeler: Ein griechischer Freiheitsroman. Der Berner Jakob Wiedmer schrieb «Kyra Fano». In: Der kleine Bund 21, 1940, 225–228.
Sekundarschule 1935: 100 Jahre Sekundarschule Herzogenbuchsee. Darstellung ihres Entstehens und ihrer späteren Entwicklung, Herzogenbuchsee 1935.
Stähli 1985: Adrian Stähli: Die Berner Abguss-Sammlung, Bern 1985.
Staufer 1993: Peter Staufer: 60 Mann und ein Befehl ... Der «Käfigturmkravall» vom 19. Juni 1893. In: Berner Zeitschrift für Geschichte und Heimatkunde 55, 1993, 203–232.
Stern 2007: Willem B. Stern (Hg.): Johann Wilhelm Stern-Ploucquet (1792–1873) und seine Familie. Lebenszeugnisse und Genealogische Tabellen, Privatdruck 2007.
Stettler/Laur-Belart 1960: Michael Stettler, Rudolf Laur-Belart: Prof. Dr. Otto Tschumi 1879–1960. In: Jahrbuch des Bernischen Historischen Museums in Bern 39/40, 1959/60, 43–47.
Stöckli 1998: Werner Stöckli: Die horizontalstratigraphische Analyse als chronologische Methode. In: Felix Müller (Hg.): Münsingen-Rain, ein Markstein der keltischen Archäologie (Schriften des Bernischen Historischen Museums, Bd. 2), Bern 1998, 161–170.
Stockmar 1902: Alexander J. Stockmar: Xavier Stockmar 1797–1864 (Sammlung Bernischer Biographien, hg. vom Historischen Verein des Kantons Bern, Bd. 4), Bern 1902, 455–558.
Studer 1871: Gottlieb Studer: Die Berner-Chronik des Conrad Justinger, Bern 1871.
Suter et al. 1992: Peter J. Suter, René Bacher, Franz E. Koenig: Herzogenbuchsee-Kirche/Finstergasse 1990. Grabungsergebnisse und Dokumente zur römischen Villa. In: Archäologie im Kanton Bern 2, 1992, 259–275.
Trösch 1928: Ernst Trösch (Hg.): Hellasfahrt. Ein Reisebuch, Zürich 1928.
Tschumi 1947: Otto Tschumi: Erinnerungen an eine Hellasfahrt. Festschrift für Edouard Tièche zum 70. Geburtstage. In: Schriften der Literarischen Gesellschaft Bern 6, 1947, 169–177.

Tschumi 1953: Otto Tschumi: Urgeschichte des Kantons Bern. Einführung und Fundstatistik bis 1950, Bern 1953.

Tsipopoulou et al. 2015: Metaxia Tsipopoulou, Maria Antoniou und Stavroula Massouridi: Die Untersuchungen der Jahre 1900 und 1901. In: Andrea Bignasca (Hg.): Der versunkene Schatz. Das Schiffswrack von Antikythera, Basel 2015, 66–79.

Türkoglu 1949: Abdullah Türkoglu: Finanzielle Beziehungen zwischen der Schweiz und der Türkei, Zürich 1949.

Turrian 2004: Joëlle Turrian: Zauberkugel oder Giftspritze? Das Syphilis-Medikament Salvarsan. In: Philipp Sarasin, Regula Bochsler, Patrick Kury (Hg.): Wertes Fräulein, was kosten Sie? Prostitution in Zürich 1875–1925, Baden 2004, 172–179.

Tzermias 1993: Pavlos Tzermias: Neugriechische Geschichte. Eine Einführung, 2. Auflage, Tübingen 1993.

Tzermias 2010: Pavlos Tzermias: Eleftherios Venizelos' historische Leistung. Der Weg eines «Weißberglers» zum Weltruhm, Mähringen 2010.

Ulrich 1985: Anita Ulrich: Bordelle, Stassendirnen und bürgerliche Sittlichkeit in der Belle Epoque. Eine sozialgeschichtliche Studie der Prostitution am Beispiel der Stadt Zürich, Zürich 1985.

Ulrich 2000: Conrad Ulrich: Der Lesezirkel Hottingen. Hottingen – «Quartier Latin» von Zürich. In: Sebastian Brändli (Hg.): Hottingen. Von der ländlichen Streusiedlung zum urbanen Stadtquartier, Zürich 2000, 235–256.

Utz 2013: Peter Utz: Kultivierung der Katastrophe. Literarische Untergangsszenarien aus der Schweiz, München 2013.

Vetter 1906: Ferdinand Vetter: Im Brautschmuck – nach zweitausend Jahren. Zu den Ausgrabungen von Münsingen im Sommer 1906. In: Neue Zürcher Zeitung, 6. August 1906, Nr. 216.

Waser 1927a: Maria Waser: Wege zu Hodler, Zürich 1927.

Waser 1927b: Maria Waser: Josef Viktor Widmann. Vom Menschen und Dichter, vom Gottsucher und Weltfreund, Frauenfeld 1927.

Waser 1929: Maria Waser: Wende. Roman eines Herbstes, Stuttgart 1929.

Waser 1930: Maria Waser: Land unter Sternen. Der Roman eines Dorfes, Stuttgart 1930.

Waser 1944: Maria Waser: Nachklang. Aus dem Nachlass ausgewählt von Otto Waser, Frauenfeld 1944.

Waser Otto 1935: Otto Waser: Die Zürcher Archäologische Sammlung, ihre Entstehung und ihre Entwicklung (Neujahrsblatt auf das Jahr 1935. Zum Besten des Waisenhauses in Zürich, Bd. 98), Zürich 1935.

Waser Otto, Nekrologe 1952: Prof. Dr. Otto Waser, 23. September 1870–24. Januar 1952, Zürich 1952.

Weber 1976: Berchtold Weber: Historisch-topographisches Lexikon der Stadt Bern, Bern 1976.

Weber 1990: Berchtold Weber: Strassen und ihre Namen am Beispiel der Stadt Bern, Bern 1990.

Weithmann 1994: Michael W. Weithmann: Griechenland. Vom Frühmittelalter bis zur Gegenwart, Regensburg 1994.

Widmann 1897: Josef Viktor Widmann: Maikäfer-Komödie, Frauenfeld 1897.

Widmann 1904: Josef Viktor Widmann: Altertümer im Oberaargau. In: Der Bund, 14. Dezember 1904, Nr. 349.
Widmann 1905: Josef Viktor Widmann: J. Wiedmers Berner Oberland-Roman. In: Der Bund, 15. Oktober 1905, Nr. 486.
Widmann 1906: Josef Viktor Widmann: Am offenen Keltengrab. In: Der Bund, 19./20. Juni 1906, Nr. 283.
Widmann 1911a: Josef Viktor Widmann: Die Schädlichkeit der Strassenteerung. In: Der Bund, 4. Juni 1911, Nr. 258.
Widmann 1911b: Josef Viktor Widmann: Bernische Strassenteerung. In: Der Bund, 8. Juni 1911, Nr. 265.
Widmer 2000: Fritz Widmer: Bruno Hesse 1905–1999. In: Jahrbuch des Oberaargaus 43, 2000, 13–21.
Wiedmer Regina 1953: Regina Wiedmer: Frohes Arbeiten in Garten und Heim. Ein Gartenbuch für die Familie, Aarau 1953.
Winnifrith 2002: Thomas John Winnifrith: Badlands – Borderlands. A History of Northern Epirus / Southern Albania, London 2002.
Witschi 1987: Beat Witschi: Schweizer auf imperialistischen Pfaden. Die schweizerischen Handelsbeziehungen mit der Levante 1848 bis 1914, Stuttgart 1987.
Wyss et al. 2002: René Wyss, Toni Rey, Felix Müller: Gewässerfunde aus Port und Umgebung. Katalog der latène- und römerzeitlichen Funde aus der Zihl (Schriften des Bernischen Historischen Museums, Bd. 4), Bern 2002.
Zelepos 2014: Ioannis Zelepos: Kleine Geschichte Griechenlands. Von der Staatsgründung bis heute, München 2014.
Zeughelis 1900: Eleftherios Zeughelis: Zur Korinthenfrage Griechenlands. In: Jahrbücher für Nationalökonomie und Statistik, 3. Folge, Bd. 20, Jena 1900, 808–814.
Zimmermann 1994: Karl Zimmermann: Chronikalische Notizen zur Museumsgeschichte. In: Bernische Zeitschrift für Geschichte und Heimatkunde 56, 1994 (Heft 3, 100 Jahre Bernisches Historisches Museum, 1894–1994), 371–466.
Zimmermann 2000: Karl Zimmermann: Jakob Wiedmer-Stern 1876–1928. Archäologe aus Herzogenbuchsee. In: Jahrbuch des Oberaargaus 43, 2000, 203–222.
Zimmermann 2011: Adrian Zimmermann: Berner Arbeiterbewegung. In: Peter Martig (Hg.): Berns moderne Zeit. Das 19. und 20. Jahrhundert neu entdeckt, Bern 2011, 211–217.
Zindel 1998: Christian Zindel: Verzeichnis der Abgüsse und Nachbildungen in der Archäologischen Sammlung der Universität Zürich, Zürich 1998.
Zündel 1942: Friedrich Zündel: Johann Christoph Blumhardt. Ein Lebensbild, 14., unveränderte Auflage, Basel 1942.

Personenregister

Ohne «Jakob Wiedmer-Stern» und «Marie Wiedmer-Stern» sowie ohne Namen literarischer Figuren. Kursiv gedruckt sind unvollständig erhaltene Namen von nicht identifizierbaren Personen.

Abdülhamid II. 34, 140
Adamopoulos, L. 137
Amiet, Cuno 16, 170, 178
Andreae, Volkmar 23
Auric, André 140
Bächler, Emil 124, 148
Bally-Prior, Edouard 125
Baumgartner, Rudolf 105, 107
Betty 53 f.
Bigler 109
Bloesch, Emil 14
Blumhardt, Christoph 89 f.
Blumhardt, Johann Christoph 72, 88 f.
Blümner, Hugo 214
Brack, Henri 130 f., 140, 142, 218
Brugger, Hans 215
Bühlmann, Edwin 86, 88
Casparis, Heinrich 144
Coco, Bruno 151
Dach, Rudolf von 150
Déchelette, Joseph 110, 117
Delijannis, Theodor 34
Dörpfeld, Wilhelm 144
Dreyfus, Jules 150, 152
Dürrenmatt, Ulrich 11, 14, 28–30, 32
Einstein, Albert 37, 101 f., 121
Ernet, Lydia (Violette) 164 f.
Feldmann, Markus 183
Fellenberg, Edmund von 25–27, 32 f., 36, 59, 62, 65, 78–80, 90, 93, 212–214
Finsler, Georg 22 f.
Forel, François-Alphonse 132
Forrer, Johann Ludwig 106
Fraas, Erhardt 90
Freivogel, Ludwig 13 f., 188
Frey, Adolf 196
Frutiger 74, 76, 86
Gaïffe, Adolphe 150

Gaïffe, Daniel 150 f.
Gamper, Esther 23, 174 f.
Geiger, Otto 146 f.
Georg I. 34
Gobat, Albert 22, 92–94, 111 f., 125–127, 131, 144
Haladjian Effendi 130, 140, 142, 218
Haller, Lilli 158
Hamdi Bey Osman 95 f.
Hänny, Karl 146 f., 158
Hauptmann, Gerhard 103
Hauser, Otto 109, 122 f., 148 f.
Hegwein, Albert 120
Heierli, Jakob 26–28, 34–37, 50, 53, 62, 68 f., 71, 88, 90 f., 106, 122–124, 146, 148 f., 172, 212–214
Heim, Albert 37, 102, 122
Hesse, Bruno 16
Hesse, Hermann 16, 79, 88, 103
Hill 153
Hilprecht, Volrath 95
Hitchcock, Alfred 193 f., 218
Hodel, Robert Julian 128 f., 140
Hodler, Ferdinand 16, 103, 170
Hodson, Frank Roy 117 f.
Hugi, Emil 153
Huguenin, Edouard 142
Hürner, Rudolf 95 f.
Ins, Adolf von 133
Irlet, Alice 160
Jahn, Albert 32 f., 36, 78
Jegerlehner, Johannes 158, 193
Jucker, Ines 50, 52
Kasser, Hermann 32, 58, 60, 62, 78, 92 f.
Kater, Sepp 47, 49
Kocher, Theodor 15
Kourouniotis, Konstantinos 178
Krebs, Maria siehe Waser(-Krebs) Maria

Krebs, Walter 15-17, 24
Krebs-Schüpbach, Maria 15 f.
Kreidolf, Ernst 85
Kunz 199
Landolf, Peter 161
Lehmann, Hans 104, 124
Lemaire 128 f., 140
Lesser, Edmund 133 f., 155 f.
Lotz, Heinrich 152
Louis, Spyridon 40
Lüdi, Jakob 107, 115, 215
Marić, Mileva 37, 101
Marti, Hugo 183 f., 187, 193 f., 196 f., 199, 204, 218
Martini-Franchi, Cesare 167 f., 185, 209
Melas, Konstantinos 177–179, 181, 193, 218
Moser, Carl 12, 188
Mülinen, Helene von 100
Mülinen, Wolfgang Friedrich von 14 f., 36, 100 f., 212 f.
Müller, Eduard 106
Müller, Dr. 150, 153 f.
Müller, Chr. Ferd. 42
Müller, Jakob 142
Müller, Otto 23, 144, 174 f.
Münger, Rudolf 158, 169–171, 178, 181, 186
Mustafa Kemal Atatürk 176
Niederhäusern, Heinrich von 92 f., 105, 109, 114, 126 f.
Niederhäusern, Fritz Johann von 168, 172
Nüesch, Jakob 148
Quiquerez, Auguste 112
Quiquerez, Louis 112
Reinecke, Paul 117, 217
Rennefahrt, Hermann 23, 144, 172, 196
Richter, Ludwig 90
Rieser 74, 76, 86
Robertier, Guillaume (Roland) 164 f., 173, 197
Rodt, Eduard von 14, 107
Roquette-Lasserre, A. 160
Rütimeyer, Leopold 91
Santi, August 132–134
Sarasin, Fritz 91
Sarasin, Paul 91, 124, 146
Schädelin 158
Schär 102
Schliemann, Andromache 177
Schliemann, Heinrich 27, 38, 44 f., 51, 53, 177
Schliz, Alfred 91
Schneider-Furrer, Gertrud 199
Schumacher, Hans 165
Seuret, Olivier 112
Sotiriadis, Georgios 51, 179, 181, 187
Svoronos, Ioannis 39, 49
Spitteler, Carl 79, 103
Stäger, Robert 155
Staïs, Valerios 39, 49, 51
Stavisky, Alexandre 151
Steiger, Adolf von 92
Stern, Marie 70–76
Stern, Theodor 90, 98
Stern-Zäslein, Alexander 71–73, 90
Stern-Zäslein, Maria 71–73, 90
Stettler, Michael 143
Stiner, Otto 156
Stockmar, Xavier 112
Strub-Zingg, Berta 182
Studer, Theophil 58
Suter, Karl 46
Szabo 199
Tatarinoff, Eugen 59 f., 69, 123–125, 131, 137, 146, 148 f., 152, 154
Thormann, Franz 59, 62, 92 f., 114, 126 f., 131
Tièche, Edouard 144
Tobler, Gustav 23, 128
Tolstoi, Dimitri 143
Trikoupis, Charilaos 40
Trösch, Alfred 153
Trösch, Ernst 179 f.
Tschumi, Otto 23, 143–147, 151, 172, 196
Tsountas, Christos 39, 49, 178, 214
Venizelos, Eleftherios 40, 176
Viollier, David 105
Vogt, Emil 117
Wäber, Franz Karl 199
Waldkirch, Eduard von 150
Walzel, Oskar 128

Warner 153
Wartmann, Otto 96
Waser, Hans 103
Waser(-Krebs), Maria 9 f., 12 f., 15–24, 32, 40, 46, 48, 50, 53, 56, 59 f., 79, 86, 98, 102 f., 106, 128 f., 132, 143, 172–176, 182–184, 186, 188 f., 194–196, 199, 203
Waser, Otto 103, 178, 180, 182
Wassilieff, Nikolaus 65
Wavre, William 124
Wegeli, Rudolf 127, 131, 143 f., 198
Weibel, Walter 129
Widmann, Hans 158
Widmann, Josef Viktor 16, 22 f., 79 f., 84–86, 93 f., 103, 108, 152, 189
Wiedmer, Regina 94, 97–102, 109, 146 f., 149, 153, 156, 158, 160, 173, 197–201, 207
Wiedmer-Brügger, Elisabeth 9, 32, 98, 101, 131
Wiedmer-Brügger, Jakob 9, 24, 32, 57 f., 98, 101, 131
Willimann, Alfred 195
Woker, Gertrud 158
Wüthrich 193, 218
Zäslein-Falkeisen, Charlotte 72, 88
Zeerleder, Albert 14
Zeller, Rudolf 92 f., 114
Zemp, Josef 106
Zesiger, Alfred 126
Züricher, Ulrich Wilhelm 169 f.
Zurukzoglu, Stavros 199
Zutter, Louis 40

Ortsregister

Ohne «Bern».

Athen 38–57, 65 f., 71, 90, 133, 144, 176–181, 183, 194, 207, 213
Bad Boll 72, 88–91, 132
Bagdad 94–96
Bannwil 24–28, 36, 62, 65, 78
Bettenhausen 33
Bollodingen 62
Burgäschisee 10, 32, 59–61, 77 f., 93
Catania 151
Constantinopel, siehe Konstantinopel
Grossaffoltern 94
Häbernbad 102, 114, 132
Heilbronn 91
Herzogenbuchsee 9–18, 21 f., 24, 29–33, 36, 71, 78 f., 100, 103, 110, 170, 175, 188, 207
Inkwil 33, 63
Istanbul, siehe Konstantinopel
Jegenstorf 110–112, 124
Kalkutta 71, 73
Konstantinopel 53, 95 f., 125–144, 166, 169, 176, 208
Korinth 48, 50, 132, 134
Lahore 129
London 102, 118, 153, 193, 211, 218
Lyssach 146
Madiswil 58, 69
Mainz 91, 117, 217
Marathon 50 f., 179
Morimont 111 f.
Münsingen 68, 105–109, 115–119, 122–124, 145, 200, 203, 207, 217
Nancy 150, 164–166
Nevada 153 f., 166
Niederönz 32 f., 36, 48, 52, 57–59, 98, 131, 154, 212 f.
Oberönz 32, 58
Önzberg 32–34
Orpund 94
Oron 150 f.
Oschwand 16

Petinesca 121
Port 104, 108
Ragusa 151 f., 166
Rubigen 91, 94
Saint-Dié-des-Vosges 150, 165
Sainte-Marie-aux-Mines 150
Steinhof 58
Stuttgart 91
Subingen 60, 66–70, 120, 207
Troja 52 f., 144
Twann 146 f., 158, 160, 208
Wengen 74–76, 78, 80 f., 83, 85–87, 140, 207
Zürich 34– 39, 52, 60, 71, 91, 102–104, 122, 124, 130 f., 141, 150, 153, 178–181, 195, 199, 207, 212, 214